문예신서
226

이데올로기

데이비드 호크스

고길환 옮김

東 文 選

이데올로기

David Hawkes

IDEOLOGY

차 례

머리말

이데올로기와 포스트모던

내가 어떤 사람들을 말하는지 여러분은 알고 있을 것이다. 가짜 멜로디와 기쁨으로 충만한 청소년 쇼 방송 출연자 멜로디(Melody) 와 조이(Joy)〔앞의 멜로디와 기쁨이라는 말과 함께 일종의 말장난〕를 무의식적으로 자신의 모델로 삼는 여자들, 뉴스캐스터의 참견하는 태도를 모방하고 드라마나 영화 속 배우처럼 행동하는 남자들, 혹 은 버스와 거리에서 마치 텔레비전이 진짜인 것처럼 이야기하는 사 람들, 방송국에 전화를 걸어 이상한 질문과 요구를 하는 사람들, 바 보 같은 사람들……. 당신이 깔개를 잃어버리면 가짜 깔개를 얻을 수 있다. 웃음을 잃으면 가짜 웃음을 얻을 수 있다. 마음을 잃으면 가짜 마음을 얻을 수 있다.

마틴 아미스, 《돈》[1]

가짜 마음? 그런 것이 가능할까? 우리는 일상의 대화에서 사람들이 세 상에 표현하기 위해 선택하는 '가짜' 미소, '가짜' 웃음, '가짜' 태도들을 언급하는 데 익숙해져 있다. 우리는 그런 사람들을 '위선적'이라고 부르 는데, 그 의미는 그들의 겉모습, 이미지가 그들 내면의, '실제의' 또는 '진 정한' 감정들을 정확하게 반영하지 않는다는 것이다. 그러나 만일 내면의 자아, 마음이 인위적인 것이라면? 한 개인의 정체성의 핵심, 그의 '인성' 이 외부 환경에 동화된 이미지와 태도들의 총화에 지나지 않는다면? 그런 경우, 어떤 사람의 이미지가 그의 '진정한' 인성에 일치하지 않는다고 비난하는 것은 이치에 맞지 않을 것이다. 누군가의 구체적인 행위와 분리될 수 있는 독립적인 인성이라는 바로 그 개념이 심각한 문제를 일으킬 수도 있다. 인간의 조건이 그러하다면 그 결과는 어떠할 것인가?

마틴 아미스의 블랙코미디 소설 《돈》(1984)은 완전히 인위적인, 혹은 '허위의' 인성을 지닌 사람의 경험을 묘사하고 있다. 이 책의 서술자이자 반영웅인 존 셀프는 '현실' 세계와 미디어에 재현된 세계를 구별할 줄 모른다. 그러니 윤리적 타락이 초래될 것은 뻔하다. 즉 그가 이해할 수 있는 유일한 가치는 물질적 부와 관능적 만족뿐인 것이다. 셀프에게는 돈이라는 매개체를 통해 표현될 수 있는 육체적 충동과 욕망의 연합 이외에는 다른 자아가 없다. 실상 그는 전형적인 소비자를 재현한다. 쾌락주의자·유물론자·무위도식자로서 그는 상품과 술·여자들을 무심하게, 그리고 만족할 줄 모르고 소비한다. 더군다나 텔레비전 광고 책임자라는 직업을 통하여, 셀프는 다른 사람들을 조정해 자신과 비슷하게 되도록 하는 것을 업으로 여기며 살아간다. 마치 돈이 셀프의 영혼에 들어와 순박한 인격을 몰아내고 제멋대로 셀프를 다시 만드는 것 같다. 바로 그런 의미에서 셀프 스스로 깨닫듯이 그의 마음은 '가짜' 마음이 된다. 가장 마음이 불편한 것은, 아미스의 이 작품이 미래는 셀프와 같은 사람들의 것임을 암시하고 있다는 점이다. 실상 셀프는 포스트모던적 형태로 자아를 의인화한 것에 지나지 않는다. 이런 말을 우리는 어떻게 이해할 것인가?[2]

포스트모던 시대는 서구 사회가 산업 생산에서 벗어나 소비와 교환에 기초한 경제로 옮아가면서 시작된다. 20세기초에 시작된 이 과정은 제2차 세계대전 후 급속하게 진행되었고, 1980년대의 신용 확산 및 규제 철폐의 시장에서 더욱 확산되었다. 1945년 이후 자본주의의 역사는 재현 미디어의 극적인 자기 주장에 지배되었다. 예컨대 돈은 원래 물질적 대상들을 재현하는 데 사용된 상징이므로 그 대상들을 교환할 수 있다. 그러나 시장 경제에서는 이 표상 자체가 하나의 목적이 되어, 그것이 상징하는 실질적인 사물들을 밀어내고 포스트모던 세계의 전체 경제를 지배한다. 돈은 현실의 기반으로부터 점점 더 멀어지고 더욱 추상적인 것이 되어 귀금속, 은행권, 컴퓨터 화면의 수치들, 신용, 이윤과 투자 '수익'이라는 형태를 띠게 된다. 그와 동시에 돈은 능동적이거나 주관적인 권력이 되었다. 그래서 다양한 화폐 형태들 사이의 관계에 발생하는 극히 미세한 동요도 전세계적으로 인류의 물질적 삶에 지대한 영향을 끼친다. 따라서 우리는 포스트모던 경제가 재현의 자율성을 특징으로 한다고 말할 수 있다.

이와 같은 경제적 발전은 재현의 기술 매체가 문화적으로 두드러지게 성장하는 것과 때맞춰 이루어지고 있다. 영화·라디오·텔레비전으로부터 비디오·콤팩트디스크·인터넷에 이르기까지 20세기의 사람들은 매일 그들에게 노출되는 이미지의 수효와 종류가 유례없이 폭발적으로 증대되는 것을 목도하고 있다. 그런 매체들은 대개 상품을 팔거나 장소를 광고하여 이익을 얻기 위한 목적으로 작동되고 있기 때문에, 상품과 서비스를 구매하라는 끊임없는 권고로 사람들을 폭격하는 결과를 낳고 있다. 경화가 없어도 이제는 소비하는 데 장애가 되지 않는다. 사람들은 쉽게 신용 대출을 해주겠다는 전화와 편지들을 쉬임없이 받는다. 돈을 어디에 사용하라는 제안도 함께 덧붙여서 말이다. 서구 민주주의 국가들에서 벌어지는 정치적 논쟁은 이제 실질적인 의제에 대한 것이 아니다. 오히려 관료 후보자들이 다른 상품들처럼 자신을 시장에 내놓고 있으며, 그들에게 가장 소중한 충고를 해주는 것은 언론 대책 담당자와 미디어 상담가들이다. 우리는 이미지의 시대에 살고 있는 것이다.

포스트모던 철학도 재현의 자율성을 특징으로 한다. 언어 기호들이 투명하고 복잡하지 않게 실제의 사물들을 단순하게 가리킨다는 19세기의 사실주의적 믿음은 기호학과 해체주의의 도전을 받는다. 게다가 우리가 '실재하는' 세계로 지각하는 것이 우리가 그것을 재현하기 위해 사용하는 의미화 체계에 의해 창조된 것, 또는 구축된 것임을 시사한다. 이에 따라 많은 포스트모던 사상가들은 이데올로기라는 개념이 여전히 적절한가에 대해 의문을 품게 되었다. 일반적으로 '이데올로기'라는 말은 체계적으로 잘못된 사고 방식, 거짓된 의식을 가리킨다. 그러나 재현이 현실을 구축하는 힘을 갖고 있다고 믿는다면 진실과 거짓의 구별은 유지하기가 어려워진다. 다양한 의미 부여 체계들 또는 담론들에 의해 생산된 '진실 효과'가 있겠지만, 그 주장들을 평가할 수 있는 외부적 판단 기준은 있을 수 없다. 바로 그런 까닭에 포스트모던 철학은 흔히 일종의 상대주의로 묘사된다. 포스트모던 철학에 의하면 진실에 대한 주장들은 특수한 담론에 대한 준거가 있어야만 타당하며, 그러므로 다른 사람들이 잘못했다고 비난할 절대적 진리를 내포하는 어떠한 특권적 전망도 있을 수 없다고 역설한다.

더군다나 포스트모더니즘은 독립적인 의식 또는 자율적인 주체의 현존 그 자체를 논한다. 재현 없는 경험이 없다면, 재현의 매체들이 우리의 자아에 대한 우리 자신의 경험보다 오히려 더 우선하는 것은 분명하다. 실상 자아는 자체의 독립적인 의지 없이 특수한 정체성을 배당해 주는 의미 부여 체계들의 상호 작용에 의해 생산된다고 주장한다. 이것은 포스트모더니즘이 만들어 낸 가장 급진적이고 혁신적인 주장들 가운데 하나이다. 포스트모더니즘은 주체가 물질적 형태로 그 자체를 재현하는 방식과 구별될 수 있는 하나의 요소── '영혼' 또는 '자아' ──가 인간의 마음속에 들어 있다는 어떠한 암시도 '관념론적'인 것이라며 부인한다. 철학자 리처드 로티는 이렇게 말한다.

> 이러한 재해석에서 핵심적인 수법은 합리성의 구현인 도덕적 자아에 대해 자신의 재능과 관심, 그리고 선에 대한 관점을 자신의 자아와 구분할 수 있는 누군가로서가 아니라…… 믿음, 욕망, 그 뒤에 아무것도 숨기지 않은 속성들 뒤에 감추어진 기층 없는 감정들의 네트워크로 생각하는 것이다.[3]

자아는 관념들의 순수한 영역 안에 존재하지 않고, 오로지 유형의 물질적 형태로 재현되는 것으로서 존재한다. 이것을 제시하는 또 다른 방법은 주체가 객체화되었다고 말하는 것이다. 서양 철학에서는 전통적으로 존재를 두 범주로 구분하는데, 그것은 세계를 경험하며 세계에 대한 관념들을 형성하는 인간적 '주체'와 주체 바깥에 존재하는 외부적·물질적 사물들의 덩어리인 '객체'이다. 포스트모더니즘은 이러한 주체와 객체의 이분법적 대립을 거부한다. 포스트모더니즘은 이 이분법이 주체를 객관적인 실천들의 교차에 인위적으로 놓인 환각적 통일성으로 환원하여, 주체가 바로 그 환각적 통일성에 의해 생산되고 규정된다고 밝힌다. 또한 포스트모더니즘은 '이데올로기'라는 용어가 적절한가에 대해 이의를 제기한다. 독립된 의식의 개념 자체가 환상이라면 거짓 의식이라는 개념은 쓸모없는 것이 된다. 그러므로 모든 의식은 인위적인 것이 되고, 따라서 인공 관절이 가짜라는 의미에서만 '가짜인' 것이 된다.

또한 포스트모더니즘은 '총체성'과 대립한다는 면에서 전통 철학과 결별한다. 이 개념을 이해하는 가장 좋은 방법은 앞서 논의했던 주체(세계를 지각하는 의식)와 객체(지각되는 외부 현상)의 이분법적 대립을 고찰해 보는 것이다. 이 대립은 오랫동안 상호 결정적인 것으로 인식되어 왔다. 만일 주체 바깥에 있는 그 무엇, 따라서 주체에 의해 지각될 수 있는 그 무엇이라는 개념을 우리가 갖고 있지 않다면 지각하는 주체를 생각할 수도 없을 것이다. 그와 마찬가지로 지각의 대상이라는 개념은 지각을 할 수 있는 능동적인 주체의 개념 없이는 아무 의미가 없을 것이다. 따라서 비록 '주체'와 '객체'라는 용어는 실제로 대립되지만, 그 둘은 서로를 구성하는 요소이기도 하다. 서로를 가능케 하는 것이다. 그 둘은 상호 침투하여 하나의 아치형이 되는 통일체 또는 총체성을 형성하는데, 그것은 그 부분들의 총합 이상이다.

포스트모더니즘은 개념들이 그것들 자체가 아니라 그것들의 '타자'에 의해 규정된다는 것에 동의한다. 주체의 정체성은 오로지 객체와의 관계 속에서 정립되며, 그 역도 마찬가지이다. 그러나 포스트모더니즘은 여기에서 이 대립의 두 극단이 하나의 통일된 총체성을 이룬다는 결론을 내리기를 거부하고, 개별 요소들 사이의 줄일 수 없는 차이를 역설한다. 그렇게 할 수 있는 것은 재현의 자율성에 대한 믿음 때문이다. 서로를 결부시키기 위해서 주체와 객체는 언어로 재현되어야 한다. 주체는 자신의 정체성을 정립하는 매체이며, 주체는 그것을 통해 객체를 경험한다. 그러나 포스트모더니즘은 재현의 매체가 그것이 매개할 요소들을 먼저 구성한다고 주장한다.[4] 따라서 '주체'와 '객체'의 범주는 오로지 언어적 기능일 뿐이라는 이야기가 된다. 포스트모던의 관점에 따르면 언어 기호는 오로지 서로의 차이를 통해서만 의미를 이룩하므로 주체/객체와 같은 이분법의 용어들은 여전히 서로 구분되어야 하며, 무엇이든 다 삼켜 버리는 총체성 속에 포섭될 수 없다.

이러한 총체성 개념에 대한 맹렬한 공격은 포스트모던 상황에 대해 더 많은 함의를 지니고 있다.[5] 그 이전의 사고 방식들은 초월적 주체의 존재를 가정했다. 주체와 객체의 상호 침투와 통일된 총체성 속의 포섭으로부터 모든 현상은 결국 궁극적·근원적인 통일체 내에서, 그리고 단일한 총체성 안에 포섭되어 있으므로 상호 연관되어 있다는 주장이었다. 가장 명백한 본보기를 들어 보자. 기독교는 성육신이라는 교리를 통해 주체와 객체, 보편자와 특수자, 관념과 질료 같은 대립물들의 통일체를 표현한다. 성육신의 교리는 '하느님'이라는 지배적인 총체성 밑에 그것들을 포섭한다. '영혼'이나 그 자손인 자율적 주체라는 개념들은 인간 조건에 대해 유사한 통일적 기능을 수행한다. 주관성의 핵심을 물질적 사건들의 흐름을 초월하는 것으로 높임으로써 그와 같은 개념들은 인류의 역사와 개인의 삶의 과정이 역사의 구체적 정황들을 초월하는 하나의 의식에 의해 인도된다는 것을 믿을 수 있게 만든다. 역사가 궁극적인 목표 또는 목적을 향해 진보한다고 가정하기 때문에 이것은 흔히 서술적이거나 목적론적인 역사관을 지칭한다. 포스트모더니즘은 이런 관념을 '총체화'하는 것이라 하여 거부하고, 그 대신 역사는 초월적 목적이나 의미가 없는 사건들의 불연속적인 연속이라고 주장한다. 총체성과 목적론은 역사적으로 관념들의 옳고 그름을 판단할 수 있는 설득력 있는 기준을 제공해 왔기 때문에, 그러한 개념들에 대한 포스트모던의 회의주의는 '이데올로기'라는 개념의 타당성을 서서히 파괴하고 있다.

그러므로 포스트모던 시대에 공격받고 있는 세 가지 주요 관념은 1) 재현의 준거 모델, 2) 자율적 주체, 3) 전체로서 역사의 형식을 취하거나 혹은 사회 전체의 형식을 취하는 총체성이다. 이 개념들은 과거에도 비판의 대상이었지만, 오늘날 학계 안과 밖에서 포스트모더니즘이 거두고 있는 것과 같은 성공을 거둔 적은 전혀 없었다. 누적된 결과는 인간의 사고가 실제로 새로운 시대에 접어들고 있고, 이 시대에는 허위 의식으로서 이데올로기라는 개념이 차지할 자리가 없다는 것을 시사한다.

그러나 이 새로운 관념들을 있게 한 것은 무엇인가? 한 가지 가능한 답은 인류가 더 똑똑해지고, 우리의 사고가 시간이 흐름에 따라 발전하고 진보함으로써 과거의 잘못과 새로운 진리들을 밝히고 있다는 것이다. 그러나 지금까지 보아 왔듯이, 포스트모더니즘은 그 신조에 따라 역사에 대한 그와 같은 목적론적 관점에 찬성하지 않기 때문에 이러한 공리를 거부할 것이다. 그래서 우리는 사유의 자기 충족의 역사를 넘어서는 설명을 찾아야 할 것이며, 포스트모더니즘을 꽃피우는 더 넓은 사회적·경제적·정치적 풍토와 포스트모더니즘을 결부시키기 위해 노력해야 할 것이다.

앞에서 언급했듯이, 지난 50년 동안 우리는 자본주의 시장 경제의 힘과 영향력이 극적으로 팽창하는 것을 목도해 왔다. IMF와 세계 은행 같은 자본의 이익을 위한 기구들이 어떤 국가의 정부보다 훨씬 더 중요하게 되었다. 시장의 힘이 휘두르는 제한 없는 자유 행동을 방해하려는 정부들의 개입은 더 이상 용인되지 않는다. 서양에서는 사람들을 소비자로 만들고자 하는 합치된 노력이 크게 강화되었다. 모든 산업——광고·마케팅·패키지 산업——이 사람들을 조종하여 특별한 제품을 구매하게 만듦으로써 자본 형성에 이바지한다. 최근에는 예전에 어쩔 수 없이 제외되었던 지역에서 지구 전역의 곳곳으로 시장이 팽창할 수 있게 되었다. 자본과 자유 시장 경제가 절대적인 위치까지 상승하여 20세기 후반을 지배해 오고 있다는 것을 어느 누가 동의하지 않겠는가?

그럴 사람은 아무도 없을 것이다. 포스트모더니즘은 급진적이거나 '대립적인' 사유 양식이라고 자부하지만, '총체화하는' 설명들에 대한 포스트모더니즘의 반대 때문에 많은 지지자들이 명백히 논의의 여지가 없는 사실을 보지 못하고 있다. 앤드류 로스는 포스트모던 프로그램의 유행에 동참하는 데 실패했다며 구식 좌파를 이렇게 책망한다.

자본 자체가 최고로 합리적인 것이며, 단일체적인 지배−생산 체제라고 보는 좌파의 시각은 제자리에 머물러 있는 경향이 있다……. 자본, 아니 오히려 자본에 대한 우리의 상상은 여전히 대부분 타자라는 귀신학에 속해 있다. 이것은 포스트모던 소비 사회에서 구매를 거의 또는 전혀 못하는 원한의 구식 형식들을 인위적으로 살아 있게 하는 것만큼이나 이해와 행동을 금지하는 귀신학이다.[6]

포스트모더니스트들은 (모든 증거를 부인하며) 포스트모던 세계에서 자본이 결정적인 요소가 아니라고 하는 주장과, 자본이 결정적인 요소는 아닐지라도 소비만능주의의 즐거움이 너무 커서 시장 경제라고 하면 반드시 연상되는 유감스러운 점을 지워 버릴 정도라는 주장 사이를 헤매고 있다. 왜 그럴까? 후기 자본주의와 포스트모던 이론 둘 다에 관심을 집중하는 것은 가능한 것일까? 앞에서 확인했던 포스트모더니즘의 세 가지 주요 신조로 되돌아가서, 그 가운데 어떤 것이 자본주의 시장 경제의 목적에 부합되는지 살펴보기로 하자.

첫째, 우리는 포스트모더니즘이 재현의 자율성을 찬양한다는 것을 알았다. 우리는 이미 자본주의의 발전과 더불어 재현의 한 형태인 돈이 어떻게 점차 더 자율적인 것이 되는가를 살펴보았다. 경제가 물질적·실질적 사물들의 생산에서 멀어져 가고, 재정적 재현 매체를 통해 이루어지는 교환의 편리함에 경제가 지배되어 갈수록, 심지어 그것들이 유일한 알 수 있는 실체를 형성한다고 주장할 정도로 철학이 의미화 체계에 더 많은 결정력을 갖게 되리라고 우리는 예상할 것이다. 이것은 돈이 실질적인 물건들을 가리키는 하나의 기호 체계가 아니라 타고난 가치를 지니고 있다는 시장 경제의 가정을 뒷받침하는 것처럼 분명해 보인다.

둘째, 포스트모더니즘은 '자아'가 실상 다양한 재현의 담론들의 교차에 지나지 않는다는 이유로 자율적 주체를 공격한다. 시장 자본주의는 사람들의 인성을 주조하고 조작하기 위해 재현을 이용하는가? 광고와 마케팅 산업이 사람들의 행동 패턴, 자기 이미지 또는 여론을 결정하는가? 이제 우리 사회는 소비 심리에 너무 깊이 빠져 있어서, 우리 모두 매일 어쩔 수 없이 노출되는 수많은 기업 메시지들 속에서 무엇이 해로운 것인지 알기 어렵다. 이와 같은 이미지 과다증을 전혀 무해한 것으로 여길 수도 있다. 심지어 이것은 때때로 자연스러운 리비도적 욕망의 에너지를 해방시켜 주는 것으로 제시되기도 한다. 많은 사람을 대변해서 폴 보베는 다음과 같이 주장한다.

> 광고의 발전과 '기호 생산'의 다른 양상들과 병행하여 자본이 생산에서 소비로 전환됨으로써 부르주아 재생산의 더욱 친숙하고 억압적인 몇몇 형태들로부터 욕망이 해방되었다.[7]

그렇게 도처에 존재하는 현상을 평가하는 것은 언제나 어려운 일이다. 포스트모더니즘이 시사하듯이 우리를 구축하는 다양한 담론들을 판단할 특권적 전망을 찾기는 어렵다. 그러나 시간적이거나 문화적인 판단의 거리는 때때로 논제를 더욱 분명한 초점으로 이끌어 갈 수 있다. 다음의 1920년대 광고들을 보자.

리스테린(1923)

에드나의 사례는 정말 공감이 간다. 여자라면 누구나 그렇듯 그녀가 애초에 품었던 야심은 결혼이었다. 또래 여성들 대부분이 결혼을 했거나, 또는 결혼할 예정이었다. 그러나 우아함이나 매력·애교면에서 그녀보다 더 나은 사람은 아무도 없었다.

그리고 비극적인 서른의 낙인을 찍어 줄 서른번째 생일이 서서히 다가오고 있었으므로 결혼은 전보다 더 그녀의 삶과 멀어 보였다.

그녀는 신부 들러리를 자주 했지만 자신이 신부가 된 적은 없었다.

숨은 이유는 입내(불쾌한 숨결) 때문이었다. 여러분은 스스로 그런 증세를 가지고 있어도 거의 알지 못한다. 가장 가까운 친구조차도 당신에게 말해 주지 않을 것이다.

예절서(1925)

그를 위해 그녀는 새 외투를 입고 있습니다. 그를 위해 그녀는 자신의 가장 예쁜 모습을 보여 주려고 애씁니다. 조금이라도 그에게 깊은 인상을 줄 수 있다면, 자신을 좋아하게 할 수 있다면.

탁자 너머로 그가 그녀에게 미소짓습니다. 그녀의 미모에 자부심을 갖고, 남들이 칭찬하는 것을 보고 기뻐하면서. 그리고 그녀는 조금 수줍게, 조금 자의식적으로 미소를 지어 보냅니다.

그는 얼마나 멋진 자세를 가지고 있는가! 얼마나 완벽한 자기 절제인가! '그녀가' 그렇게 철저히 여유 있을 수만 있었더라면……. 그녀는 자신에 대해 확신이 없었고, 그녀는 '알지' 못했습니다. 그리고 그녀는 발견했습니다. 우리 모두 그렇듯이 완벽한 자세와 침착한 태도를 갖는 유일한 방법이 있음을, 그리고 그것은 어떤 경우에 어떻게 행동하고 어떻게 말해야 하는가를 아는 것임을.

럭키 스트라이크 담배(1929)

간식을 먹는 대신에…… 살찌는 캔디 대신에…… 아름다운 여성들은 요즘 럭키를 피워 젊은이 같은 날씬함을 유지합니다. 현대의 가장 똑똑

하고 사랑스러운 여성들은 날씬함을 유지하기 위해 이런 방법을 씁니다
……. 남들이 살찌는 캔디를 조금씩 먹을 때, 그들은 럭키 담배에 불을 붙
이는 것입니다!

　그러므로 럭키 스트라이크에 진짜 건강이 들어 있는 것입니다. 그렇기
때문에 친척들은 이렇게 말하지요. "럭키를 피우는 것이 좋아."

　……그들은 럭키 담배가 그들의 신경을 안정시키고, 육체적 조건에 해
를 끼치지 않는다는 것을 알고 있습니다. 그들은 럭키 스트라이크가 좋은
체격을 유지해야 하는 많은 유명한 운동 선수들이 가장 좋아하는 담배라
는 것을 알고 있습니다…….[8]

이 광고들을 판단하기 위한 특권적인 입장에 우리가 접근할 수 없다는
것은 당연할 것이다. 그러나 이처럼 지극히 성공적인 광고들이 일정한 사
유 양식과 행동 양식을 의도적으로 가르치고 있고, 인위적인 불안과 편견
들을 조장하거나 강화함으로써 그렇게 하고 있다는 것, 이득을 위해서 그
렇게 하고 있다는 것, 그리고 최종 결과는 개인과 사회 전체 모두에게 해
를 끼치며 파괴적이라는 것을 생각해 볼 수 있는 증거가 분명한 사례이다.
요즘 광고들은 앞에서 인용한 광고들보다 훨씬 더 미묘하지만, 그럼에도
인간의 욕망과 열망을 유사하게 자기 본위로 조종하는 것에 관여하는 것
같다. 달리 말하자면 최근 한 논평가의 말대로 자본주의 주식회사들은 "만
족을 모르는 욕망하는 기계로서, 혹은 욕망의 무한성에 지배되는 동물로
서 인간관"[9]을 체계적으로 선전하고 있다고 보는 것이 합당할 것이다. 말
하자면 이것은 포스트모던 철학이 그린 주체의 초상과 불가사의하게 닮은
모습을 하고 있다.

　셋째, 포스트모더니즘은 개별적 현상을 총체성 내의 그것의 맥락과 결
부시키는 경향을 비판한다. 포스트모더니즘의 차이에 대한 강조는 우리
가 사물들을 사회적 전체의 부분들이라기보다는 분리된 이질적인 대상들
로 본다고 강변하는 것이다. 또 포스트모더니즘은 역사적 사건들을 어떤

궁극의 '텔로스(telos; 목적)'로 가는 길 위의 단계들, 또는 더 큰 이야기 속의 장들이라기보다는 한 불연속적 과정 속에서 고립된 사건들로 간주해야 한다는 것을 지적한다. 그러나 오로지 총체성의 개념만이 우리로 하여금 정체성을 상관적인 것으로 생각할 수 있게 한다. 사고 방식을 총체화한다는 것은 고립된 현상이 전체 사회와 결부되었을 때, 그리고 인류 역사의 전체적 맥락 속에서 보았을 때에만 진정으로 이해될 수 있다는 것을 시사한다. 이러한 맥락은 우리가 특수한 실천들과 사건들을 평가할 수 있는 표준을 제공해 줄 수 있다. 예를 들어 자본주의적 정신 상태를 인류 역사의 맥락 속에 자리잡게 한다면 우리는 곧 그것이, 막스 베버의 말에 따르자면 "고대와 중세에 탐욕의 가장 저급한 형태, 그리고 자존심이 완전히 결여된 태도로서 배척되어 온 것"[10]인 삶에 대한 새롭고 독특하며 반규범적인 접근임을 발견하게 될 것이다. 그래서 사람들이 사물과 사건들을 사회 또는 역사의 총체성들로부터 떨어져 개별적으로 연구하는 것이 가장 잘 연구하는 것이라고 믿는다면, 그것이 '현상 유지'를 영속화하도록 도와 준다.

무엇보다도 포스트모더니즘은 허위 의식의 이데올로기 개념에 도전한다. 재현의 자율성은 진리의 어떠한 절대적 기준에 대한 우리의 접근을 못하게 한다. 자율적 주체의 파괴는 독립된 의식의 실존에 의혹의 눈길을 던진다. 총체성과 목적론에 대한 공격은 오늘날의 사회의 분리된 외양들이 결핍된 것으로 알려지는 것에 반하는 맥락들을 제거한다. 그러나 우리가 보아 왔듯이 포스트모더니즘은 시장 자본주의를 위하여 이 모든 일을 한다. 그러므로 해석의 카테고리로서 이데올로기의 타당성은 그에 대한 공격의 행위 자체로 드러난다는 의미가 있다. 가장 유서 깊은 이데올로기의 개념 중 하나는, 특수한 역사적 시대를 지배하는 강력하고 유해한 힘들의 이기적 관심의 체계적 오류를 선전하는 사유 체계로서 이데올로기 개념이다. 그러한 정의에 따르면 포스트모더니즘은 소비 자본주의 이데올로기에 지나지 않는다.

1
―――
기 원

> 그 땅이 형태 없고 공허하며, 어둠이 깊음 위에 있고, 하느님의
> 영은 수면 위를 운행하시니라.
>
> 〈창세기〉, 1장 1절

허위 의식의 원천들

처음부터 허위 의식의 개념에 대해 포스트모던 문화가 제기하는 의혹은
전례가 없는 일임을 주목해야 한다. 과거에는 문명들이 전반적으로 그 희
생자들 또는 경쟁자들의 오류를 드러내는 정교한 기준들을 발전시켰다.
그리스인은 외국인들을 합리적 사고라는 타고난 재능이 결핍되고 문명화
되지 못한 원시적인 '야만인들'이라고 천명했다. 초기 기독교인들은 이교
도들을 이승의 사물들과 육신의 쾌락에 중독된 죄지은 세속적 '우상숭배
자들'로 그렸다. 그러한 고대의 담론들을 자세히 분석하는 것은 이 책의
범위를 벗어난다. 우리의 목적에 적절한 일은 근대 세계를 유형화하는 허
위 의식의 이론들을 설명하는 것이다. 그러나 그렇게 하기 위해서, 우리는
먼저 그리스와 성서에서 정신과 물질의 관계를 본질적으로 어떻게 이해하
고 있는지를 언급해야 할 것이다.

세계 또는 세계에 대한 우리의 경험이 물질과 정신의 일치로부터 창출
된다는 믿음은 서양의 사유만큼이나 오래된 것이다. 철학의 역사는 그러

한 요소들 사이의 관계를 통하여 사유하려는 오래된 시도로 이루어져 있다. 이것은 제3의 요소——재현——의 도입을 의미하는데, 이 요소가 이 분법의 두 극단 사이를 매개할 것이다. 우리는 머리말에서 포스트모던 시대가 어떻게 재현의 자율성으로 특징지어지는지를 보았다. 그 명칭이 함축하는 바와 같이 머리말에서 우리가 논의한 포스트모던 관념들은 '근대'의 특징적인 추정들에 대한 역반응으로 나타났다. 근대는 16세기에 시작되어 20세기 중반까지 이른다. 근대는 교환을 지향하는 포스트모던 경제와 대립되는 것으로, 생산을 기반으로 한 자본주의의 시대이다. 포스트모더니즘과 첨예하게 대립되는 근대 철학은 허위 의식의 확인과 논박에 깊이 몰두해 있다. 16세기와 17세기의 '근대 초기'에 서유럽은 농업, 봉건 사회로부터 자본주의적, 화폐 기반 경제를 중심으로 체계화된 사회로 변동하는 긴 과정을 시작했다. 사람들은 자기 자신과 주변 세계를 새로운 방식, 즉 근대 세계의 특징을 이루는 그런 방식으로 생각하기 시작했다. 이 것은 그들이 바꿔 놓고 있었던 낡고 자기 입장을 굳힌 추정들에 대항한 투쟁에 들어가야 함을 의미했다. 그 싸움에서 처음으로 근대적인 이데올로기 개념이 무기로 발전되었으며, 고대 그리스 철학의 재발견은 성경의 자국어 번역과 결합되어 교회와 국가의 자기 입장을 굳힌 관념들에 대항하는 탄약을 갖춘 르네상스 시대의 사상가들을 낳았다.

허위 의식의 모든 근대적 이론들은 주체(관념들의 왕국), 객체(실질적·물질적 사물들의 세계), 그 두 극단 사이를 중개하는 재현 매체 사이의 삼각 관계의 불균형에 의해 허위 의식이 생겨난다고 주장한다. 이 세 가지 요소는 하나의 총체성을 이룬다. 관념들의 일단, 또는 '담론'이 다른 것에 허위라는 딱지를 붙이려 할 때, 그것은 항상 그 대립물이 이 총체성의 세 부분들 사이의 관계를 잘못 이해했다고 단언하는 것이다. 이와 같은 전법은 서양 철학의 시초까지 그 흔적을 따라갈 수 있다. 예컨대 플라톤의 《공화국》에서 이데아는 물질 세계보다 더 진정한 것으로 간주되고 있다. 만일 우리가 객관적 세계를 실체로 받아들인다면, 우리는 그와 동시에 윤리적 위반인 오류를 저지르는 것이다. 플라톤은 목에 사슬이 감긴 채 동굴 속에 갇힌 죄수들이 보는 방식과 인간이 물질 세계를 지각하는 방식이 같다고 한다. 죄수들의 뒤에서 불이 타고, 죄수들과 불 사이에 벽이 움직인다. 그래서 플라톤은 이렇게 묘사한다.

이 벽 위에 나와 있는 돌이라든가 나무, 그밖의 여러 가지 재료로 만들어진 온갖 종류의 공예품, 인간상이나 다른 동물 복제품을 그 벽을 따라서 사람들이 운반하고 있는데…… 운반하고 있는 사람들 중에는 말을 하는 사람들도 있고, 침묵하는 사람들도 있네.[1]

죄수들은 이러한 인공물들에 의해 벽에 던져진 그림자들만을 볼 수 있고, 따라서 당연히 그 그림자들을 실제 사물들로 받아들이고, 사람들의 목소리가 그림자들에서 나왔다고 추정한다. 햇빛 속으로 빠져 나왔다가 동료들에게 실제 세계에 대해 말하러 돌아간 죄수는 동굴에 사는 사람들에게 악의에 찬 광인 취급을 받는다. 플라톤은 가시적 세계는 평범한 인간의 지각으로 접근할 수 없는 이데아적 형태들의 그림자들로 이루어졌다는 것을 지적하는 것이다. 플라톤은 이 지각이 오류일 뿐 아니라 자기 자신을 위장하는 것이 이 오류의 본질임을 제시하고, 그래서 가시적 세계가 실제 세계라는 것이 인간에게는 자명한 것으로 보인다. 우리는 또한 그림자들이 인간이 만든 대상들, 즉 인간이 가져온 깎아낸 형상들에 의해 주조된다는 것에 주목해야 한다. 따라서 계획적인 기만은 이러한 환영 패턴을 만드는 데 관련되며, 이 테마는 이데올로기의 역사에서 자주 반복될 것이다.

플라톤 이후 헬레니즘적 사유는 전반적으로 물질에 대한 이데아의 우월성을 당연한 것으로 받아들인다. 이는 관념과 물질 사이의 명확한 이분법적 상호 대립이 하나의 위계 질서가 되고, 그 전자의 극단이 후자보다 특권적이라는 것을 의미한다. 우리는 이것의 결과 중 몇 가지를 아리스토텔레스의 《정치학》에서 볼 수 있다. 이 책에서 모든 형태의 권력은 정신/육체라는 위계 질서의 상동성에 의해 정당화된다.

> 동물에⋯⋯ 우선 주인이 노예에게 행사하는 규칙과 정치적 규칙을 구별할 수 있다. 영혼은 주인의 특징적인 규칙으로 육체를 지배한다. 반면에 지성은 욕망을 정치나 군주의 규칙으로 다스린다. 육체가 영혼의 지배를 받는 것이 분명히 자연적이고 또 유익하기도 하며, 또한 [영혼의] 열정적인 부분이 지성과 이성적인 부분의 지배를 받는 것이 자연스럽고 유익한 것이다. 반면에 이 관계가 균형을 이루거나 역전된다면 유해한 일이다.[2]

정신의 주관적 관념들이 객관적인 물질적 육체보다 당연히 우월하다는 가정으로부터 아리스토텔레스는 노예에 대한 주인의, 야만인들에 대한 그리스인의, 여성에 대한 남성의 필연적 우월성을 연역한다. 물질과 이데아의 관계에 대한 편견 때문에 특정한 의식의 형태들이 체계적으로 허위라는 확언뿐 아니라, 특정한 인간 존재가 다른 사람들에 의해 지배당하기에 적합하다는 주장을 믿는다.

아리스토텔레스는 계속해서 사유 속에서 더 심화된 오류들을 확인하는데, 그것은 관념들·사물들·재현들 사이의 관계의 왜곡을 추적하는 것이다. 예를 들어 그는 소유물의 모든 부분들이 두 가지 방식으로 간주될 수 있다고 주장한다.

> 모든 소유물은 두 가지의 용도가 있다. 이 두 가지 용도가 그 소유물 자체에 속하는 것이지만, 방식은 서로 다르다. 첫번째 용도는 그 물건에 적합한 것이지만, 두번째는 그렇지 않다. 신발을 예로 들면 신발을 신을 수도 있고, 다른 물건과 교환할 수도 있다. (1257al, 7-10)

구두의 사용이 단순히 신는 것이라면, 그것은 물질적 객체로 간주될 수 있다. 다른 한편 구두가 다른 물건과 교환되거나 팔린다면, 그 물질적 사물에 하나의 이데아적 형태가 접합되어야 한다. 따라서 구두는 단순히 구두가 아니라 교환되는 대상과 등가물로 생각할 수 있다. 우리는 자연히 그 물질적 고유성들에 속하지 않는 대상에 하나의 관념을 부과해야 한다. 어떤 큰 규모로든 이것이 가능하도록 하기 위해서는 공분모가 필요하다. 우리는 구두 그 자체와 구두에 대한 우리의 관념을 매개할 수 있는 재현의 영역을 필요로 한다. 아리스토텔레스에 따르면 이 매체가 돈이다. 그것이 관념과 물질 사이의 중개자로서 그 고유한 자리를 유지하는 한 아리스토텔레스는 돈을 상서로운 것으로 본다. 그러나 아리스토텔레스는 돈 그 자체가 목적이 될 때——돈이 더 많은 돈을 낳는 데에만 사용될 때——근본적인 논리적·윤리적 오류가 저질러진 것으로 간주한다.

교환의 전문 지식은 자연적으로 이루어진 것이 아니고 다른 사람을 희생한 것이기에 비난받아 마땅하다. 고리대금업자는 가장 미움을 받는데, 당연한 일이다. 왜냐하면 화폐의 본래 기능인 유통 과정이 아니라 화폐 자체로부터 이득을 얻기 때문이다. 화폐는 단지 교환의 수단으로 생겨난 것이지만, 이자는 실제로 그 이상을 산출한다……. 그래서 온갖 종류의 사업에서 고리대금업이 가장 자연에 반하는 것이다.(1258bl, 41-8)

또다시 이러한 오류는 관념들·물질·재현 사이의 고유한 관계의 불균형에서 비롯된다. 재현 매체가 자율적인 것이 될 때, 그 매체가 매개하는 것으로 추정되는 요소들 너머까지 고양될 때 그 결과는 세계에 대한 부자연스럽고 뒤틀어진 관점이다.

헬레니즘적 사유와 함께 헤브라이즘 전통도 서양 철학에 중대한 영향을 끼쳤고, 총체성의 요소들 사이의 관계에 대한 오해 탓에 허위 의식이 발생했다고 본다. 헤브라이인들은 헤브라이어 성서에서 신성을 물질로 재현하는 것을 금지한다는 점에서 이교도들과 구분된다. 감각적인 것들이 타락한 인간성에 마련해 준 매혹 덕분에 그런 재현들은 어쩔 수 없이 물신 숭배의 대상이 된다. 즉 사람들이 그것들이 재현에 불과하다는 것을 잊어 버리고, 그것들을 우상화하여 성신이 육화한 것으로 존경하게 된다. 야훼 께서는 처음 두 가지 계명에서 우상 포기를 일신교의 전제 조건으로 할 때, 그 점을 분명히 하고 있다.

〈출애굽기〉, 20장 3절. 너는 나 이외에 다른 신들을 네게 두지 말라. 4절. 너를 위하여 새긴 우상을 만들지 말고, 또 위로 하늘에 있는 것이나 아래로 땅에 있는 것이나 땅 아래 물 속에 있는 것의 어떤 형상도 만들지 말라. 5 절. 그것들에 절하지 말며, 그것들을 섬기지 말라. 나 너의 하느님 여호와는 질투하는 하느님인즉 나를 미워하는 자의 아버지로부터 아들에게로 삼사 대 까지 죄를 갚으리.

기호와 사물의 관계에 대한 우리의 잘못된 이해 덕분에 어쩔 수 없이 하 느님의 형상을 하느님 그 자체로 보는 잘못을 저지를 것이기 때문에, 우상 을 파괴하라는 계명의 폭력성은 어쩔 수 없다. 그래서 신성의 재현들은 유대 일신교와는 양립할 수 없다. 유대 일신교는 모든 의미의 원천이 반드 시 육화될 수 있는 절대적인 '로고스'임을 단언한다. 따라서 하나의 형상 을 숭배하는 것은 근본적으로 잘못된 것이다. 그러나 또한 그렇게 하는 것 은 비도덕적인데, 거기에는 두 가지 이유가 있다. 하나는 무엇보다 먼저 상은 물질적 대상이며, 따라서 신성의 관념적 차원보다 윤리적으로 열등하 다. 다른 하나는, 형상은 인간 노동의 산물이다. 그것은 '조각되거나' 또 는 제작된 것이다. 그러면 하나의 도상을 숭배할 때 우리는 실제로 우리의 노동의 객관화된 현시를 숭배하고 있는 것이다. 우상 숭배의 이러한 측면 은 특히 바빌론 유수[기원전 6세기에 바빌로니아가 유대 왕국을 정복한 뒤 유대인을 바빌로니아에 강제로 억류시킨 사건] 당시에 강조되었다. 〈이사야〉 서에는 바빌론의 우상들을 만드는 데 투입되었던 다양한 종류의 노동에 대한 기나긴 묘사가 실려 있으며, 그것들이 인간의 노동에 의해 제작되었다는 사실이 숭배하는 형상들의 부조리성에 대한 가장 명백한 증거로 인용되어 있다.

〈이사야〉, 40장 18절. 너희가 하느님을 누구와 같다 하겠으며, 무슨 형상을 그에게 비기겠느냐? 19절. 우상은 장인이 부어 만들었고, 금세공인이 금으로 입혔고, 또 은사슬을 만든 것이니라. 20절. 궁핍한 자는 봉헌을 드릴 때에 썩지 않는 나무를 택하고, 지혜로운 장인을 구하여 우상을 만들어 흔들리지 아니하도록 세우느니라.

〈이사야〉, 46장 5절. 너희가 나를 누구에게 비기며, 누구와 짝하며, 누구와 비교하여 서로 같다 하겠느냐? 6절. 사람들이 주머니에서 금을 쏟아내며 은을 저울에 달아 도금장이에게 주고 그것으로 신을 만들게 하고 그것에게 엎드려 경배한다.

여기에서 비판하고 있는 것은 재현을 이용하여 관념적인 것과 물질적인 것의 균형을 이루려는 시도이다. 그와 같은 기도는 인간 노동의 산물을 물신화함으로써, 즉 산물들에 미신적인 힘과 인간의 삶에 대한 부당한 영향력을 부여함으로써 성공을 거둔다. 《신약성서》에서는 우상에 대한 헤브라이적인 금지가 헬레니즘적 관념론과 혼합되어 모든 지상의 지각에 대해 일반화된 불신을 제기하는데, 이는 사후의 천상의 계시에 의해 수정될 것이다. 그래서 바울은 〈고린도전서〉에서 이렇게 쓴다.

〈고린도전서〉, 13장 12절. 우리가 지금은 거울로 보는 것같이 희미하나 그때에는 얼굴과 얼굴을 대하여 볼 것이요, 지금은 내가 부분적으로 아나 그때에는 주께서 나를 아신 것같이 내가 온전히 알리라.

따라서 플라톤적-기독교 전통은 인간이 사물의 진정한 본질을 보는 것이 불가능하다고 생각한다. 그 전통은 '관념론적' 위계 질서를 세우는데, 거기에서 지상의 물질적 인식은 불완전할 수밖에 없다. 그러나 그리스인의 사유도 역시 허위 의식을 극복할 가능성에 대해 더욱 낙천적인 관점을 제시한다. 《마그나 모랄리아》에서 아리스토텔레스는 '본성'과 '습관'의 관계를 고찰한다. 그 특징은 타고난 특성과 획득된 특성 사이의 차이에 있고, 아리스토텔레스는 전자가 더욱 지속적임을 시사한다.

천성은 그 어느것도 관습에 의해 다른 것이 되지 않는다. 예를 들어 일반적으로 돌과 무거운 것은 자연스럽게 아래로 떨어진다. 누군가가 반복해서 그것들을 위로 던지고 계속해서 위로 움직이도록 길들이고자 노력한다 해도, 그것들은 언제나 결코 위로 움직이지 않을 뿐 아니라 언제나 아래로 떨어진다.[3]

분명히 자연적 대상들의 천성을 변화시키려는 시도는 시시포스처럼 무익한 일이다. 그러나 인간의 천성의 영역에서 천성/습관의 이분법은 덜 절대적인 것이 된다. 인간은 변하지 않는 중력 법칙과 똑같은 의미로 분명히 '자연적'이 아닌 그런 방식으로 습관적으로 행동한다. 《마그나 모랄리아》 2권에서 아리스토텔레스는 습관에 대한 천성의 우월함을 다시 언급하지만 이번에는 다르게 강조한다.

왜냐하면 천성은 관습에 의한 것보다 치료하기가 더 어렵기 때문이다. (왜냐하면 관습은 너무 강해서 사물들을 천성으로 만들기 때문이다.)(1203b, 31)

두 종류의 천성을 구분해야 할 것 같다. 한편으로 이 말은 돌에서 무게와 같은 내재적인 불변의 자질들을 가리킨다. 다른 한편으로는 아주 습관적으로 되어 자연스럽게 보이는 습관적인 행동 방식들이 있다. 이 '제2의 천성'은 바뀔 수 있고, 조정될 수 있다는 점에서 첫번째 것과 다르다. 따라서 거기에는 사회적 통제의 동인(動因)으로서 강력한 잠재성이 있다. 실상 《니코마코스 윤리학》에서 아리스토텔레스는 이러한 '제2의 천성'의 배양을 치국책의 근본 요소로 제시하고 있다.

이것은 여러 국가에서 일어나는 일에 의해서 입증되고 있다. 입법자들은 국민들에게 좋은 습관을 갖게 함으로써 좋은 국민으로 만든다. 그리고 이것이 모든 입법자들이 바라는 것이다. 이것을 잘하지 못하는 입법자들은 결국 소기의 목적을 달성하지 못하고, 이 점에서 좋은 국가 체제와 나쁜 국가 체제가 나누어진다.[4]

정치지도자들측의 이러한 행동은 현대 독자들에게 공정치 못한, 심지어 음흉한 인상을 줄 것이다. 만일 그렇다면 이는 넓게 보아 사회적 발전과 적응이 좋은 일이고, 사람들이 합리적 분석을 통하여 행위의 과정을 결정하고 상황을 평가해야 하며, 단지 과거에 해온 방식이기 때문에 특정한 방식으로 일들을 계속하는 것이 어리석은 짓이라는 우리의 가정을 입증한다. 반면에 아리스토텔레스의 관점에서는 습관과 관습은 도덕과 문명의 토대이며, 백성들의 그런 자질들을 배양하는 일을 소홀히 하면 어떤 통치자도 자신의 책무를 이행하지 못하는 것이다. 그럼에도 우리는 아리스토텔레스의 '제2의 천성' 개념에서, 그와 같은 그릇된 사유가 인간의 발명의 산물이기 때문에 극복될 수 있는 허위 의식이라는 이론의 기초를 찾아볼 수 있다.

근대성의 여명

근대초의 사상가들이 특정한 관념들을 허위라고 비판할 필요성을 느꼈을 때, 그들은 그 가르침이 진부한 격언들이 된 그 고대의 원전으로 되돌아갔다. 예를 들어 '우상 숭배'의 개념——형상에 대한 경배——은 일반화된 허위 의식을 묘사하는 데 흔히 사용되었고, 허위 의식의 세속적인 현시들은 그 종교적 응용과 유사한 것으로 이해되었다. 그래서 17세기 시인 조지 허버트는 이교도의 우상 숭배를 수단과 목적의 혼동이라고 혹평하면서, 당시 사회도 그와 유사한 망상에 빠져 있음을 지적한다.

> 아, 기품이 없는 인간은 얼마나 대단한가!
> 겸손한 얼굴로 마늘을 경배하며,
> 그가 먹으려는 것에게 음식을 간청하며,
> 그의 고기를 숭배하는 동안 굶주리며……

> 어느 누구도 지금은 이것을 믿지 않을 것이다. 비록 돈이
> 우리들에게 똑같이 이식된 어리석은 짓이 되겠지만.[5]

그래서 허버트는 탐욕이 그의 동시대인들의 관행에 의해 확인된 맹목적인 숭배의 대상이라는 유서 깊은 성서적 진술을 알게 된다. 그와 유사하게 폴크 그레빌의 〈군주론〉(1610년경)은 아리스토텔레스의 용어들에 정치적 권위를 직접 부여한다. 이 긴 시는 신화적인 '황금 시대'를 특징짓는 통치자들과 백성들 사이의 조화로운 관계에 대한 성찰로 시작하고 있는 것 같다. 그레빌이 주장하는 그러한 상호 존경과 이해는 오로지 '진리와 동맹한 그 권력의 기교 앞'(23행)[6]에만 가능했다. 이어서 그 '동맹'에 대한 자세한 설명이 나오는데, 그 동맹은 군주제가 전제군주제로 '일탈'하는 현상을 수반하는 것으로 보인다. 그 궁극적 결과는 백성들이 자신들이 어떻게 통치받을 것인가를 결정하거나, 혹은 믿음을 선택할 의지력을 백성들로부터 박탈하는 것이다. 그레빌의 말에 따르면 백성들은 단지 '권력이 욕망을 펼치는 대상'(326행)일 뿐이다. 시의 처음부터 끝까지 의인화되어 있

는 힘인 '권력'은 백성들을 필요에 맞게 만들 수 있는 능력을 얻는다. 그레빌은 이러한 관계를 직유법으로 표현한다. "머리인 이데아들이 마음을 지배하듯이/그렇게 권력은 모든 곳에서 자신의 의지를 펼칠 것이다." (377-8행) 따라서 권력의 생산적 현시를 신체에 대한 마음의 오만한 지배에서 찾아볼 수 있다. 그리고 위계 질서의 원천은 다시 주관적 영역과 객관적 영역 사이의 불균형까지 거슬러 올라간다.

그러나 근대초의 사람들은 사회 생활의 체계화에서 극적인 변화들을 받아들이려고 애쓰고 있었다. 헬레니즘적이고 헤브라이즘적인 개념들의 단순한 전치는 전례 없는 근대성의 경험들을 설명하기에 부적합하게 보였다. 허위 의식에 대한 근대적 사고 방식과 그 이전 시대의 사고 방식을 구별하는 한 가지 방법은, 관례 또는 '관습'에 대한 사람들의 태도 변화를 도표로 만들어 보는 것이다.[7] 16세기초 무렵에 아리스토텔레스가 주장했던 윤리적 행위를 보장하는 것과는 동떨어지게, 관습에 대한 맹목적 신봉이 과거의 사회적 행위 형태에 대한 미신적이고 정당화되지 않은 숭배를 재현한다는 생각이 형성되기 시작했다. 이러한 개념은, 처음에는 지역적인 시민 개혁과 절충주의적 개혁들을 설명하고 정당화하기 위해 불완전하게 생겨났다. 예를 들면 1494년에 프랑스의 샤를 8세의 침략으로 인한 이탈리아의 혼란은 지극히 급작스럽고 극적인 정치적 변화를 불러왔고, 그 이후 그것은 새로운 세속 권력 이론이라 불리게 되었다. 피렌체의 세습 통치자 피에로 드 메디치가 패주함에 따라, 지롤라모 사보나롤라라 불리는 광적인 청교도주의 수도사가 도시 국가의 정무를 총괄했다. 사보나롤라는 스콜라적 전통과 합치되도록 자신의 권력 장악을 아리스토텔레스적 용어로 정당화했다.

정말로 습관은 제2의 천성이다. 그리고 바위의 본질이 떨어지는 것이며, 그것을 바꿀 수 없고, 강제력에 의하지 않고서는 바위를 들어올릴 수 없듯이 그렇게 습관은 천성이 된다. 인간, 특히 전체 국민을 바꾸는 것이 불가능하지 않다면, 심지어 그들의 습관이 나쁠지라도 그들의 습관이 성격에서 벗어나 생겨나기는 매우 어렵다.

이제 오래 전에 시민 정부 형태를 확립한 피렌체인들은, 어떤 다른 통치 형태보다 시민 정보 형태가 국민의 천성과 욕구에 잘 부합하기에 이러한 통치 형태에 익숙해졌고, 그 통치 형태는 그들의 마음속에 습관이 되고 고착되었다. 비록 이런 통치 형태를 그들에게서 떼어 놓는 것이 전혀 불가능한 것은 아닐지라도 대단히 어려울 것이다.[8]

실제로 사보나롤라와 그의 청중이 잘 알고 있었던 것처럼 피렌체는 60년 동안 '시민 정부 형태'를 갖지 않았다. 다시 말하면 공화국이 아니었다: 그러나 관습에 대한 호소와 연계하여 권력을 정당화하기 위해서 사용할 수 있는 유일한 어휘였기 때문에, 사보나롤라는 전통을 불러내 혁명적 개혁을 정당화하는 역설적인 입장에 처할 수밖에 없었다.

실제로 사보나롤라의 4년간의 통치는 사악한 '제2의 천성'의 현시들을 모두 파괴하고 지워 버리려는 괴상하고 강박적인 시도들이었음을 특징적으로 보여 준다. 이 수도사가 특히 분노한 대상은 분장 또는 '얼굴에 화장' 하는 관례였으며, 다른 죄악의 세속적 인공물들과 더불어 화장품을 공공의 '허영의 화톳불' 이라 하여 자주 소각했다. 가발·분·얼굴 안료를 거부한 주된 이유는, 그것들이 새로운 정체성을 만들어 낼 수 있게 해주기 때문에 성스러운 창조의 특권을 침해하는 것으로 보일 수 있다는 것이었다. 이 '제2의 천성'을 우상 숭배로 이해했는데, 왜냐하면 그것이 신이 만든 작품들을 인간의 작품으로 대체하기 때문이다. 사보나롤라는 화장품을 비난하면서 신이 준 '최초의' 천성을 '제2의 천성'이 왜곡하고 악용한 것으로 명확히 설명할 수 있었다. 아마도 이는 오늘날 별로 중요하지 않은 이슈로 보일 만한 것에 그가 우위를 두었던 까닭을 설명해 줄 것이다. 즉 그것은 공공연히 정치적 담론에 넣을 수 없었던 이론적 진보의 기회를 제공했던 것이다.

이렇듯 정치적 개혁을 위한 이론적 정당화를 결여한 채 오랫동안 확립된 관습적인 행동을 개혁하려고 시도함으로써 사보나롤라는 곧 인기를 잃었고, 1498년에 실권한 뒤 처형되었다. 이로부터 더 젊은 피렌체 사람 니콜로 마키아벨리가 개혁적인 통치자는 권력을 유지하려면 백성들에게 체계적인 환상을 심어 주어야 한다는 결론을 내리게 되었다. 마키아벨리는 《군주론》에서 사보나롤라를 '비무장의 예언자'였다고 선언한다.

그의 말을 믿고 있었던 민중이 그의 말을 믿지 않게 되자 그는 자기가 만들어 놓은 새로운 질서와 함께 없어지고 말았는데, 그는 자신을 믿었던 민중들을 계속해서 믿게 하거나 또는 믿지 않는 사람들을 믿게 하는 수단을 갖고 있지 못했던 것이다.[9]

《군주론》은 개혁하는 통치자가 어떻게 자신의 치세를 정당화하는가 하는 문제를 고찰한다. 마키아벨리는 세습 군주의 경우나 사회적 · 문화적인 변화를 끌어들이고자 하지 않는 통치자에게는 그 문제가 발생하지 않는다고 단언한다. 그런 정황에서는 관습에 대한 호소로도 반역을 미연에 방지하기에 충분하다. 사람들을 복종시키기 위해서 말이다.

그들 선조의 제도 등에 어긋나지 않는 것으로 충분하다……. [군주]를 백성들이 매우 좋아하게 되는 것, 그리고 쇄신의 기억과 대의명분은 그 영토를 영구적으로 지배하는 과정에서 사라지고…… 그들의 오랜 생활 환경을 유지시킴으로써 관습의 차이가 없게 되고, 백성들이 평화롭게 살게 된다……는 것은 당연하다.(238-9)

그러나 피렌체의 근세 역사가 제기한 문제는, 낡은 관습들을 제거하고 새로운 관습을 끌어들이기를 바라는 정부가 백성들의 눈앞에서 어떻게 자신을 정당화시키는가 하는 것이었다. 분명한 것은, 그러한 정부는 기존의 관습을 솔직하게 가져올 수는 없다는 것이다. 그러나 마키아벨리는 권력이 정당화될 수 있는 어떤 다른 어휘를 쓰지 않았다. 마키아벨리의 결론에 따르면 개혁적 통치를 위해 유일하게 가능한 해결책은 백성들을 속이는 것이다. 그는 《리비우스 논고》에서 그 점을 이렇게 말한다.

　도시 국가를 개혁하기를 갈망하거나 원하는, 그리고 모든 사람을 만족시키면서 도시 국가를 유지할 수 있거나 받아들여지기를 바라는 자는, 제도들이 변했음을 백성들이 보지 못하게 하기 위해서 적어도 옛 형태의 흔적을 남겨두는 것이 필수적이다. 실제로 새로운 제도들이 옛 제도들과 전적으로 다르다 할지라도 말이다. 왜냐하면 일반 대중들은 마치 있는 것처럼 여겨지는 겉모습에 만족하고, 실제의 것보다는 보이는 것에 의해 아주 많이 감동받기 때문이다.(330)

　재현들은 교묘하게 배치되면 실체인 척할 수 있는 것 같다. 그래서 마키아벨리는 허위 의식의 두 가지 변별적 형태를 설명한다. 먼저 과거의 행동 방식이나 관습에 열광하는 경향이 있는 사람들이 있다. 마키아벨리는 겉보기에 항상 그래 왔던 대로 계속해서 행동하고자 하는 인간의 천성적인 강한 충동을 알고 있다. 이는 본질적으로 제2의 천성을 제1의 천성으로 오해하게 한다. 이는 마치 사람들이 과거에 했던 행위들이 현재에도 유효하고, 진보를 좌절시키며 사회의 진정한 이익을 오도하는 것 같다. 그래서 마키아벨리는 후에 그 점에 대해 "백성들은 그들 자신의 파멸을 열망한다"(363)라고 했다. 그러나 백성들의 이러한 자기 기만은 통치자에 의해 의도적으로 선동된 제2의 기만을 불러오기 마련이다. 통치자는 어떤 개혁이든지, 마치 기존의 관습이 지속되는 것처럼 모든 개혁들을 허위로 재현할 것이 틀림없다. 그래서 이데올로기는 (시대 착오를 이용해) 일상적인 사회 생활로부터 자생적으로 발생할 수 있으며, 또한 권력들에 의한 '외양들'의 의식적 조작을 통해 주입될 수도 있는 것 같다. 시민의 권력에 이처럼 기만적인 요소를 귀속시키는 것은 르네상스 시대의 감수성에는 너무 충격적이어서, 마키아벨리의 이름이 교활함과 음모의 별칭이 되었다. 그리하여 말로는 《몰타의 유대인》(1590)의 프롤로그에서 악당이자 주인공인 바라바에 대해 알아두어야 할 모든 것을 독자에게 알려 주는 명사로 그 피렌체인 마키아벨리의 이름을 이용한다. "당신은 그에게서 여전히/그의 모든 의도 속에서 완전한 마키아벨리를 찾을 것이다/그리고 그것이 그의 성격이다."(7-9행)

사후 1백 년이 넘도록 좋지 못한 평판을 받았음에도 불구하고 마키아벨리의 저술은 정치적 사유의 근본적인 변화를 기술했으며, 동시에 그 변화를 용이하게 해주었다. 관습에 대한 사람들의 집착이 좋은 정부에 제동 장치가 될 수 있다는 생각과, 정부가 국민들을 기만하는 것이 바람직하다는 생각은 시민 권력의 관습적 개념에 변혁을 일으켰다. 16세기초에 '중세'와 '근대' 세계 사이의 결정적인 역사적 분열을 자리잡게 하는 한 가지 좋은 이유는, 종교적 사유의 유사한 발전이 세속적인 영역에서 이루어진 마키아벨리의 약진과 동시에 일어났다는 사실이다. 《군주론》을 1512년에 썼고, (전해 오기를) 1517년에 마르틴 루터는 비텐베르크의 교회 문 앞에서 자신의 논문 95편을 발표하면서 교회의 허위를 폭로했다.

종교 개혁을 착수하도록 한 지적인 계시가 온 것은 루터가 자신을 괴롭힌 두 가지 커다란 문제, 즉 어떠한 수도원 교리로도 죄로부터 자신을 해방시킬 수 없다는 자신의 무능력과 비텐베르크의 면죄부 판매자인 요한 테첼의 존재 사이에 인과 관계가 있음을 인식했을 때였다. 아우구스티누스교의 수도사로서 루터는 끝없이 고해를 하려는 열성으로 유명했다. 격분한 고해신부는 속죄해야 할 진짜 죄들을 갖게 될 때까지 돌아오지 말라고 하면서 자주 그를 쫓아 버렸다. 그러나 루터는 참회의 노동이나 '작업'을 수행하는 것으로는 하느님의 용서를 스스로 확신할 수도 없고, 자신의 구원을 확인할 수도 없음을 알았다.

어떤 교회법으로 위임된 일들을 수행하면 면죄받을 수 있다는 생각이 가톨릭 신앙의 핵심이었고, 참회는 성스러운 성사였다. 그래서 속죄를 위한 단식·순례·추방을 명하고 죄인들에게 죄과를 속죄하게 하는 것은 교황의 권력에 속해 있었다. 교황은 그것들을 강제하고, 또 그만큼 죄인들에게 형벌들을 면하면서 용서할 수 있었다. 흔히 명령받은 속죄 행위와 똑같은 현금을 지불함으로써 죄의 사면을 받았고, 이 벌금은 속죄의 행위를 수행하는 것을 대신할 수 있었다. 이러한 사면은 '면죄부'로 알려졌다. 이러한 관행은 돈으로 일시적인 벌에만 사면을 살 수 있고, 면죄부를 사는 것은 교황 권력의 세속적 측면으로 순수하게 법적인 거래에 참여하는 것임이 분명한 것으로 폭넓게 받아들여졌다. 그러나 루터 이전 2세기 동안 면죄부에 부착된 부적의 힘은, 사람들이 그 부적을 사면 연옥에서 보내는 시간을 축소할 수 있다고 믿을 정도까지 증대되었다. 비록 교황들은 그러한 견해를 부인했지만, 사악한 면죄부 판매자들은 그러한 견해를 부추겨 팔아먹었다. 루터가 95개의 논문에서 고발한 시행——"돈고리 소리를 들을 때, 연옥에서 영혼이 일어난다"[10]——은 정확하게 면죄부 판매자들이 부추긴 대중의 잘못된 생각을 요약하고 있다.

당시 면죄부는 인간 행위의 특별한 결과를 표시하는 증서였다. 면죄부 제도는 통화의 형태로 속죄 행위를 표상했다. 테첼과 같은 판매자들은 그 증서에 사후의 영혼의 상태를 개선하는 힘이 있다고 생각했다. 이것을 표현하는 한 방법은 면죄부가 물신화된 노동을 대표했다고 말하는 것이다. 면죄부는 인간 행동의 재현이며, 대중의 상상 속에서 초자연적인 마술의 힘에 속하는 것들이었다. 그것들의 역할은 본질적으로 금전적인 것이었다. 돈이 인간 노동과 다양한 대상들 사이의 동등성을 인식하게 해주는 재현의 매개체를 확립한 것과 같이, 면죄부는 속죄 행위와 신의 은총 사이의 동등성을 부여할 수 있는 공분모를 제공했다. 가톨릭 교회는 일종의 자금화가 되는 성자들의 잉여 선행을 통제할 수 있는 것으로 여겼고, 교회는 거기에서 면죄부 구매인들의 현금으로 교환할 수 있도록 일정액을 베풀 수 있었다. 루터의 첫번째 항의는 아마 비텐베르크 사람들에게 테첼이 저질렀던 이 제도의 지역적 '오용'에 대한 것이었던 듯하다. 하지만 교황의 징계를 받으면서 그는 은총을 참회의 '작업'으로 교환하는 폭넓은 결과들을 생각할 수밖에 없었다. 죄로부터 해방되기 위한 참회의 부적절성에 대한 개인적인 경험을 통해 그는 그러한 방정식을 정당하게 이끌어 낼 수 없음을 확신했다. 그 결과 루터는 가톨릭 교회의 참회 제도 전체가 단지 체계적이고 불경스런 신용 사기일 뿐이라는 결론을 내렸다.

〈교회의 바빌론 유수〉(1521)에서 루터는 인간의 행위를 통해 은총을 얻을 수 있다는 생각, 즉 자신이 '노동의 정당성'이라고 부르는 생각에 대해 정교한 비평문을 썼다. 그는 사유의 이 '육적인' 양상이 가톨릭 교리의 모든 점을 오염시켰다고 본다. 예를 들어 미사에서 신부의 제례 행위들이 그리스도의 육신과 피를 빵과 포도주로 바꾸는 '화체(化體)'를 가져온다고 믿었다. 루터의 견해로 이 교리는 물질과 정신 사이의 관계에 대해 악의에 찬 해석을 하고 있는 것이다. 이것은 신부가 하나님의 재현을 물질적인 실체로 변형시킬 수 있음을 시사한다. 그래서 루터에 따르면 가톨릭 교회의 미사는 우상 숭배에 대한 《구약성서》의 정의에 딱 맞는다. 이것은 재현의 매개물을 통해 관념과 사물 사이의 환상적인 등가물을 확립하며, 인간의 행위를 물신화함으로써 그렇게 한다. 루터에 따르면 신부가 자신의 노동을 팔고 돈을 위해 미사를 집전할 수 있게 하는 데 신부의 행동의 마술적 효능에 대한 이러한 믿음이 필요하다. 그는 《갈라디아 사람들에 대한 논평》에서 다음과 같이 말한다.

교황은 미사의 진정한 용도를 없앴고, 단지 다른 사람을 위해 사주어야 하는 상품으로 만들어 버렸다. 제단에 미사 신부가 서 있었는데, 그리스도를 부인하고 성령을 모독했던 배교자이다. 그리고 그는 자신뿐 아니라 다른 사람들, 즉 산 자와 죽은 자 모두를 위해서, 심지어 전체 교회를 위해서 미사를 행하고 있었던 것이다. 단순히 미사를 집전함으로써.(XXVI, 135)

미사를 돈으로 교환할 수 있도록 하기 위해서는, 미사를 신부가 행하는 기적적인 '일'이라고 인식하는 것이 필요하다. 그러한 믿음은 불경스럽게도 그리스도의 희생에서 구원의 힘을 제거하고 물신화된 인간 행위에 구원의 힘을 준다. 지속적인 논증을 통해 루터는 이 물신화가 교회의 시장 경제의 목적에 봉사한다는 논점을 천착한다.

미사가 훌륭한 과업이며 희생이라는 것보다 더 오늘날 교회에서 확고하게 믿고 일반적으로 주장하는 견해는 없다. 그리고 이러한 남용은 연속해서 끝없는 다른 남용을 불러와서 이 성찬에 대한 믿음이 완전히 사라졌고, 성찬은 단순한 상품·시장 그리고 이익이 나는 사업이 되어 버렸다. 여기서 참여, 형제애, 남을 위한 기도, 공훈, 기념제, 기념일 등과 같은 일들을 교회에서 사고 팔며 거래하고 교환한다. 교회 전체의 생계가 이러한 신부들과 수도사에게 달려 있다.(XXXVI, 35-6)

루터에 따르면 이 '시장'의 영향은 회중의 마음속에 지상에 묶인 물체화된 또는 '육적인' 의식을 낳고, 거기서 신앙은 '일'의 효능에 대한 믿음에 의해 막히며 대체된다. 허위 의식에 빠지고자 하는 유혹은 타락한 인간에게 항상 있지만, 루터는 이 악의에 찬 성향에 대한 일관되고 철저한 깨달음으로 신앙인은 어쩔 수 없이 자신의 신앙을 신의 대리인에게 맡기게 된다고 믿는다.

인간이 만든 것을 우상화하여 물신 숭배하는 일에 저항해 온 것은 수 세기 동안 유럽의 프로테스탄트의 의식을 알려 준다. 예컨대 존 버니언의 우화 《천로역정》(1678)에서 여행하는 기독교인은 '속세 현자'에게 잘못 인도받아 '도덕'의 마을에 거주하는 한 '합법주의자'의 조언을 구한다. '복음주의자'가 기독교인에게 속세 현자는 '현세적인 기질'이 있다고 알려 주었을 때, 그는 자신의 잘못을 깨닫는다.

그러므로 이 합법주의자는 당신의 [말하자면 죄의] 짐을 벗겨 줄 능력이 없습니다……. 합법주의자가 짐을 벗겨 준 사람이 아무도 없고, 앞으로도 그럴 것입니다. 율법으로 당신의 행동을 정당화할 수도 없습니다. 법률 행위로는 산 사람이 지고 있는 짐을 벗겨 줄 수 없기 때문입니다. 그러므로 속세 현자는 짐을 벗겨 주는 일에는 문외한이며, 율법주의자는 사기꾼입니다. 그의 아들인 예의는 선웃음 짓는 모습이지만 위선자이며, 당신을 도와 줄 수 없습니다.[11]

마키아벨리처럼 루터에게도 허위 의식은 인간이 자신의 욕구를 맹목적으로 숭배할 때 생긴다. 세속 정계에서 마키아벨리는 행위 또는 '습관' 의 확립된 패턴이 불변의 '제2의 천성' 으로 변화되는 것을 기술하고 있으며, 이러한 조정이 혁신적인 정부의 주요한 장애물임을 확인한다. 신학 분야에서 루터는 인간 행동이 영혼을 구제할 수 있다는 믿음에 오류의 근원이 있음을 발견한다. 우리가 알듯이 치명적인 오만에 대한 이러한 비판들이 후기 사상가들이 중세 유럽의 교회와 세속 제도를 비판하고 해체하는 일에 착수했을 때, 그들에게 확고한 토대를 제공한다.

프랜시스 베이컨의 《신기관》(1620)에서 '우상 숭배' 라는 원래의 종교적 개념이 허위 의식이라는 세속적인 이론으로 각색되었다. 베이컨은 다양한 종류의 잘못된 관념을 네 가지 부류의 '우상' 으로 나눈다. '종족의 우상' 은 사회에서 살아가는 생활의 결과로 마음에 스며드는 가정과 선입관을 말한다. 단순한 사회적 전통은 영원한 진실로 여겨지며, 그래서 마음의 산물이 절대적인 진실이라고 착각한다.

인간의 지력은 불규칙하게 광선을 받아 사물의 본질을 자신의 본질과 혼합함으로써 사물의 본질을 왜곡하고 변색시키는 모조 거울과 같다.[12]

이러한 종류의 오류가 인간 본성의 고유한 특질에서 생기기 때문에 피할 수는 없다. 하지만 우리 자신들의 관념을 영원하거나 또는 절대적인 것으로 여겨 오만하게 우상화하려는 유혹에 양심적으로 저항함으로써 그 오류를 예방할 수 있다. 두번째는 '동굴의 우상'인데, 이것은 순전히 개인적인 편애에서 생기는 실수들이다. 그리고 세번째는 '시장의 우상'으로 언어적 재현의 창조력을 무시해서 생기는 정신적 왜곡을 말한다. "인간은 그들의 이성이 말들을 지배한다고 믿기 때문이다. 그러나 말들이 이해에 반응한다는 것도 사실이다."(80) 따라서 관념과 사물 사이에 매개하는 기호들은 어떤 일관된 인식 이론으로 설명되어야만 한다.

베이컨은 세 가지 종류의 '우상'을 인간 정신의 '본래적인' 것 또는 고유한 것이라 부르고, 그래서 이것들을 피할 수 없는 것으로 본다. 이와 대조적으로 베이컨이 '극장의 우상'이라고 이름 붙인 네번째 부류는 철학적 체계 자체의 형식적 패턴에 따라 경험적 실체를 강제하려는 패쇄적인 철학 체계 모두를 포괄하는 것으로 '우발적'이라는 명칭을 붙인다. 말하자면 이러한 우상들은 원래 마음과 관계없는 것이므로 쫓아 버릴 수 있다. 베이컨이 우상을 두 부류로 나눈 것은, 최근의 이데올로기 논쟁에서 자주 찾아볼 수 있는 일상적인 사회 생활에서 자동적으로 생기는 그러한 허위 관념들, 그리고 어느 정도 계산을 수반한, 대개 권력 또는 통제의 특별한 형태를 영속시키려는 목적으로 도입된 관념들 사이의 구별을 예상한 것이다. 이러한 구별은 17세기 중반에 영국의 한 일파가 무력에 호소하여 옛 정부 체제를 바꾸려고 시도했을 때 지극히 시급한 문제가 되었다.

2

경험주의

신성이여, 안녕!

말로, 《포스터스 박사의 비극》, 1막 1장, 48절

최초의 혁명

17세기 중반의 영국 혁명은 전국의 정계를 재편하고, 그와 동시에 시민의 의식을 개혁하려는 최초의 근대적 시도였다. 크롬웰 혁명 정부의 공식적인 선전가였던 존 밀턴은 마키아벨리가 르네상스 시대의 피렌체에서 했던 것과 같이 고대와 중세의 이념들로 정치적 개혁에 봉사하지 않을 수 없었다. 특히 밀턴의 작품은 관념적 영역과 물질적 영역 사이의 플라톤적 이분법을 이용하고 있으며, 그것을 관습에 대한 아리스토텔레스적 관념과 결합시키고 있는데, 그것은 왜 사람들이 자신들에 대한 압제에 공모하는가를 설명하기 위해서이다. 한동안 밀턴은 공화정에서 군주제와 고위 성직자들을 제거함으로써 개혁된 사회를 건설하고 덕 있는 시민들로 그 사회를 채울 수 있으리라고 믿었다. 그러나 그 이전 대부분의 혁명들과 마찬가지로 크롬웰 정부는 곧 대중의 보수주의라는 암초에 부딪혀 침몰했고, 1660년에 군주제가 복구되었다. 그리하여 혁명 체제의 지적 옹호자들은 '변덕스럽고 분별없고 허상에 사로잡힌 오합지중'[1]을 이해해야 하는

지겨운 과업에 맞닥뜨리게 되었다. 자유인보다는 노예가 되기를 자발적으로 선택한 것처럼 보이는 사람들을 어떻게 설명하는 것이 가능했겠는가?

가장 쉽게 할 수 있는 설명은 타락이라는 기독교의 신화였고, 《실락원》에서 밀턴은 타락 후 정신의 본질에 대한 기나긴 명상을 수행한다. 밀턴의 서사시는 아담과 이브가 하느님으로부터 소외된 것이 인류의 지성의 눈, 혹은 '이해의 눈'을 가렸다는 일반적인 추측을 뒷받침한다. 그래서 그들의 후예는 플라톤적 위계 질서를 뒤집고, 그들의 육체적 욕망이 지성을 지배할 운명이었다. 에덴 동산에서 추방될 때, 아담과 이브는 이러한 정신적 오류가 정치적 압제라는 결과를 초래하리라는 것을 전해 들었다.

> 그러므로 인간이 자신의 심중에서
> 부당한 힘에게 자유 이성을 통치하도록
> 허용하면, 하느님은 정당한 판단으로
> 밖으로부터 폭군들에게 복종시키고,
> 그 폭군들은 흔히 인간의 외적 자유를
> 부당하게 구속한다.[2]

《실락원》은 이러한 허위 의식을 보편적인 인간의 특성으로 나타내고 있으며, 이는 왕정복고 후 밀턴의 비관론을 반영하고 있는 것이 분명하다. 그러나 그와 같은 보편적인 허위 의식은 영국 내부의 정치적·종교적 분열을 설명해 주지 못한다. 어떤 사람들은 밀턴이 취한 것이 교회와 국가를 체계화하는 도덕적이고 신적인 방법임을 잘 인식할 수 있었던 반면에, 또 어떤 사람들은 그토록 완벽하게 속는 그런 일이 어떻게 가능했을까? 앞에서 인용한 연설에서 밀턴은 '지나친 욕망'과 '갑작스러운 정욕들'이 인간의 마음속에서 이성의 자리를 빼앗을 것이므로 인류가 독재 치하에 살게 되리라고 아담에게 고지해 주는 대천사 성 미카엘을 묘사하고 있다. 《실락원》에서 이러한 파괴적인 힘은 우선 관능적인 욕망과 절제 없는 감정과 동일시된다. 그러나 밀턴이 공화정 시절의 더욱 희망찬 나날 동안 쓴 이 작품은 관능에 대한 그의 이해가 비판적인 훈계를 넘어서서 엄격한 개인적 도덕성까지 확대되는 정치적 차원을 갖고 있음을 나타내고 있다.

밀턴이 1640년대와 1650년대에 논쟁적인 팸플릿 저자로서 능력을 잘 발휘해 쓴 산문 작품에서는, 관습에 대한 아리스토텔레스적 개념이 관능에 대한 플라톤적 폄하에 미묘한 변화를 주고 있다. 밀턴에 따르면 '관습 앞에 엎드린 숭배자들'[3]이 우상 숭배를 범한다. 이것은 즉 그들이 인간의 관행과 제도를 마치 신성한 수도인 것처럼 여기고, 불변하는 것처럼 취급하면서 그저 인간의 관행과 제도 앞에 경의를 표하여 한쪽 무릎을 꿇는 것이다. '관습'에 대한 맹목적인 추종은 실상 관능의 한 형태이다. 육체의 쾌락과 마찬가지로 인간의 전통들은 물질적이고 세속적인 사물들이며, 따라서 그것들로 하여금 이성의 자유로운 운동을 금하도록 허용함으로써 그것들을 물신화하는 것이 우상 숭배이다.

관습과 우상 숭배의 연결이라는 밀턴의 명시적인 정치적 개념은 이데올로기의 역사에서 중대한 발전이다. '인간의 손으로 쓴 작품'[4]을 찬미하는 것에 대한 성서 중심의 금지 명령은 어떠한 인간의 전통, 제도 혹은 전제들도 신성불가침으로 간주되어선 안 된다는 명령으로 해석할 수 있었다. 17세기 중반의 위기 동안 '우상적' 혹은 '폭군적' 관습은 화젯거리가 되었다. 메릭 카조봉의 《습관과 관습의 논설》(1638)은 다음과 같은 옛 생각을 암시적으로 언급하고 있다.

오랜 지속력을 갖고 있던 관습은 오류와 기만을 진정한 진리와 재현이라는 형태로(결코 지독하지는 않을 것이다) 대부분 사람들의 정신에 교묘히 스며들게 한다. 그래서 특히 순교자 유스티누스가 우상의 기원인 것이다.[5]

밀턴은 교회의 조직에 이러한 이념을 적용함으로써 자신의 논쟁적 경력을 시작했다. 〈감독제에 반대하는 이유〉(1642)에서 밀턴은 복음서가 '육체의 긍지와 지혜'에 주의하라고 경고하고 있는 것에 주목한다. 육체의 긍지와 지혜는 "전통과 의례에서 인간의 의지 다음으로 하느님에 대한 숭배와 봉사를 명하는 대담한 전제에 있는 것이다."(I, 826) 밀턴은 감독 교회의 위계와 관습적인 '정해진 형식'에 따른 미사 집행이 하느님에 대한 숭배자들을 인간의 전통에 종속시키므로 하느님을 진정으로 아는 것에 장애가 된다는 것을 밝힌다.

1640년대의 격동을 치르면서 교회에 대한 비판은 다른 영역으로 급속히 확대될 수 있었다. 1642년경 밀턴은 영국 성공회의 위계에 대한 비판을 더욱 폭넓은 인식론적인 논제들로 일반화시키고 있었다. 즉 그는 "고위 성직 봉사는 완벽한 노예 상태이며, 결과적으로 완벽한 허위"(I, 853)라고 지적한다. 그 다음해에 〈이혼론〉에서 그는 자신의 우상 파괴를 사적인 행위의 가장 내밀한 영역으로 확대했다. 그는 "세상에서 가장 커다란 짐은 미신이다. 교회의 의례에 대한 미신뿐 아니라 가정에서 가상적이고 허상적인 죄들에 대한 미신도 마찬가지이다"(II, 228)라고 썼다. 정신적으로 공존할 수 없음을 이유로 한 이혼의 합법화를 주장하면서 밀턴은 결혼이 "인도의 어떤 신에 대한 것과 같은 숭배의 대상"(II, 277)이 되어서는 안 된다고 선언한다. 밀턴은 개인적인 삶과 정치적인 삶에서 동시에 격변의 압력을 받으며[6] 우상 숭배에 대한 애초의 전례상의 공격을 넓혀가게 되어서, 그 개념은 불변성을 가장하는 모든 인간의 관행에 적용될 수 있게 되었다. 〈아레오파지티카〉(1644)에서 밀턴은 진리는 필연적으로 역사적이라는 급진적인 결론에 이르게 된다. "진리는 성경에서 흐르는 샘에 비유되어 있다. 만일 그 샘물이 영원히 흐르지 않는다면, 썩어서 순종과 전통이라는 진흙탕으로 변할 것이다."(II, 543) 따라서 혁신은 환영받아야 하며, 충격적일 정도로 급진적으로 보일 때조차도 이것은 우리의 잘못된 인식 탓일 수 있다. "편견과 관습으로 뿌옇게 흐려진 우리의 눈"(II, 565)은 새로운 진리들을 분간해 낼 수 없을 것이다.

밀턴은 우상 숭배와 관습이 교회와 국가의 제도뿐 아니라 정신을 왜곡할 수 있다고 보았다. 그는 또한 외부의 탄압과 내적 오류 사이에 인과적 관계가 있음을 암시했다. 〈아레오파지티카〉에서 그는 "우리가 반드시 엄격한 외부의 관습에 여전히 영향을 끼친다면, 우리는 곧 다시 우둔함에 대한 비천한 복종으로 추락"(II, 564)하지 않을까 걱정하고 있다. 그리고 〈왕과 위정자의 자격 조건〉(1650)에서 밀턴은 혁명에 대한 제대로 된 이론을 완성하고 있으며, 잘못된 생각들이 어떻게 정치적 억압과 연결되는가를 장황하게 고찰하면서 이야기를 시작하고 있다.

인간이 스스로를 이성으로 제어할 수 있다면, 그리고 일반적으로 외부로부터 관습과 내부로부터 맹목적인 애정이라는 이중의 독재에 그들의 지력을 굴복시키지 않는다면, 한 나라의 독재자를 좋아하고 지지하는 것이 어떤 것인지를 더 잘 알게 될 것이다. 그러나 집 안에 있는 노예라면 내부의 규칙에 따라 공화국에 얌전하게 지배받으려 아주 애쓰는 것이 전혀 놀랄 일이 아니며, 그렇게 해서 스스로를 지배한다.(III, 190)

국왕을 사형시키자는 주장을 하는 〈우상파괴자〉(1649)는 교회와 세속 정부에 대한 공격의 연계를 분명히 나타낸다. "모든 활동에서 궤도를 벗어나고 과도해진 국민은 종교적 유일자가 아니라 그들의 국왕들을 우상화하는 일종의 시민적 우상 숭배로 치우치기 쉽다."(III, 343) 밀턴은 1640년대에 사건들이 휘몰아쳐서 교회·가정·정신 및 국가를 통틀어 전제군주적 관습과 감각적 우상 숭배의 비밀스러운 활동들을 드러나게 했다고 보았다.

그리하여 영국 혁명은 가장 선견지명이 있는 옹호자들에게서 허위 의식의 상당히 정교화된 이론을 낳았다. 그러나 앞의 인용에 나타나 있듯이 '국민'은 지적 전위대인 선구자들 뒤에서 다소 낙오했다. 혁명의 궁극적 실패는 철학적 우위에 체계적 오류라는 논제를 강제했다. 인간의 타락에 대한 밀턴의 선입견과 그 결과는 《실락원》에 드러났는데, 대중의 오해의 완강함을 설명하는 하나의 방법이었다. 그러나 '우상 숭배' 와 '미신' 같은 개념들을 종교적 영역을 넘어선 부분에 적용함으로써, 밀턴은 이미 이데올로기에 대한 철저히 세속적인 탐구의 방법을 마련했던 것이다.

홉스와 경험주의 전통

밀턴을 비롯한 근대초의 급진적인 '청교도들' 은 의식의 영적 차원이 물질성의 어떠한 오염——이것이 쓸모없는 전통과 관습인 가시적인 교회 장식이나 의례의 형태를 취하거나, 군주의 강제적인 개입을 취하건간에——으로부터도 자유로워야 한다고 주장했다. 이러한 주장 뒤에 숨은 의도는 시민의 권력의 지배권 너머에 있을 특권적 위상을 종교에 부여하는 것이었다. 그러나 물질적 권능과 영적 권능을 이렇게 급진적으로 분리하는 것은 아주 다른 해석을 가능하게 한다. 토머스 홉스의 《리바이어던》(1651)에서, 종교적 영역을 현실과 관계가 없는 것으로 환원시키는 방식으로 하느님의 왕국과 카이사르의 왕국 사이의 균열이 제시되어 있다.

홉스는 물질계의 대상들과 인간의 정신 속에서 그러한 대상들이 재현되는 방식 사이에 근본적인 차이를 설정함으로써 《리바이어던》의 이야기를 시작하고 있다. 외부 대상들의 '운동' 은 '우리의 기관을 압박해' 색채와 음향 같은 특질들에 대한 감각적 인상을 산출하도록 한다. 그러나 그와 같은 특질들은 대상들 그 자체에 내재하는 것이 아니라 우리의 감각적 지각에 의해 생산된다. 그러므로 "대상은 이미지나 환상과는 다른 것이다"[7]라는 말이 뒤따른다. 정신과 질료를 플라톤 식의 표준으로 측정할 수 없다는 것은 여기에서 물리적 세계와 인간이 그 세계에 대해 가질 수 있는 개념들 사이의 뛰어넘을 수 없는 분리로 굴절된다."[8] 홉스에 따르면 지각은 항상 그 자체로서 완벽하게 알 수 없는 한 대상의 재현임이 분명하다. '어둠의 왕국에 대하여' 라는 부제가 붙은 《리바이어던》의 마지막 부분은 그와 같은 순전히 주관적인 재현을 물화하는 경향이 종교적 우상 숭배의 원인임을 암시하고 있다.

우리 구세주가 설교하시기 전 비유대인들의 일반적인 종교는 신들, 즉 신체 외부의 인상으로부터 감각 기관을 통해 뇌에 남아 있는 외관들을 숭배하는 것이었다. 그것들은 일반적으로 그러한 신체 외부의 재현들로서 관념들·우상들·환영들·기상들로 불린다. 그러한 신체는 그것들을 야기하며, 그 속에 실체는 없고, 꿈속에서 우리 앞에 있는 것처럼 보이는 것과 같다.(665)

여기서 우리는 우상 숭배라는 신학적 개념이 어떻게 이데올로기라는 세속적 개념으로 변화되는가를 알 수 있다. 홉스는 이교도들의 우상 숭배는 그들 자신의 관념에 대한 숭배로 이루어진다고 말한다. 이러한 우상 숭배는 오로지 미개한 이교도들이 그들의 관념이 자기 충족적인 것이 아니라 외부의 대상들과 재현 능력을 통해 매개된 대상들로 인해 야기된 것임을 지각하지 못했기 때문에 가능한 것이었다. (자신이 자주 쓰는 요령을 부려서 홉스는 '어떤' 사회이든 관념을 절대적인 것, 혹은 영원한 것으로 간주함으로써 관념을 물신화시키는 것은 우상 숭배적이라는 명백한 추론을 진술하지는 않고 있다.) 그와 같은 오류에 대한 해결책은 모든 관념이 물질적 현상들에 의해 결정되며, 따라서 외부적 정황에 따라 좌우된다는 것을 지적하는 것이다. 그래서 홉스는 초월적 진리에 대한 모든 불경한 요구를 분쇄하기 위해 의도된 회의론적인 유물론을 옹호한다.

종교가 그런 주장을 편다는 사실 때문에 홉스는 결론적으로 신학과 철학을 구별하게 된다. 그는 "성서는 하느님의 왕국을 인간들에게 보여 주기 위해 씌어졌다……. 인간의 천부적 이성의 발휘를 위해서 세상과 철학을 인간의 논쟁에 맡긴다"(145)고 선언한다. 베이컨처럼 홉스도 경험적 탐구의 원리들에 따라 작동하는 그 '이성'만이 물질 세계를 통찰할 수 있다고 믿었다. 신학을 포함한 형이상학은 '요정들의 왕국'(370)으로 수치스럽게

격하된다. 이러한 후자의 탐구 영역은 상당히 부적절하다 할지라도 그것이 시민의 권력을 손상하는 것으로 추정되지만 않는다면 해로움이 없으며, 이런 경우 홉스는 그것이 '어둠의 왕국'의 일부가 된다고 믿는다. 종교적 개념들을 정책의 이론으로 삼으려는 시도를 잘못 생각한 것은 아니며, 그것은 성직자들의 이기적인 이익을 위해 의도된 도덕적 타락 행위이다.

우리가 여기에서 마주하고 있는 것은 후대 철학자들이 이성의 '수단화'로 언급하고 있는 것이다. 홉스 이전에 이성은 그것 자체를 넘어선 하나의 목적을 지향하고 있었다. 그것의 목적은 하느님을 알거나 봉사하거나 찬양하는 것이었다. 경험적인 연구를 주창했던 베이컨과 밀턴까지도 학문을 '태초의 우리 부모의 파멸을 복원하는'[9] 방법이자 아담과 이브가 타락한 이후에 잃었던 완벽한 지식을 다시 얻어내는 방법으로 생각했다. 반면 《리바이어던》에서 이성은 단순한 관념들의 흐릿한 환상들에 의해 타락으로 이끌리는 것이 아니라면 물질 세계로 그 자체의 한계를 엄격히 정하고 있음이 분명하다. 그래서 이성은 어떤 형이상학적 목적도 갖기를 그만두고, 감각적으로 받아들여질 수 있는 자료의 조사에만 배타적으로 관련되어야 하는 것이다.

밀턴을 혁명적 영국의 상징으로 볼 수 있었다면, 홉스는 왕정 복고 이후 특히 찰스 2세의 타락한 궁정에서 인기 있는 철학자였다. 그로 인해 그의 유물론과 더불어 그는 무신론적·비도덕적 사상가라는 심한 악평을 얻게 되었고, 그가 천수를 누리고 1679년에 사망한 뒤 만들어진 민중 민요에 그 악평이 뚜렷이 표현되어 있다.

무신론자 홉스는 죽었는가? 울음을 참으시오,
왜냐하면 그가 살았을 때 그는 죽지 않는다고 생각했기에,
혹은 적어도 그와 같은 것을 끔찍이 싫어했기에……

결국 수많은 사기와 기만 뒤에

90년을 먹고, 그리고 불멸의 직업들,

여기에 중요성이 있다. 그리고 홉스의 종말이 있다.[10]

홉스와 밀턴의 차이를 이해하는 방법 중 하나는 그들이 이성과 관습의 대립을 진술하는 방식을 살펴보는 것이다. 밀턴은 지식을 '역사적인 것'으로 만들기 위해 관습을 비방하고 이성을 옹호한다. 그는 진리가 일단 관습적 추정들의 제한적 통제로부터 벗어나면 '영원한 진전' 상태에 있는 것이라고 생각한다. 다른 한편 홉스는 진리를 '초역사적인 것'으로 만들기 위해 관습을 넘어선 이성에 호소한다. 그는 '관습 추종'이 '옳음과 그름의 본질에 대한' 명백한 '무지'(165)에서 비롯된다고 주장한다. 따라서 사회적 관행들과 제도들을 역사적 기준보다는 합리적 기준으로 판단해야 한다. 예컨대 홉스는 전례가 법적 규범에 대한 충분한 근거임을 인정하기를 거부한다. 법이 정당화되려면 헌법에 형식을 갖추어 적혀 있어야 한다.

우리는 그러한 관습이 기나긴 시간의 흐름을 통해서만 힘을 갖게 된다는 것을 이해하게 되는 것이 아니라 관습이 헌법과 통치 법령을 위한 장기간 성문화되거나 알려진 법이며, 이제는 시간의 규칙에 의해서가 아닌 현재의 통치 헌법에 의한 법이라는 것을 이해하게 된다.(315)

이러한 통치권은 《리바이어던》에 따르면 사회 구성원들 사이의 협약 혹은 '계약'을 통해 최초로 확립되었다. 원래 적어도 가정상 국가 권력은 합리적인 동의로부터 그 정당성을 이끌어 낸다. 비록 홉스는 정치적 보수주의자였지만, 그의 이론은 다른 방식으로 습관적 행위의 혁명적인 재정리를 정당화시키기 위해 사용될 수 있는 하나의 가정을 내포하고 있다. 만일 권력이 전통이나 관습을 통해 권위를 얻기보다는 합리적 계약에 그 기원을 두고 있다면, 우리가 하는 모든 일과 우리가 믿는 모든 것은 역사적 선례와는 아무 상관이 없고, 합리적 연구의 표본에 따라 재평가될 수 있을 것이다. 홉스는 "만일 우리가 시대를 숭상하게 된다면, 현재가 가장 오래된 것이다"라고 말하고 있다.

홉스의 시각에 따르면 성직 계급의 이익에 봉사하기 위해 주입되어 온 형이상학들의 허위 환영들은 경험적으로 검증될 수 없으며, 따라서 진지한 세속적 사상가들은 무시할 수 있다. 그는 종교와 관습을 연결하여 우리 마음속에서 일어나는 상상력을 숭배하라고 부추긴다. 오늘날 우리는 그것들을 '이데올로기적' 사고 방식이라고 설명할 수 있다. 그러나 홉스가 객관적 지식의 가능성을 향해 채택한 단호한 회의적인 태도를 받아들인다면, 이성 그 자체가 이데올로기적 요소들을 지니고 있는 것은 아닌가? 왜 이성은 사회의 특별 부문의 이익에 봉사할 수 없는가?[11] 홉스의 경험주의는 특수한 사회 내 사람들의 특이한 눈에 띄는 행위에서 인간 본성에 대한 영원한 진리를 끌어내는 책임을 자신이 진다는 점에서 취약점이 있다. 특히 눈에 띄는 것은 그가 발생기의 자본주의에서 남을 희생시키는 개인주의가 피할 수 없는 '자연의 상태'를 반영한다고 생각한다는 점이다.

그럼에도 불구하고 관습적인 허위를 드러내어 제거하기 위한 합리적 분석과 경험적 조사의 잠재력은 홉스 이후 수 세기 동안 진보적 사상가들에게 대단한 호소력이 있었다. 이데올로기의 역사에 가장 의미 있게 《리바이어던》은 관념이 형성되는 방식 연구와 이 과정과 물질 환경의 관계를 조사하는 것이 중요한 것으로 보이게 만들었다. 존 로크의 《인간 오성론》(1689)은 이 문제에 대해 급진적인 경험주의의 견해를 취하고 있다. 말하자면 로크는 본유적 관념들은 없고, 모든 지식은 경험으로부터 파생한다고 주장한다. 그는 이 후자의 범주를 객관적·물질적 사물들의 '감각'과 우리 정신의 주관적 작용들에 대한 '반영'으로 나눈다.

외부의 감각 대상이나 혹은 우리 정신의 내적 작용에 사용되고, 우리 자신에 의해 인식되고 반영되는 우리의 관찰력은 우리의 오성에 사유의 모든 재료를 제공하는 것이다.[12]

그러므로 상당히 정확한 방법으로 관념들의 형성에 대한 검토와 설명이 가능하다. 하나의 절대적 기준에 따라 우리의 이론과 개념을 판단하는 것이 또한 가능하다. 즉 경험으로부터 명백하게 파생하지 않는 어떤 관념도 비합리적인 것으로 간주해야 한다.

철학적인 논의에서 '신앙'을 몰아내는 것이 로크의 특별한 관심거리인데, 왜냐하면 "신앙과 이성 사이의 경계가 정해지지 않으면 종교에서 어떤 열광 또는 방종도 반박당할 수 없기"(589) 때문이다. 로크는 여기서 논박하고자 한 명예 혁명과 그 공위 기간 동안 군대와 하층 계급에서 급속도로 늘어났던 급진파들을 언급하고 있는 것이다. 그들의 유토피아적 관념과 밀레니엄적 관념들은 분명히 비합리적이다. 그것은 경험적 증거에 호소하는 것이 아니라 상당히 형이상학적 용어들로 자신들의 희망과 욕망을 표현하기 때문이다. 로크는 이 모든 '낯선 의견들과 방종한 관행들'(589)을 '열광'이라는 말로 강조하였는데, 열광은 '인간 두뇌의 근거 없는 공상'(590)에 따름으로써 이성을 포기하는 것이라고 주장한다.

실상 로크는 동시대인들이 주장했던 많은 관념을 철학적 논의에서 배제한다. 영국의 경험주의는 공격적인 정체를 폭로하는 사유 양식으로 시작되었고, 긴급 논쟁에서 논쟁적으로 개입하기를 원한다. 로크의 《인간 오성론》은 1688년의 '영광스러운 무혈 혁명'의 여파로 나타났으나 온건 군주파와 의회주의자들 사이의 타협을 이끌어 냈으며, 그의 명확하고 편견 없는 기준이 그 해결에 강력하게 작용하고 있다.

여기서 다시 한 번 허위 의식이 단순한 관념들의 물신화에 존재한다. 로크에 따르면 경험적 환경에서 파생될 수 있는 그러한 관념들만 받아들임으로써 이러한 오류를 피할 수 있고, '모든 인간에게 공통된 이성의 기준'(597)에 따라 판단할 수 있다. 이성은 보편적인 자연 원리이며, 이성을 통해 우리는 올바른 행동 방법을 배울 수 있다. 이제 왜 많은——심지어는 대부분의——사람들이 로크가 비합리적이라고 간주하는 견해들을 주장하는가를 설명하는 일만 남았다. 《인간 오성론》에는 이성을 자유로이 작동하지 못하게 하는 여러 가지 장애들이 명시되어 있다. 사람들은 노동의 수요에 의해서, 또는 '노동의 수요를 무시하는 것이 이익인 사람들'에 의해 신중하게 '조사를 방해받는'(599) 것이다. 그들이 합리적으로 생각할 수 있을 만큼 영리하지 않거나, 또는 그들이 '공정한 조사에 그들의 선입관·생활·의도에 가장 적합한 그러한 의견들이 적합하지 않을 것이라고 두려워할'(600) 것이다. 적절치 못한 가정들은 '오랜 관습과 교육에 의해' 마음속에 '고정될'(601) 것이고, 경솔한 사람들로 하여금 '그것들을 성스러운 것으로 만들어 숭배하도록'(602) 유도한다. 또한 '기존의 가정'(602)과 '압도적인 열정'(603)이 사람들로 하여금 이성의 명령을 따르지 못하게 할 것이다. 마지막으로 '권위'나 '우리 친구들 혹은 정당, 이웃이나 국가가 공통적으로 용인하는 의견들에 동조'(606)하는 것이야말로 사람들을 오도하는 가장 강력한 힘이다.

진정한 인식에 대한 이러한 몇 가지 장애는 마음의 내적 작용에 의해 만들어지며, 다른 장애들은 외적인 힘에 의해 강제된다. 이것은 로크가 '경험'을 두 가지 범주, 즉 '반영'과 '감각'으로 나누는 것과 일치한다. 우리는 우리 밖에 있는 사물들을 경험할 수 있고, 우리 마음의 작용을 경험할 수 있다. 그래서 로크는 여전히 우리 주위의 세계와 감각적이거나 '물질적인' 만남과 구별되는 것으로 여겨지는 내적 경험의 '이상적' 차원을 주장한다. 이것은 이데올로기 역사를 지배하는 문제들을 제기한다. 즉 이러한 종류의 경험 중 어느것이 다른 경험들을 결정하는가, 만일 그렇다면 무엇이 무엇을 결정하는가?

프랑스와의 연관

영국의 경험주의가 제기한 문제들에 대한 가장 흥미로운 반응은 대개 '계몽주의 철학자들(philosophes)'이라 불리는 18세기 프랑스 사상가들의 엉성한 연대 집단에서 나왔는데, 그들의 이념은 계몽주의로 알려지게 된 운동의 기초를 이룬다. 이 운동을 프랑스에 국한해서 말할 수는 없다. 반대로 이 운동의 중요한 해석자들은 정치적인 예들과 철학적인 영감을 오히려 영국에서 얻기를 기대했다. 그러나 정확히 말하면 종교 개혁과 17세기의 혁명들로 인해 영국에서 경험적인 연구의 많은 장애물들이 사라졌기 때문에, 후기의 영국 경험주의자들은 '계몽주의 철학자들'에게 활기를 불어넣었던 현실적 긴급성을 그들과 똑같이 느끼면서도 자신들의 과업으로는 여기지 않았다. 프랑스에서는 철학적 연구를 정치 개혁과 연결시킴으로써, 그에 이어진 이데올로기 논쟁에 배어 있는 이론과 실제의 연결 고리를 확립하였다.

로크의 경험주의가 급진적 프로테스탄트의 '열광'에 대항할 무기로 사용될 수 있는 반면에, '계몽주의 철학자들'은 가톨릭 교회를 진리의 적으로 간주했다. 가톨릭 교회의 주장에 맞서 콩디야크 · 엘베시우스 · 올바크 같은 사상가들은 로크의 '감상주의적' 독법에 의존했다. 이것은 그들이 로크의 '감각'이 그의 '반영'을 결정했다고 생각했음을 의미하며, 따라서 물질적 경험 속에 모든 관념들의 원천이 있다는 것을 의미한다. 그래서 이러한 종류의 철학은 유물론으로 알려지게 되었다. 《감각론》(1754)에서 콩디야크는 독자들에게 대리석상이 놓인 자리에 스스로를 놓아 보라고 요청하면서, 하나하나 다양한 감각들이 바로 그 자리에 귀속한다고 생각한다. 그럼으로써 콩디야크는 인간의 사유 과정이 육체적 감각에 그 뿌리를 두고 있음을 추적한다. 콩디야크는 곳곳에서 자신의 방법이 "관념의 발생을 추적하면서 관념의 기원에 다시 도달하는 것"[13]이라고 말한다. 요컨대 콩디야크는 우리의 관념들이 언제나 물질적 힘에 의해 만들어진다고 주장하며, 물질적 실재와 상응하는가에 토대를 두고 관념들을 평가한다. 그래서 예를 들어 영혼은 (물질적이지 않기 때문에) 실제로 존재하지 않으며, 모든 주관적인 인간 의식은 단지 '변형된 감각'일 뿐이다.

우리가 보아온 대로 이러한 접근은 우상에 대한 세속화된 종교적 비판을 포함한다. 관념에 경험적 바탕이 없다면, 물질적 지시 대상이 없다면, 관념을 '실재' 하는 것으로 다루는 것은 윤리적으로 해로운 것으로 간주된다. 더 나아가 이러한 종류의 유물론은 오늘날 상당히 생경해 보인다는 점에 유의해야 할 것이다. 예컨대 유물론은 재현 매체 자체가 우리의 관념이 반드시 표현되어야 하는 물질적 차원을 갖고 있다는 사실을 설명하지 않는다. 그럼에도 불구하고 앙시앵레짐[1789년의 프랑스 혁명 때 타도의 대상이 된 정치·경제·사회의 구체제]의 프랑스에서 20세기까지, 이 '감각론' 은 철학이 그후로 다시는 얻지 못했던 근본적인 영향력을 발휘했고 실질적인 충격을 주었다. 물질 세계에서 관념의 기원을 찾으라는 콩디야크의 명에 따라 클로드 엘베시우스는 '편견' 의 비판에서 사회학적 차원을 발전시켰다. 엘베시우스는 비물질적 관념이 실존한다는 명제가 특별한 사회 계급——특히 어떤 형이상학적 개념들의 객관적 실체를 다른 계급의 사람들에게 확신시키는 능력에 따라 권능이 좌우되는 성직 계급의 이익에 기여함을 알았다. 그래서 감각론은 반성직권주의와 밀접하게 연관되었고, 그들의 귓전에 울리는 '가면을 벗어라' [14]는 엘베시우스의 명령에 따라 계몽주의 철학자들은 자신들의 과업에 임했다.

이 과업에 가장 열심인 계몽주의 철학자들로는 '불명예를 박멸하자' 는 모토가 반성직권 운동의 전투 구호가 된 볼테르, 그리고 콩디야크의 유물론을 반성직권 운동의 논리적 결론으로 삼은 올바크가 있다. 최초의 공개적 무신론 철학자 중 한 사람인 올바크는 허위 의식을 음모의 산물로 보았다. 그는 성직자들이 신중하고 냉소적으로 사람들로 하여금 단순히 사실이 아닌 것들을 믿도록 유도하고 있다고 확신했다. 올바크는 《자연의 체계》에서 모든 오류는 "체험을 포기함으로써 스스로를 기만하여 상상의 체계를 따르도록 하는" [15] 인간의 성향에서 연유할 수 있다고 밝힌다. "어려서부터 편견 속에서 교육받아 왔고, 습관이 편견과 친숙해지고, 권위는 편견을 보존해야 하는 것으로 당연시하는"(84) 편견의 진리를 사람들이 자연스럽게 받아들이고 있다는 올바크의 주장에도 관습을 제2의 천성으로 묘사하는 아리스토텔레스의 집착이 있음은 분명하다.

환상의 체계적인 지배력은 경험을 토대로 이루어지는 베이컨 식의 재교육을 통해야만 약화될 수 있을 것 같다. "무슨 일이든 교육으로 가능하다"는 엘베시우스의 슬로건은 세습되어 온 관습적인 관념들을 없애고, 합리적 연구를 토대로 의식을 재건하려는 계몽주의 철학자들의 갈망을 간결하게 표현하고 있다. 그러나 경험적 연구와 합리적 교육의 보상력에 대한 이러한 믿음은 계몽주의 철학자들이 신봉했던 급진적 감각론과는 모순된다. 올바크는 다음과 같이 주장한다.

> 인간의 사유 양식은 반드시 존재 양태에 의해 결정된다. 그러므로 그것은 인간의 자연적인 조직과 인간 체계가 독립적으로 인간 의지를 받아들이는 양식에 의존하는 것이 틀림없다.(93)

이때 올바크는 우리의 의식적 의도와는 '별개로' 우리에게 작용하는 외부 환경에 의해 우리의 생각과 믿음이 결정된다고 생각한다. 그러나 만일 그렇다면 어떻게 그는 허위 관념들이 경험으로부터 자동으로 동화되기보다는 교활한 신부들에 의해 의식적으로 주입된다고 주장할 수 있을까? 더구나 도대체 어떻게 그는 동시대인들이 허위 의식을 확인했다는 사실을 설명할 수 있을까? 올바크는 사유가 감각에 의해 결정되며, 사유가 교육을 통해 독립적으로, 즉 물질적 환경의 변화에 대응하지 않고서도 발전할 수 있다고 한다. 실제로 대개 계몽주의 철학자들은 재교육 사업이 사회를 충분히 변화시킬 것이라고 생각하는 경향이 있다. 그러한 입장은 그들의 유물론과 양립할 수 없다. 이러한 사유의 모순이 그들의 가장 열렬한 희망과 최악의 두려움을 넘어서는 실제적인 물질적 분열을 일으켰다.

루소, 혁명, 반성

그리하여 계몽주의 철학자들의 유물론은 오히려 쓸쓸한 단색의 세계관을 제공했다. 많은 사람들이 콩디야크 · 엘베시우스 · 올바크의 관념이 문자 그대로 못 견디게 단조로운 것임을 알았다. 다행히 18세기 프랑스는 그러한 사람들이 돌아설 대안적인 사유 양식을 제공했다. 장 자크 루소는 계몽주의 철학자로 분류되며, 여러 계몽주의 철학자들과 관계를 맺고 협력하였다. 그러나 그의 관념은 계몽주의 철학자들의 냉정한 경험주의와는 날카로운 대조를 이루었다. 니체가 말한 대로 루소는 계몽주의를 선도하였다.[16] 달리 말해 루소는 계몽주의의 비판적 방법을 택하지만 그 자체에 거역한다. 우리가 보아 온 대로 홉스 이래의 사상가들은 이성을 기준으로 기존의 사회 제도와 관행을 재단하였다. 합리적 사유 능력은 인류에게 타고난 것, 또는 '천부적인' 것이라고 주장했다. '형이상학적 원리'[17]로 루소가 도전한 것이 바로 이 명제이다. 상대방을 과격하게 억누르면서, 루소는 이성 그 자체를 계몽주의 철학자들이 수행한 비판에 내맡긴다.

《인간 불평등 기원론》에서 말한 대로 루소가 발견한 것은 이성이 실제로 완전히 천부적이지 않다는 것이다. 그는 이것을 인간 '본성'에 대한 연구에서 추론한다. 루소는 문명의 왜곡된 영향 때문에 우리의 진정한 본성이 우리의 정신 안에만 존재함을 시사한다. 그래서 루소는 우리의 의식을 형성하는 것이 외적 세계라고 주장한 계몽주의 철학자들의 방법론을 거부한다. 그는 "그러므로 모든 사실을 제쳐 놓고 시작하자. 왜냐하면 사실은 그 문제와 아무 관계도 없기 때문이다"(17)라고 말한다. 정신을 하나의 대상으로 취급하는 경험적 · 유물론적 접근은 그 자체가 치료하고자 하는 문제의 일부분이다. "인간을 연구함으로써 우리는 스스로 인간을 알 수 없게 된다."(11) 인간의 주관적 본성을 탐색함으로써 루소는 '본성 상태'라는 가설 개념을 발전시키고, 그것을 당대의 사회를 재단하는 기준으로 사용한다. 홉스가 이 상태를 윤리적으로 문명보다 열등하다고 묘사한 것에 이의를 제기하면서, 루소는 사회 이전 존재에게는 도덕적 범주가 적용되지 않는다고 주장한다. "야만인들은 분명히 악하지 않다. 왜냐하면 그들은 선하다는 것이 무엇인지 모르기 때문이다."(36) 홉스에 따르면 "야만인의 자기 보존 본능에 대해 사회의 산물인 수많은 열정을 만족시키려는 욕구를 끌어들인 것은 잘못"(35)이다.

18세기 후반 루소의 사상은 낭만주의라는 철학적이고 문학적인 운동을 낳았다. 낭만주의자들은 갑자기 출현한 산업 자본주의의 사회적·심미적인 결과들에 반감을 갖고, 그들이 생각하는 더욱 '자연스러운' 삶과 사유 방식으로 돌아가자고 주장하였다. 《서정 민요집》(1800)의 서문에서 윌리엄 워즈워스는 루소 식의 어조로 주로 시골의 주제들을 선택한 것에 대해 이렇게 설명하고 있다.

소박한 시골의 삶을 선택하였는데, 그 이유는 그러한 환경에서 마음의 본질적인 열정이 더 좋은 토양을 찾고, 그 토양에서 사람들이 덜 제약받으며, 더욱 소박하고 더욱 어조가 강한 언어로 말하면서 성숙해질 수 있기 때문이다……. 그러한 환경에서 인간의 열정은 자연의 아름답고 영속적인 형상들과 통합된다.[18]

전원시를 주창하자 '열정'에 대한 호감이 생겨났으며, 부자연스러운 사유 양식인 '이성'에 대한 불신과 모욕이 생겨났다. 루소에게 이성은 인간으로 하여금 자연 상태를 포기하고 문명화되도록 유혹하는 기능이다. 그래서 이성은 결정적으로 모호한 특질이다.

반성의 상태는 자연에 반하는 상태이며, 명상하는 사람은 타락한 동물이라는 것을 감히 단언한다……. 이성은 자기 중심주의를 낳고, 반성이 그것을 강화시킨다. 이성은 사람을 내향적으로 만든다. 이성은 인간에게 문제

를 야기하고, 고통을 주는 모든 것과 인간을 분리시키는 것이다.(37)

이와 같은 이성에 의한 동물적인 두려움으로부터 해방은 분명히 위안은 되지만 대가를 치러야 얻어지는 것이다. 루소에 따르면 사람들은 "진정한 행복을 대가로 치르고 상상의 휴식을 사도록"(17) 유도되고 있다. 인류가 사회에 통합되기 시작하자, 힘과 능력의 자연스러운 차이가 불평등하게 왜곡되었다.(53) 사적 재산이 모든 불평등의 토대이며(44) 가장 부자연스러운 제도이다. 더구나 사회적 계급 원리가 확립되고 나면 사람들이 사회적 지위를 강화하기 위해 자신의 진정한 본성을 왜곡하고 부정하게 되므로 "중요한 사람이 되는 것과 중요한 사람처럼 보이는 것이 완전히 다른 두 가지 일이 된다."(54) 그 결과 사람들은 더 이상 문명의 표면적인 불평등 뒤에 놓여 있는 천부적인 평등을 인식할 수 없다. 이데올로기의 역사에 대한 루소의 주요한 공헌은 이렇게 퍼져 있는 무지가 사유 재산가들의 이익을 보호함으로써 확립되었다는 것을 알게 해준 것이다.

필연적으로 압력을 받는 부자들은 마침내 인간 정신에 침투한 가장 용의주도한 사업을 인식하였다. 그것은 자신을 공격하는 사람들의 힘을 자기 편으로 이용하고, 자신의 적을 자신의 옹호자로 만들고, 그들에게 다른 처세훈을 주입시키고, 천부적 권리가 그 자신에게 불리한 만큼 그 자신에게 유리한 다른 제도들을 그들에게 제공하는 것이다.(56)

그래서 문명화된 사회의 전체 조직에는 두드러지게 부자연스러운 부의 분배를 유지하려는 목적이 있다. 경험주의적 계몽주의 철학자들이 행한 대로 사회 제도를 재단하는 방법으로 이성에 호소하는 것은 이성 그 자체가 부자연스러운 또는 사회적인 현상임을, 그리고 문제의 해결책이 되고자 하는 문제의 일부분임을 인식하지 못한다. 이러한 인위적인 기준 대신 루소는 새로운 기준, 즉 '자연 상태'를 제안한다. 그러나 루소가 홉스처럼 현재의 사회 관계의 임의적인 상태를 드러내는 데 사용될 수 있는 가설 이상을 의도했던 것이 아님을 강조해야겠다. 실제로 자연에 대한 루소의 호소는 역사에 대한 호소로까지 이어진다.

인간을 자연 상태에서 문명 상태로 이끌어 왔음에 틀림없는 잊혀지고 잃어버린 길들을 찾아서 따라갈 때…… 어떤 주의 깊은 독자도 이 두 상태를 분리시키는 거대한 공간에 충격을 받지 않을 수 없다. 철학자들이 해결할 수 없는 무수한 도덕적이고 정치적인 문제들에 대한 해결책을 보게 되는 곳이 바로 사물들의 이러한 느린 진행이다……. 그는 영혼과 인간 열정이 어떻게 인식할 수 없을 정도로 바뀌고, 말하자면 그 본질을 변화시키는지를 설명할 것이다. 결국 왜 우리의 갈망과 열정은 그 대상을 바꾸는가, 원시인이 점차 사라짐과 더불어 이제는 왜 사회에서 새로운 관계의 작업이며 본래 진정한 토대가 없는 인위적인 인간 집단과 인공적인 열정 이외에는 아무것도 현자의 눈에는 보이지 않게 되는 이유 말이다.(69)

여기서 우리 자신의 '일들'을 물신화하지 못하게 하는 본래의 종교적 명령이 문명화된 사회의 '인위적 인간'을 드러내는 데 사용된다. 경험주의자들은 어떤 형이상학적 개념들도, 그것들이 '실재하지' 않고 오히려 인간의 발명품이라는 점에서 반대하였다. 루소는 한걸음 더 나아가 이성 그자체를 포함한 모든 사회적 관행이 인간의 발명품임을 지적한다. 그의 추종자들에게 전해지면서, 루소의 낭만주의에는 합리성에 대한 공개적인 반감과 내적 경험의 더욱 '자연스러운' 양식으로 돌아가자는 인간성에 대한 호소가 흔히 포함되었다. 이러한 경향은 1817년 존 키츠가 '사색의 삶보다는 감각의 삶을'[19] 요청한 것과 같은 비합리적인 충고에서 극에 달한다. 모든 사회적 관습과 전통은 인간이 만든 것이기 때문에 '실재하지' 않는다는 느낌이 있으며, 거기에 자연스러운 것이나 영원한 것 혹은 피할 수 없는 것은 없다. 그러므로 모든 것은 변할 수 있다.

또한 경험주의적 계몽주의 철학자들은 사물을 변화시키기를 원했다. 그러나 그들은 점진적인 베이컨 식의 재교육 과정을 마음에 두었는데, 그것은 재치 있게 우상들을 제거하고 그 자리에 이성을 놓는 것이었다. 앙시 앵레짐의 교회와 국가의 방해에도 불구하고 이 철학적 사업은 계몽주의 시대의 프랑스에서 신중하지만 의미 있는 진보를 이루었다. 루소의 우상 파괴주의는 상당히 급진적이었다. 사실 그것은 혁명적이었다. 급진 자코뱅 당원들에게 예언자로 알려진 사람이 콩디야크가 아닌 루소라는 것, 혹은 로베스피에르가 루소 식의 '하느님' 숭배가 소위 신격화된 이성을 찬양하는 '우스꽝스러운 소극'을 대신할 것이라고 주장한 것은 전혀 놀랄 일이 아니다.[20] 루소의 이론은 합리적 개혁을 함축하기보다는 사회의 전체 조직 구조를 쓸어내고 새롭게 출발하자는 가능성을 제시하였다. 1791년의 프랑스 혁명 헌법이 선언하고 있듯이 "더 이상 귀족도, 귀족 계급도, 계급의 세습 영예도, 봉건 제도도, 세습 정의도, 어떤 계급이나 특권 직위도 없다."[21]

그래서 헌법 제정 회의가 모든 인간의 형식적 평등을 확립하였다. 그러나 헌법이 완전하게 확립되기 전에 아일랜드계 영국인 정치인 에드먼드 버크가 이러한 견해를 통렬한 비판의 대상으로 삼았다. 《프랑스 혁명론》에서 버크는 혁명 당원들이 그들의 소위 선도자를 오해했다고 주장하였다. 버크는 "나는 루소가 살아 있다면, 그의 의식 청명기[lucid intervals; 혼란 사이의 평온기] 중 한 번, 그가 학자들의 실제적인 광란에 충격을 받았을 것이라고 믿는다"[22]라고 선언한다. 버크에 따르면 루소는 본질적으로 철학적인 논의를 제기했고, 누군가가 그 논의를 실행하도록 하려는 의도는 없었다. 왜냐하면 그것이 불가능하기 때문이다. 버크의 관점에서 사회 제도는 역사적으로 결정되므로 사회를 마음대로 재구축할 수 있는 백지 위임장으로 보는 것은 극단적인 '억측'이다.

자유와 제약이 시대와 환경에 따라 다르고 무한히 변하듯이, 어떤 추상적인 규율에 따라 정해질 수 없다. 그리고 그러한 원리로 자유와 제약을 논하는 것만큼 어리석은 것도 없다.(72)

혁명 당원들의 오류는, 루소의 '자연 상태'를 우리로 하여금 역사적으로 우리의 관습을 평가하도록 의도된 가설이라기보다는 경험적으로 획득할 수 있는 조건으로 생각했다는 것이다. 루소는 사람들은 본래 평등하다고 말하고 있으며, 혁명 당원들은 경험적으로 분명히 그렇지 않은 것——모든 인간은 지금 그리고 여기서 평등하다는 것을 주장하도록 유도되었다. 이것은 버크가 본 대로 물질적인 실체가 전혀 없는 순전히 형식적인 평등이다.

평등을 구현하려는 사람들이여, 나를 믿고 동등하게 하여 사물의 자연적인 질서를 변화시키고 왜곡하기만을 결코 하지 마시오. 구조의 견고함이 토대가 되기를 요구하는 것을 막연하게 세움으로써 사회의 체계를 구성합니다.(57-8)

버크가 인간의 '형이상학적 권리들'이라고 부른 것은 실제로는 전혀 보편적이지 않다. 오히려 그것들은 지엽적인 이해를 가장한 (이데올로기라 할 수 있을) 가면이다.

이 혁명에 의해 획득한 전체 권력은 시민들과 그들을 선도하는 부자 관리자들이 있는 도시에서 자리잡을 것이다……. 여기서 인간의 평등과 권리라는 기만적인 꿈과 비전을 모두 끝내자. 모두가 천민 과두 정치라는 '세르보니스의 늪[나일 강 삼각주와 수에즈 지협 사이에 있던 위험한 늪으로 비유적으로 곤경·궁지를 뜻함],' 즉 곤경에 빠져 잠기고 영원히 사라진다.(240, 242)

그래서 추상적으로 인간이 '평등'하다는 단순한 주장은 실제로 인간을 평등하게 하려는 시도가 수반되는데, 이는 버크에 의해 부르주아 이데올로기로 밝혀졌다. '부자들의 이익'은 그 자체의 목적을 이루기 위해 이러한 형식적 평등——자유와 권력에 대한 제한 없는 추구에 장애가 되는 모든 것을 제거하는 것——을 필요로 하지만, 교활하게 보편적 원리를 따르고 사회를 '자연' 상태로 복원할 것을 주장한다.

버크는 역사의 과업을 지우고, 문화와 전통의 '거짓' 복장을 없애 버리려는 이 욕망의 결과를 놀랄 만한 통찰력으로 예견했다. 루소의 '자연 상태'를 실제로 구현하려는 어떤 시도도 인간을 미치광이 시늉을 하는.거지로 환원시킬 뿐이다.

> 우리의 벌거벗고 전율하는 본성의 결점을 덮어 주고, 우리의 자체 평가에 합당한 지위에 올라서는 데 필요한 것으로서 마음이 소유하고 이해로 인정하는 도덕적 상상력이라는 복장으로 꾸며진 모든 첨가된 관념들은, 우스꽝스럽고 불합리하고 구식이라고 논파될 것이다.
>
> 이러한 사물의 구성에서 왕은 단지 남자일 뿐이다. 여왕은 단지 여자일 뿐이다. 여자는 단지 동물일 뿐이다. 그리고 동물은 위계 질서의 최고 자리에 있지 않다.(92-3)

셰익스피어가 《리어 왕》에서 말하듯이 "자연이 필요 이상의 것을 허용하지 않는다면, 인간의 삶은 짐승의 삶만큼 값싸다."(2막 4장, 266-7)[23] 혁명 당원들이 프랑스에서 복구하기를 원했던 '자연' 상태는 버크가 예견한 대로 루소가 말하는 상태보다는 홉스가 말하는 상태와 훨씬 더 닮았다. 그러나 혁명의 먼지가 가라앉은 뒤에는 중요한 성취들이 남았다. 보편화하고 자연적으로 되게 하며, 동등하게 하는 부르주아지 이데올로기를 정통에 다가가는 것으로 승급시킨 것이 그 중 하나인데, 오늘날까지도 그 입장이 유효하다. 다른 하나는 아마도 전자의 결과이겠지만 '이데올로기'를 연구하는 인간학에서 눈에 띄는 자리를 차지한 것이다.

데스튀트 드 트라시, 그리고 이데올로기의 발명

프랑스 혁명을 공격한 버크에 대한 많은 응답 중 하나가 혁명 헌법 제정 회의의 일원이자 변절 귀족인 데스튀트 드 트라시에게서 나왔다. 1790년 15쪽 분량의 팸플릿에서, 데스튀트는 프랑스의 모델로 1688년의 온건하고 타협적인 영국의 안정 조치를 주장한 버크에게 적당한 조치를 취할 때가 아니라 '완벽한 혁명'[24]이 필요할 때라고 이의를 제기했다. 6년 후, 프랑스 학사원의 일원인 데스튀트는 '이데올로기'라는 용어를 발명해 냈고, 16년 뒤에 그는 혁명의 공포 시대뿐 아니라 모스크바에서 퇴각한 나폴레옹 3세(또는 보나파르트)를 비난하는 영예를 얻게 되었다.

아름다운 우리 프랑스에 고통을 가하는 이데올로기와 인간의 마음에 알려진 법칙, 그리고 역사의 교훈을 이용하기보다는 국민의 입법을 기초하는 제1의 대의명분을 미묘하게 추구하는 공허한 형이상학을 비난해야만 한다. 이러한 오류들은 피할 수 없이 피에 굶주린 인간들의 지배를 초래하게 되어 있고 실제로 초래했다.[25]

개인적인 면에서 이러한 비난은 대단히 불공정하다. 데스튀트는 실제로 공포 시대에 감옥에 갇혔으며, 테르미도르반동(프랑스 대혁명 기간 중 혁명력 제2년 테르미도르 9일(1794년 7월 27일)에 시작된 반란) 때 단두대에서 간신히 목숨을 구했다. 그러나 나폴레옹이 위험하고 급진적이고 파괴적인 성향을 데스튀트가 발명한 '이데올로기'의 학문 탓으로 여긴 것은 옳았다.

나폴레옹 3세는 데스튀트의 '이데올로기'가 '인간이 마음으로 알고 있는 역사의 교훈의 법칙'을 검토하는 것을 소홀히 했음을 지적했다. 그가 말했듯이 이 학문은 선험적인 개념들에 대한 관념론적 견해와 역사적 결정론의 가능성을 모두 다 반대한다. 이러한 반대에서 데스튀트의 사상에 가장 중요한 두 가지 영향을 끼친 로크와 콩디야크의 유산이 드러나고 있다. 《이데올로기 요론》(1801-15)에서 말하고 있듯 그는 이 사상가들을 읽음으로써 본유적인 관념은 없으며, 모든 사상은 감각에서 파생한다고 믿게 되었다. 다른 한편으로 그는 또한 "우리가 지니고 있는 관념들 이외에 우리를 위해 존재하는 것은 아무것도 없는데, 왜냐하면 우리의 관념들은 우리의 모든 것이고 우리의 존재 그 자체"[26]라고 생각했기 때문이다. 데스튀트는 홉스와 마찬가지로 사물이 관념을 만들어 내지만, 이 관념이 사물에 완벽하게 적당한 것은 결코 아니라고 생각했다. 데스튀트의 관점에서 진정한 지식은 불가능하다는 회의적인 입장을 피하는 유일한 길은 우리의 정신이 물질적 사물을 관념의 형태로 전환하는 과정을 분석하는 것이었다. 이미 콩디야크가 이러한 연구 영역을 열어 놓았으며, 데스튀트의 주도로 도덕과 정치학을 다룬 프랑스 학사원의 한 부문으로 제도화되었고, 관념의 학문인 '이데올로기'라는 이름을 부여받았다.

따라서 이데올로기는 '메타-학문,' 즉 학문의 학문으로 생긴 것이다. 이데올로기는 다른 학문들이 어디서 생기는지 설명하고, 사유에 과학적 계통을 부여할 수 있다고 주장한다. 나폴레옹이 깨닫게 되었듯이 이데올로기가 다른 모든 학문 분야보다 우월하다는 주장을 펴게 되었고, 1803년 이후에는 '이데올로그(idéologue)'들을 강건하게 억압함으로써 자신의 독재의 야심에 이 오만한 학문이 제기한 위협을 알게 되었다. 나폴레옹의 계획은 이데올로기란 용어에 경멸적 의미를 부과하는 것이었다. 그는 예컨대 기독교가 '공공 질서'를 지킬 수 있다고 생각했다. 이데올로그들은 그들의 과업으로 '모든 환상을 파괴하고'[27] 그래서 황제가 바티칸 교황청을 포옹한 이면의 기본적인 의도를 벗겨낼 듯하였다.

그 당시 데스튀트 드 트라시의 '이데올로기'는 감각들을 통해 물질 속에 뿌리를 둔 관념들을 추적한다. 그러나 이 과학은 인류와 그 물적 환경이 서로 작용하는 과정인 운동을 더욱 힘주어 강조함으로써 콩디야크의 환원적 유물론을 넘어선다. 그래서 데스튀트는 '이데올로기'가 물질과 정신, 사물과 개념 사이의 오랜 대립 관계를 초월함으로써 중대한 철학적 발전을 성취한다고 주장할 수 있었다. 그러므로 데스튀트는 에밋 케네디가 진술하듯이 "두 개의 반대 방향으로 오류의 관념론적 개념과 진리의 감각론적 개념을 향해"[28] 끌린다. 말하자면 우리가 외적 대상들로부터 얻는 감각들이 믿을 만하고 정확한 반면에, 이러한 감각들이 우리 마음속에 만들어 내는 관념들은 잘못 배열되어 우리를 잘못된 결론으로 이끌 수 있다는 것이다. 감각을 관념으로 전환시키는 움직임을 관찰함으로써 그러한 관념들의 잘못된 패턴들이 존재하게 되는 경로들을 이해할 수 있고, 그리하여 오류를 피할 수 있게 될 것이다.

그러므로 '이데올로기'라는 새로운 학문이 모든 과학을 설명하는 과학이 틀림없다고 주장하였다. 이데올로기라는 학문에는 "각각의 관념이 그에 상응하는 언어 기호를 배정받는 수학을 모델로 삼는 문법과 언어"[29]를 확립할 야망이 있었다. 관념들 사이의 관계들을, 그 기원을 확인할 뿐 아니라 연구하는 데에도 이 체계를 이용할 수 있었다. 그러나 나폴레옹이 이해했듯이 그러한 과학의 실제적인 함축성은 그 자체가 사심 없는 것이 될 수는 없음을 의미했다. 관념들의 원천을 '벗겨내는 것'은 절대적인 유효성을 부인하는 것이었다. 모든 관념들에 이 체계가 적용된다면 '세상의 모습을 변화'[30]시키려는 데스튀트의 야심이 얼마나 그럴듯하게 보였는지 알기가 쉬울 것이다. 불행하게도 데스튀트 드 트라시가 프랑스에서 그러한 야심을 갖고 있던 유일한 인물은 아니었다. 나폴레옹은 그러한 인물을 보았을 때 위기 의식을 느꼈다. 그는 '이데올로기'가 모든 권위적인 지식에 대해 철저한 회의주의를 내포하고 있음을 알아챌 만큼 영리했다. 그 회의주의는 틀림없이 지속적인 혼돈을 야기하고 '잔인한 사람들의 지배를 유도한다는 것이다.'

이데올로그들과 보나파르트 사이의 불평등한 투쟁에서 이론과 실제의 모순적인 요구의 상징을 보는 것은 잘못일 것이다. 데스튀트와 그 추종자들을 '몽상가들'과 '수다쟁이들'이라고 공격했을 때, 나폴레옹은 그들의 이론이 정치적 실체가 전혀 없고 순수하게 '이상적'이라고 시사하지 않았다. 그와 반대로 나폴레옹은 그들의 이론이 정치 문제와 아주 적절한 관계가 있음을 알았다. 그들에게 밀레니엄의 목표를 추구하는 것을 허용하면 영구적인 혁명, 즉 관념들이 계속해서 벗겨지고, 새로운 관념들에 의해 무효화되고 대체되는 대혼란이 일어날 것임을 예견했다. 이어지는 이데올로기의 역사와 실제 정치와의 관계가 그 점을 실증해 주는 것 같다.

3

관념론

소위 시대 정신은
실제로 그들의 시대가 반영된
그러한 사람들의 정신이다.

괴테, 《파우스트》, pp.577-9.[1]

데카르트의 에고

17세기와 18세기 동안 경험론과 유물론은 의식에 관한 연구의 합리적 기초를 제공하였다. 이는 '관념학'이 계몽주의의 학문들 한가운데에 자리 잡도록 해주었다. 그러나 관념의 형성을 분석하는 과정에서 이데올로그들은 예전에 자격이 있다고 여겼던 관념의 존엄성과 경의를 박탈했다. 특히 영혼의 개념은 '계몽주의 철학자들'의 유물론에서 자리를 잃게 되었다. '관념학'이 동물학의 한 분야였다는 데스튀트 드 트라시의 지적은 인간을 동물보다 우월하게 하는 초자연적이고 거의 신적인 본질이 정신 안에 있다는 소중한 개념에 대해 더욱 호방한 태도를 나타낸 것이었다. 루소는 그 감수성이 너무나도 미묘해서 여타 학문의 대상처럼 정신을 연구하는 것을 찬성하지 못하는 사람들에게 탈출로를 열어 주었다. 그러나 루소는 유물론의 학설들에 대한 직접적인 반응을 글로 썼고, 자율적이고 개별적인 자아에 대한 그의 찬양은 콩디야크와 데스튀트의 음울한 감각론의 뒷면, 반명제에 불과하다. 물질로부터 정신이 자유로워지는 것에 대한 더욱 합리적이고 일관성 있는 설명을 위해서는 17세기로, 르네 데카르트의 작품으로 거슬러 올라갈 필요가 있다.

《젊은 베르테르의 슬픔》(1774)에서 주인공으로 하여금 "나는 나 자신으로 되돌아가 세계를 발견한다!"[2]라고 언명하게 했을 때, 괴테는 모든 정신적 과정이 외부의 자극으로 추적될 수 있다는 '감각론적' 학설에 반대를 표하고 있다. 데카르트 역시 개별적 자아 혹은 주체 내에 그보다 우월한 바탕이 틀림없이 있다고 생각한다. 그의 초기 소책자 《정신 지도 규칙》(1628)에서, 데카르트는 "인간의 마음은 그 내부에 성스러운 것이라 부를 수 있는 그 무엇인가를 가지고 있다. 바로 거기에 유용한 사유 방식들의 최초 배아가 흩어져 있는 것"[3]이라고 분명하게 언명하고 있다. 이러한 추정은 인간의 관념들의 기원을 외부 세계에 있는 원인들까지 추적하려는 유물론적 기도와 근본적으로 불일치하는 것이다. 데카르트는 우리가 어쩔 수 없이 그것들을 통하여 물질적 사물들을 경험하는 우리의 감각들이 종종 우리를 기만할 수 있다고 지적한다. 어떤 각도에서 보면 둥글게 보이는 탑이 다른 각도에서는 사각형으로 보일 수도 있다. 꿈을 꾸거나 혹은 착각의 상황에서 우리는 거기에 있지 않은 대상들을 보고 있다고 생각할 수 있다. 그래서 데카르트는 실상은 저 믿을 수 없기로 유명한 우리의 감각들을 통해 매개된 것인데도, 우리가 순진하게 우리 외부의 세계에 대한 경험이라고 생각하는 것을 지나치게 신뢰함으로써 '선입견'이 생긴다고 본다. 《제일철학에 관한 성찰》(1641)에서 데카르트는 감각-지각의 불확실한 위상을 부각시키며, 그리고 그 결과 "모든 사물에 대한, 특히 물질적 사물에 대한 의심"(140)을 옹호한다. 그와 같은 체계적인 의심은 "우리를 온갖 선입견에서 벗어나게 해주며, 정신이 감각에서 분리될 수 있는 아주 간단한 방법을 우리에게 열어 주므로" 유용한 것이다. 실상 정신이 절대적으로 확실하게 될 수 있는 유일한 것은 실존하는 정신 그 자체의 활동이다. 데카르트는 코기토 에르고 섬(cogito ergo sum), 즉 "나는 생각한다. 고로 존재한다"⁴⁾라는 유명한 금언으로 이러한 주장을 표현했다.

데카르트가 여기에서 의도한 것은 자기 확신의 명제이다. 즉 데카르트는 그것의 진리가 그것을 인식하는 행위 그 자체 내에서 이루어져 확증됨을 믿는 것이다. 그렇지만 좀더 자세히 검토해 보면, 우리는 이것이 꼭 그렇지만은 않다는 것을 알 수 있다. 이른바 '코기토'는 사유가 존재한다는 것을 분명히 입증한다. 그러나 데카르트는 여기에서 사유를 하고 있는 중인 한 개체, 통합된 주체——하나의 '나'——도 역시 존재하고 있다는 확증되지 않은 결론을 도출한다. 이러한 가정으로부터 데카르트는 자기 이론의 나머지 부분을 연역할 것을 제안하고 있다. 따라서 근원적이고 일원적이며 초월적인 데카르트의 에고는, 모든 진리의 근원이라는 전통적인 신에 대한 관념이 급속히 사라져 가고 있는 세계에 대하여 확실성과 일관성의 대안적 표준을 제공해 준다.

그 자신의 자아와 그 사유-과정의 확실성만을 인정하기 때문에, 데카르트는 물질 세계와 우리가 그 세계에 대해 갖고 있는 이데아들 사이에 화해할 수 없는 차이 혹은 이원론이 있다고 여긴다. 이것이 데카르트와 유물론자들의 가장 중대한 차이점이다. 데카르트는 사유가 감각——즉 콩디야크가 '변형된 감각'이라고 부르는 것——에서 비롯된다고 생각하지 않는다. 오히려 그는 이데아의 영역과 물질의 영역 사이의 분리를 강조한다. 데카르트는 우리의 내재적인 이성적 능력들이 세계에 대한 우리의 경험을 결정하고 가능하게 한다고 보기 때문에 대개 그를 합리주의자로 치부한다. 세번째 《성찰》에서 데카르트는 우리가 실제로 외부 세계를 조금도 지각하지 못한다고 주장한다.

그러나 내가 매우 확실하고 명백한 것으로 알고 받아들인 많은 것들이 나중에는 의심스러운 것들이 되었다. 어떤 것들이 그러했는가? 그것들은 지구·하늘·별, 그리고 감각을 통해 알게 된 모든 것들이었다. 그러나 내가 그것들에서 분명하고도 명확하게 인식한 것은 무엇인가? 이것들에 대한 관념들 혹은 생각들 이외에는 그 무엇도 나의 정신에 제시된 것이 없었다. 그리고 지금도 나는 이 관념들을 나의 내부에서 접하게 된다는 것을 부인하지 않겠다. 그러나 여전히 내가 확신했던 다른 것, 내가 그것을 믿는 습관이 있기 때문에 실제로는 내가 인식하지 못했지만, 내가 명확하게 인식했다고 생각하는 것이 있었다. 즉 나의 밖에 있는 대상들에서 이러한 관념들이 나왔고, 그 대상들과 관념들은 매우 유사했다.(158)

우리가 물질 세계의 대상들을 보고 있다고 생각할 때, 우리는 실제로 우리 외부에 존재하거나 혹은 존재하지 않는 대상들에 대한 우리의 이데아 혹은 관념들을 보고 있는 것일 뿐이다. 이러한 사실을 알지 못하는 것이 허위 의식의 가장 큰 원인이다. "중대하고 가장 흔한 오류는…… 내 안에 있는 관념들이 내 밖에 있는 사물들과 유사하거나 일치한다는 나의 판단에 있다."(160) 앞장에서 보았듯이 홉스와 같은 경험주의자들도 물질계를 그에 대한 우리의 관념들로 비교할 수 없다고 주장한다. 그러나 홉스의 경우, 이것은 우리의 개념들이 물질적 현실과 결코 완벽하게 딱 들어맞을 수 없다는 것을 알지라도 우리가 물질적 현실에 준거하여 우리의 관념들을 확인하기 위해 더욱 열심히 노력해야 한다는 것을 의미한다. 하나의 관념이 경험적인 것으로부터 너무 동떨어지게 되어 어떠한 물질적 지시도 갖지 못할 때, 그것은 홉스의 '요정의 왕국'으로 추방되기 쉽다. 그 반면 데카르트는 관념들이 타당성을 얻기 위해 그것들 '외부의' 어떤 것과 일치되기를 갈망한다고 생각지 않는다. 이데아들이 단순하게 무의미한 것이라기보다는 경험적 사물들을 추적할 수 없는 관념들이 또 다른 원인을 가지고 있음이 분명하며, 그것은 물질적이지는 않지만 현실적이다.

왜냐하면 만일 우리가 관념 속에 찾아볼 수 있는 어떤 것이 그 원인 속에서 찾을 수 없다고 생각한다면, 그것은 무(無)로부터 파생되었어야 하기 때문이다. 그러나 하나의 사물이 객관적 혹은 관념에 의하여 오성의 재현으로 존재하는 방식이 불완전할지라도 이 존재 방식이 무라고, 혹은 그 결과로 그 관념이 무로부터 파생한다고 확실하게 말할 수는 없다.(163)

우리가 알 수 있는 모든 것인 우리의 개념들이 반드시 물질적인 어떤 것에 의해 촉발되지는 않으며, 완벽하게 정당한 관념적 기원을 지닐 수 있다. 그래서 데카르트는 로크가 비물질적 이데아들을 종교적 우상들에 비교하는 것에 동의하지 않았다. 그 반대로 데카르트는 이데아에 대한 우리의 인식이 우리가 그것들 자체로서 사물들에 대해 가질 수 있는 어떤 인식보다 우선하며, 더욱 확실하다는 견해를 갖고 있다.

'이성 예찬' : 칸트와 계몽주의

데카르트가 이데올로기를 설명하는 데 적절한 이유는, 우리의 감각-지각이 물질계가 우리에게 그것이 포괄적으로 허위인 방식으로 재현된다는 데카르트의 주장 때문이다. 따라서 실재와 우리의 관념들, '객체'와 '주체' 사이에는 절대적인 차이가 있는 것이다. 우리는 이러한 대립이 서로를 규정하고 있다는 것에 주목해야 한다. 즉 '주체'의 카테고리는 '객체'의 카테고리 없이는 아무런 내용도 갖지 못하며, 그 역도 마찬가지이다. 그럼에도 불구하고 데카르트주의적 이원론은 관습적으로 철학의 역사에 적용된 용어들의 기초를 마련해 준다. 넓게 보자면 외부 세계가 우리의 관념을 결정한다고 믿는 홉스와 같은 사상가들은 '경험주의자'로 알려져 있으며, 우리의 내재적 관념들이 실재에 대한 우리의 경험의 기초를 이룬다고 믿는 데카르트와 같은 사람들은 '합리주의자'로 불린다. 이데아의 왕국을 유일하게 참된 실재로 간주하는 플라톤과 같은 사람들은 '관념론자'로 불리며, 물리적 세계가 인간의 관념들보다 더욱 진정한 것이라고 주장하는 콩디야크와 같은 사람들은 '유물론자'로 알려져 있다. 그러나 실상 데카르트 이후 3세기 동안 가장 흥미로운 철학자들은 그와 같은 근본적인 대립을 극복 혹은 화해시키고자 노력했던 사람들이다.

이 문제에 대한 경험주의적 접근 방식은 여러 갈래로 나누어졌으나, 똑같이 놀라움을 주는 그 극단에는 유럽의 '켈트 외변(外邊)'〔잉글랜드의 외변에 거주하는 사람〕 출신인 두 철학자, 조지 버클리와 데이비드 흄이 있다. 아일랜드인인 버클리는 《힐라스와 필로누스의 세 대화》(1713)에서 우리에게는 어떠한 내재적 관념도 없다고 주장했다. 우리가 물질계에 대해 가질 수 있는 유일한 인식은 우리의 감각-인상에서 온다는 것이다. 그러나 우리에게 인상을 불러일으키는 무엇인가가 있다고 가정한다면, 그것의 적확한 재현을 우리에게 준다고 생각할 이유는 없다. 따라서 실제적인 목적에도 불구하고 외부 세계의 진정한 본질은 알 수가 없으며, 사물들은 지각되는 한에서만 존재한다. 실상 관찰하는 신성의 편재성이 없다면, 인간 존재에 의해 관찰되지 않을 때 대상들은 존재하기를 멈출 것이다. 로널드 녹스는 유명한 한 쌍의 5행 희시에서 이 독트린을 패러디했다.

다음과 같이 말한 젊은이가 있었다, "신은
뜰 안에 아무도 없을 때,
그 뜰 안에 나무가
계속 존재하는 것을 보면
대단히 이상하다고 여길 것이다."

응 답

"경애하는 선생: 당신의 놀람이 이상합니다:
나는 항상 뜰 안에 있습니다.
그리고 존재한 이래로 지켜보고 있으므로,
나무가 계속 존재하는
이유입니다. 안녕히, 신으로부터."[5]

스코틀랜드 철학자 데이비드 흄에게 버클리의 이론은 우리의 관념들이 어떠한 객관적 실재에나 조응하는 것이 아니라, 우리의 물리적 감각-인상을 희미하게 희석시켜 재현하는 것에 불과하다는 결론으로 귀착되었다. 복잡한 관념들은 그런 재현물들의 조합에 불과하다. 흄은 더 나아가 《인성론》(1739-40)에서 우리가 자신의 통일된 자아——우리가 오늘날 '주체'라고 부르는 것——에 대한 감각적 인상을 갖고 있지 않으므로 우리에게는 인지 가능한 내면적 인성이 없으며, 실상은 우리가 자의적으로 하나의 이상적인 질서를 부과하고 거기에 우리의 '자아'라는 꼬리표를 붙이는 임의적인 지각의 꾸러미만 있을 뿐이라고 주장했다.

관념에 대한 흄의 함의는 극히 급진적이고 당혹감을 안겨 주는 것이었다. 그는 무엇보다도 철학적 성찰에서 영혼을 말끔히 제거해 버렸다. 사실상 어떤 것을 보아도 허구로 간주될 수 있었다. 사유하는 통일된 주체라는 데카르트의 위안조차 부인되었다. 게다가 흄은 외부 세계에 대한 정확한 인식이 불가능하다고 주장했다. 거짓과 참을 구별하기 위해 의존할 기준이 우리에게 없다는 추리가 가능하게 되었다. 원인과 결과의 관계조차도 휘어잡을 수 없는 실재에 대해 인위적으로 부과한 것으로 간주되었다. 이와 같은 흄의 독트린이 20세기 포스트모더니스트들의 많은 공리들을 상당한 정도로 예견하고 있음을 앞으로 알게 될 것이다.[6]

이와 같은 독트린들을 참아내지 못한 사람들 가운데 이마누엘 칸트가 있는데, 그는 흄을 읽음으로써 자신의 '교조적 수면' 즉 자신의 무비판적 합리주의에서 깨어났음을 말했다. 《순수 이성 비판》(1781)에서 칸트는 모든 의심을 넘어서서 초월적인 인간 주체의 실존을 설정하는 과업을 자신에게 부여한다. 달리 말해 그는 우리가 재현의 임의적인 흐릿함을 초월하는 지속적이고 일관된 자아를 가지고 있음을 증명하는 데 관심을 둔다. 칸트는 합리주의와 경험주의라는 이원론에 도전함으로써 그 과업을 수행한다. 그는 서문에서 이렇게 말한다.

우리의 모든 지식이 경험으로부터 비롯되지만, 모든 것이 경험에서 생겨
난다고 볼 수는 없다. 왜냐하면 그 반대로 우리의 경험적 지식은 우리가 인
상을 통해 받는 것과 인식 기능 그 자체로부터 공급받는 것의 혼합물이기
때문이다.[7]

우리는 우리 외부의 객관적 세계에 대해 직관적으로 인식하고 있지만,
그러한 직관들을 개념의 형태로 통일함으로써만 그 세계에 대한 진정한
의식이 가능하게 된다. 가령 내가 이 객관적인 연필심과 나뭇조각을 이상
적인, 일반적인 '연필'의 카테고리에 포함시킬 때 나는 물질적 대상에 인
간적 개념을 부과하는 것이며, 따라서 그에 대한 고유한 인간적 인식에 도
달하게 된다. 이와 같은 개념화 능력은 인간의 이해의 내재적 속성이다.

그리하여 데카르트주의에 엄밀하게 대립되는 자리에 있는 칸트는 하나
의 통일성을 제시하는데, 그것에 따라 인식이 경험과 이성의 협동 작업에
의해 생산된다. 그는 경험에서 비롯되는 우리 인식의 일부를 '후천적' 인
식이라 부르며, 논리적으로 경험에 우선하는 인식을 '선험적인 것'이라고
한다. 선험적인 것은 더 나아가 '분석적' 명제와 '종합적' 명제로 나누어
진다. 분석적 명제는 '큰 집은 집이다'라는 것과 같이 주어 안에 포함되어
있는 술부에 의해서 진리임이 보장되는 진술들을 가리킨다. 종합적 명제
란 '큰 집은 비어 있다'와 같이 술부가 주어를 넘어서 있거나, 혹은 거기
에 무엇인가를 덧붙이고 있는 진술들을 가리킨다. 사물에 대한 경험주의
적 시각에서 보자면 모든 종합적 판단은 후천적인 것, 혹은 경험에서 비
롯된 것이 분명하다. 다른 한편으로 칸트는 진정 선험적인 것이며, 어떠
한 가능한 경험보다 선행하는 어떤 종합적 판단들이 있다고 생각한다. 뉴
턴의 과학과 기하학이 이런 종류의 판단의 본보기를 제공해 주는 것처럼
보였다. 그 공리들은 생각해 볼 수 있는 인간의 어떤 경험에 대해서도 반
드시 참이었으므로 경험에서 비롯된 것일 수 없고 경험에 앞서는 것이 틀
림없다. 그러므로 경험주의가 답할 수 없는 문제, 그리고 칸트가 답하고자

시도하는 문제는 바로 이것이다. 이 종합적인 선험적 판단은 어떻게 가능한가?

칸트의 답은 인간의 마음속에 타고난, 경험적이지 않지만 경험을 가능하게 해주는 특정한 '카테고리들' 혹은 관념들이 있다는 것이었다. 가령 실질과 인과성 같은 개념들이 없다면, 어떤 종류의 인간 경험도 인지가 불가능하게 될 것이다. 그래서 그런 카테고리들은 경험에서 비롯되는 것이 아니라, 물질을 초월하는 어떤 주체로부터 비롯되는 것이 틀림없다. 어떤 의미에서 칸트는 물질계에 대한 우리의 경험이 이 초월적 주체에 의해 가능하게 된다고——그리고 그리하여 실제로 물질계가 '우리를 위해' 창조되었다고——말하고 있는 것이다. 이것이 칸트의 '코페르니쿠스적 혁명'이다. 그는 우리의 인식이 외부의 대상들에 일치할 필요가 없으며, 우리가 그 대상들을 인식할 수 있는 한 그 대상들이 우리의 인식 능력과 일치한다고 주장한다. 만일 흄의 주장대로 우리가 대상 그 자체를 인지하는 것이 아니라 오로지 우리의 직관 능력을 통해 매개된 것으로서만 대상을 인지한다면, 우리가 그 능력을 학습함으로써 대상을 인지할 수 있다고 칸트는 주장한다. 주체의 학습은 대상이 '우리를 위한' 속성을 지니고 있는 한 대상의 속성을 드러낼 수 있다.

칸트는 흄이 주장했던 것처럼 우리가 물질계를 실제로 '그 자체로서' 존재하는 것으로서 인지하지 않는다는 데에 동의한다. 그러나 흄의 회의주의로부터 주체를 구해 냄으로써 칸트는 그럼에도 하나의 목적물을 인지하는 것, 사물들의 재현을 결정하는 것이 가능하다고 본다. 초월적 주체가 절대적 진리에 대한 우리의 접근을 보장해 준다. 비록 그 진리가 오로지 '우리에게'만 절대적인 진리일 뿐일지라도 말이다. 다시 말해 시간과 공간 내의 한 특수한 관점에서 볼 때 절대적인 진리일 뿐인 것이다. 그래서 칸트는 우리에게 보이는 대로의 대상과 우리가 아무런 인식도 갖고 있지 못한 '사물 그 자체' 사이의 근본적 분리를 상정한다. 우리의 경험의 영역은 '현상'의 영역이며, 그것은 그 자체의 일관성과 객관성을 지니고 있다. 그러나 이는 우리의 경험이 대상들 자체 안에서 정확하지 않은 혹은 '무조건적인' 진리들을 발견한다는 것을 의미하지 않는다. 진리들은 인간의 지각의 범위를 넘어서 있는 '본체'의 영역에 속하는 것이다. 추상적인 관념인 이 본체의 영역은 현상계를 가능케 하고 결정하는 것이기는 하나, 우리는 경험적 관찰이나 합리적 분석을 통해 거기에 접근할 수가 없다.

사물의 외양과 사물 그 자체를 구별하는 것이 서로 다른 대상들을 언급하는 것이 아니라, 서로 다른 관점에서 본 동일한 대상을 가리킨다는 것을 기억하는 것이 중요하다. 겉보기에 사물은 '우리에게' 인지 가능한 것이지만, 동일한 사물이 '그 자체로서' 다른 실존을 가지고 있고, 우리는 다만 그 가능성을 연역할 수 있을 뿐이다. 그래서 칸트는 우리가 세계에서 인지하는 것이 '실제로' 그것이 존재하는 세계와 체계적으로 구분된다는 믿음을 유례가 없을 정도로 이론화하고 도식화한다. 그러므로 그는 사물들 그 자체를 경험적 상황에서 제거함으로써 사물들 그 자체에 대해 단언하려는 어떤 오만한 시도——'실체화'라는 꼬리표가 붙은 끈질긴 경향——를 비난하고 있다. 칸트가 보기에 그런 경향은 허위 의식의 제1의 근원이다. 그러나 인간 정신은 본체에 대한 그와 같은 쓸데없는 사색에 어쩔 수 없이 이끌린다. 이 함정을 피하기 위해 우리가 할 수 있는 가장 좋은 방법은, 항상 우리의 인식이 우리의 관점에서 나온다는 것을 기억하는 것이다. 그것은 시공간 속에 복잡하게 얽혀 있으며, 우리는 우리의 관념들을 절대적인 것 혹은 영원한 것인 양 보려는 유혹에 저항하는 데 힘써야 한다. 그러면 이러한 금지를 통해 우리가 앞장들에서 논의했던 신학적인 우상 파괴의 반향들을 이해할 수 있게 된다.

미학의 이데올로기

경험주의에 대한 칸트의 반응은 특히 미학 이론에 대하여 흥미로운 함의를 가지고 있다. 영국에서 사유란 물질적·기계적인 과정들의 결과에 불과하다는 콩디야크의 입장은, 관념들의 자동적인 연상 과정이 그 뒤를 따르는 근원적인 물리적 자극들의 결과가 바로 사유라고 보았던 데이비드 하틀리에 의해 지지되고 수정되었다. 낭만파 시인인 윌리엄 워즈워스와 새뮤얼 테일러 콜리지는 처음에 하틀리의 이론에 감명을 받았으나, 후에 콜리지는 자신의 취향에 견주면 그 이론이 지나치게 영혼이 없고 무의식의 이론임을 알게 되었다. 그는 《문학평전》(1817)에서 자신이 환상과 상상이라 불렀던 두 가지 분리된 정신 능력을 차별화함으로써 이 문제를 교묘하게 회피했다.[8] 환상은 정신적 과정들에 대한 하틀리의 설명에 상응하는 것으로 "정수 이외에는 가지고 놀 다른 계산기가 없다."(202) 상상은 하나의 근원적인 '제1의' 형태와 결과적으로 '제2의' 형태로 하위 분할되며, 유난히 활동적이고 창조적인 작용이다. 주체는 그 작용을 통하여 주체를 둘러싼 객관적 세계에 자신을 부과한다.

유물론적 경험주의와 주관적 관념론의 철학적 차이는 똑같은 논제에 대한 두 가지 시적 접근 방식들을 검토함으로써 설명이 가능하다. 그 논제란 나이 드는 것의 어려움, 그와 동시에 이루어지는 청춘의 열정과 영감의 상실이다. 워즈워스는 〈영혼불멸송〉에서 "지상에서 영광은 사라졌네"[9]라고 한탄하며, 자신의 청춘 시절을 빛나게 해주었던 것과 똑같은 '꿈 같은 미광'을 더 이상 경험할 수 없는 것을 한탄하고 있다. 여기서 문제는 피할 수 없는 과정의 결과로 생기는 것으로 인식된다. 사람이 나이 들어갈수록, 어린이가 자발적으로 느끼는 경험의 강도는 점차 희미해진다. "마침내 어른이 되면 그것이 죽어 없어지고, 평일의 빛으로 시들어 버림을 인식하게 될"(75-6) 때까지. 영감은 외부의 자연으로부터 자아로 흘러 들어가는 일방 통행로이다. 처음에 이것은 대단히 자극적이고 놀라운 경험이지만, 인간이 거기에 익숙해짐에 따라서 그 광휘를 잃어간다. 워즈워스의 시에 대한 응답인 〈낙담부〉에서 콜리지는 이 우울에 대한 벗의 진단에 이의를 제기한다.

나는 외적 형상들에서 그 샘이 내부에 있는
열정과 생명을 얻기를 희망할 수 없어요.

오 워즈워스여! 우리는 우리가 주는 것만을 받고
우리의 생명 속에만 자연이 살아 있다네 (45-8행)[10]

과감하게도 콜리지는 경이로움이 점차 줄어드는 것은 외부 세계와의 친
숙함이 증대됨에 따라서 생기는 피할 수 없는 결과라는 워즈워스의 위안
을 거부한다. 오히려 문제의 근원은 주체 안에 내재한다. 워즈워스가 그
헤어짐을 한탄하는 '영광과 꿈'은 우리의 객관적 주변 환경이 아니라 항
상 주체 내에 있고, 따라서 영광과 꿈의 상실은 자아와의 내면적 문제를
나타내 주는 것이 분명하다. 그러므로 우리는 워즈워스와 콜리지가 그들
의 노래에서 지지한 철학적 입장이 각각 유물론적이고 관념론적인 것이
라고 말할 수 있을 것이다.

칸트는 또한 후기 작품인 《판단력 비판》(1790)에서 미학의 문제를 제기
했다. 이 텍스트의 서문에서 칸트는 자신의 초기 저작에서 밝힌 현상, 즉
'감각적인' 영역과 '초감각적인' 물자체의 영역 사이의 이원성이 불만스
럽다고 밝히고 있다.

자연의 개념 영역, 감각 영역과 자유의 개념 영역, 초감각 영역 사이에
거대한 만이 고정되어 있어서 감각에서 초감각으로의 전이는 전혀 불가능
하다. 그것은 마치 두 개가 서로 다른 세계여서 전자가 후자에게 전혀 영향
력을 끼칠 수 없는 것과 같다. 그러나 후자는 전자에게 영향력을 끼칠 수
있다. 즉 자유의 개념은 감각의 세계에서 그것의 법이 명한 목적을 실현하
는 것이다······. 그래서 결국 자연의 기초가 되는 초감각과 자유의 개념이
실제로 포함하고 있는 초감각을 결합하는 토대가 있어야만 한다.[11]

첫번째 종류의 '초감각적인 것'은 본체 혹은 사물 그 자체이다. 두번째 종류는 '범주적 명령' 혹은 윤리적 행동을 결정하는 추상적 규칙이다. 이것은 칸트가 《실천 이성 비판》(1786)에서 남들이 당신에게 하지 말았으면 하는 일을 남에게 하지 말라는 성서의 금지 명령에서 도출한 것이다. 행동으로 귀착될 것이기 때문에 이 후자의 초감각적인 계율은 물질계를 변형하거나, 혹은 '그것의 법률에 의해 결합된 목적을 감각 세계 안에서 활성화'시킬 것이다. 그러므로 물질적 영역과 초감각적 영역 사이의 접속 지점이 있는 것이 분명하다. 칸트가 이 둘 사이를 매개할 수 있다고 믿는 능력은 미적 판단 능력이다. 칸트는 논의의 대상인 다양한 정신적 능력들 사이의 복잡한 관계를 다음과 같이 진술한다. "인식 능력과 욕망의 힘 사이에는 쾌락의 느낌이 존재한다, 이해와 이성 사이에 판단이 존재하듯이." (17) 미에 대한 관조에서 즐거움을 불러일으키는 것이 직관에 개념들을 부과하는 그 자체의 능력과 유사한 '하나의 목적성'의 대상에서 판단의 지각이다.

이러한 쾌락의 느낌은 전적으로 주관적이다. 다른 한편으로 그것은 보편적으로 경험되고 소통할 수 있는 느낌이다. 이러한 주관적인 보편성은 칸트에 따르자면 상상력과 이해의 상호 작용, 혹은 '자유로운 작용'에 의해 생성된다. 이것은 모든 인간에게 작용한다고 추정할 수 있으며, 즐거움을 주는 대상의 추동으로 이루어진다.

이 '표상' [12] 때문에 활동하게 되는 인식력은 자유 유희 속에 있다. 왜냐하면 어떤 결정적인 개념도 특별한 인식의 법칙으로 인식력을 제한할 수 없기 때문이다. 여기서 이 표상 속의 정신 상태는 주어진 재현을 수반하면서, 일반적으로 인식을 향한 표상력의 자유 유희에 대한 느낌이어야 한다…. 여기서 이 주관적인 보편적 전달 용이성은 상상력과 오성이 자유 유희 속에 있을 때, 우리 속에 있는 정신 상태의 것이 될 수 있을 뿐이다. [상상력과 오성이 일반 인식에 필요하기 때문에 서로 조화를 이루는 한에서.](62)

그래서 칸트가 자신의 윤리학과 인식론 사이를 매개하려는 능력은 오직 즐거움을 주는 재현의 '심연'(115)에 맞닥뜨렸을 때 정신의 '자유 유희'일 뿐이다. 그것은 그 자체로서는 하나의 총체가 아니지만 이해와 상상력 사이의 진동이다. 더군다나 칸트가 '숭고미'라고 부르는 것의 경험은 순수 이성과 실천 이성 사이의 간극을 더욱 강조한다. 즉 다시 말하자면 대상들을 개념화하는 능력과 세계 내에서 윤리적으로 행동하는 능력 사이의 간극 말이다. 그러나 칸트의 요점은 이 간극의 존재라기보다는 오히려 그 간극을 연결해 주는 욕망이다.[13] 그 욕망은 숭고미에 대한 명상에 의해 또한 촉발된다. 다시 말하자면 이러한 자질은 정신 속에만 존재하는 것으로 간주된다.

감각의 대상이 될 수 없는 것을 숭고미라 할 수 있다. [실제로 일어나는 것은] 우리의 이성이 실재의 관념으로서 절대적인 총체성을 요구하는 반면에, 우리의 상상력이 무한을 향해 나아간다는 것이다. 그래서 [상상력], 즉 감각의 세계에서 사물의 중요성을 평가하는 우리의 힘은 그 관념에 부적절하다. 그러나 이 부적절성 그 자체가 우리 내부에서 초감각력을 지니고 있다는 느낌을 일으키는 것이다…… 숭고미는 사유할 수 있을지라도 정신이 어떤 감각 기준을 능가하는 힘을 갖고 있음을 증명하는 것이다.(106)

우리 현상의 인지와 외양 저변에 깔린 본체의 실재 사이의 간극을 분명히 깨닫게 함으로써, 숭고미는 이 '초감각적' 차원에 도달하기를 완수하고자 하는 (그러나 여전히 완수되지 못한 채로 남아 있음이 분명한) 욕망을 불러일으킨다. 숭고미의 효과는 우리가 결코 파악할 수 없는 실재의 두 요소들을 향해 우리를 몰아간다. 그 두 요소란 사물 그 자체와 실존의 총체성이다. 이 두 가지 도달할 수 없는 표적에 도달하기 위해 애쓰는 것이 바로 숭고미의 경험이다.

무한을 하나의 전체로 사유할 수 있는 것은 어떤 감각 기준을 넘어서는 정신력을 뜻한다……. 그럼에도 불구하고 인간 정신이 모순 없이 주어진 무한을 사유할 수 있게 된다면 그 자체 내에 초감각적인 힘이 있어야 하며, 물 자체에 대한 그 관념을 직관으로 이해할 수는 없지만 단순한 외관, 즉 세계에 대한 우리의 직관인 것의 근거가 되는 기질로 여길 수 있다.(111)

그래서 칸트가 본체를 향한 충동은 동시에 '총체성'에 대한 갈망이라고 주장하는 것이 《실천 이성 비판》의 두드러진 특징이다. 사물들의 본질적으로 다른 표층적 외양 아래에 있는 궁극적이고 통일된 실체에 대한 이러한 욕망 뒤에서 의사 종교적인 동기를 찾아내기는 어렵지 않은 일이다. 칸트는 여기에서 신교의 우상 파괴와 '인간의 손으로 만들어진 작품'에 대한 숭배를 금하라는 성서의 금지에 강한 영향을 받고 있다. 어떤 물질적인 것에 의해 충족되기를 거부하는 그런 욕망이 바로 숭고미이기 때문이다. 칸트가 숭고미의 잠재력을 우상 파괴의 힘으로 보는 것은 명백하다.

아마도 유대법에서 최고로 숭고한 구절은 계율일 것이다. 너를 위하여 새긴 우상을 만들지 말고, 또 위로 하늘에 있는 것이나 또는 땅 위에 있는 것이나 아래로 땅에 있는 것의 어떤 형상도 만들지 말라, 등등. 이 계율만이 문명 시대에 유대 민족이 다른 민족들의 종교와 자신의 종교를 비교했을 때 그들이 종교에 대해 느꼈던 열정, 혹은 회교 문명이 고취시킨 자부심을 설명할 수 있다.(135)

우리의 목적에 가장 잘 부합되는 것은 칸트가 우상 숭배와 정치적 압제를 연결하고 있다는 점이다. 조각된 우상들에 대한 논의를 이어가면서 그는 이렇게 밝힌다.

그것이 바로 정부들이 종교로 하여금 온갖 장식물을 사용할 수 있도록 허용해 온 이유이다. 그들은 말썽을 일으키지만 능력 있는 모든 국민을 구원하여 국민의 영혼의 힘을, 국민을 단순히 수동적으로 그리고 유순하게 할 목적으로 만들어 놓은 장애물을 넘어설 수 있도록 애썼다.(135)

따라서 숭고미는 실제로──칸트가 그렇다고 말했듯이──우리의 개념적 능력과 윤리적 능력 사이를 매개한다. 우리가 숭고미에 대해 개념적인 설명을 할 수 없다는 것을 깨닫게 되면, 우리는 총체성에 대한 추구이기도 한 그것의 초감각적 기질(基質), 즉 궁극적인 토대와 본체의 근원을 찾아서 대상의 외양 저편으로 이끌리게 된다. 이러한 추구는 도덕적 선이며, 물질의 외양에 주의를 집중함으로써 그 추구를 막는 것은 윤리적으로 잘못된 것이다. 거기에서 비롯된 것이 칸트의 '미신'과 '계몽'의 구분이다.

수동적 이성을 향한 경향을…… 편견이라 한다. 그리고 모든 편견 중에 최고의 편견이 미신이다. 그것은 자연을, 오성이 그 자체의 핵심적인 법칙을 통해 자연의 기초로서 규정하는 규칙들에 굴복하지 않는 것으로 생각하는 데 있다. 미신으로부터 해방되는 것을 계몽이라 한다. 왜냐하면 비록 일반적으로 편견으로부터 해방되는 것을 계몽이라 할 수도 있지만, 여전히 미신이 두드러진 편견이라 할 수 있기 때문이다. 그것은 미신이 사람에게 만들어 내는 맹목성이고, 의무를 요구하는 것처럼 보이는데, 특히 그 사람의 욕구를 타인들이 인도해야 하는 것을 잘 보여 주며, 거기서 그의 수동적 이성의 상태가 생겨난다.(161)

많은 포스트모던 사상가들이 '자유 유희'와 '심연'이라는 칸트의 개념에 칭송할 부분이 많다는 것을 깨닫는 반면, '계몽'에 대한 이러한 옹호는 비난을 받는 처지가 되는 일이 잦다. 이것은 물질계를 우리 자신의 관념에 억지로 맞춤으로써 물질계를 지배하고자 하는 의지로 제시되거나, 뿌리 뽑고자 하는 '미신'이라는 허위 의식에도 똑같이 내포된 것으로 제시되기 쉽다. 칸트의 도발적인 경구에서 보면 계몽 철학자는 '이성에 열광' 하는 것으로 보일 수 있다. 그래서 합리성의 힘과 선을 완전히 확신하고 있는 만큼 억지로 '미신적인 것'에 합리성의 이득을 부과하는 것처럼 보이게 된다. 이러한 비판에 맞서서 우상 숭배와 미신이 여전히 객관적 세계와 주관적 관찰자 모두에게 더 심한 폭력을 행사하고 있다고 주장할 수 있을 것이다. 판단을 내리기 위해서는 후세의 철학자들이 칸트의 체계에 행한 수정들을 검토해 볼 필요가 있을 것이다.

헤겔과 변증법

당시 칸트의 《순수 이성 비판》은 초월적 주체의 실존을 확립하는 데 성공을 거두었다. 그러나 이 주체는 좌절감을 불러일으키고 모순되는 입장에 처해 있어서, 어떤 사람은 왜 칸트가 그것을 옹호하려 드는지 의아하게 생각했다. 세 권의 《비판》에서 우리는 우리 주변 세계에 대해 전망적 이해만을 할 수 있고, 그 진정한 본질과 목적은 항상 우리에게는 감추어진 채로 남아 있게 된다는 것을 고통스럽게 깨닫게 되었다. 그리고 여전히 우리가 특정한 관점에서 세계를 지각한다는 깨달음 그 자체가 어떠한 특정한 관점 없이 본 세계의 가능성을 함축하고 있다. 그래서 우리는 결코 얻을 수 없는 정의(定意)에 의해 무조건적 인식을 끊임없이 뒤좇아가도록 되어 있다는 비극적인 궁지에 빠져 있는 것이다. 실상 경험으로부터 우리의 인식을 벗어나게 하기 위해 애쓰자마자 우리는 화해할 수 없는 모순 속으로 곧장 빠져들게 된다. 칸트는 이러한 모순들을 이율 배반이라고 불렀다. 한 가지 예를 들어 보자. 인과의 개념은 '우리에게' 참이라는 것이 쉽게 증명된다. 우리가 겪을 수 있었던 어떤 특수한 경험에 인과의 법칙이 적합할 것이다. 그렇지만 만일 경험의 영역에서 벗어나 우주의 총체성에 인과의 개념을 적용시키고자 한다면 우리는 이율 배반에 빠지게 된다. 그것은 즉 양면이 모두 똑같이 우리에게 참인 모순을 말한다. 우주가 궁극적인 원인을 갖고 있지 않다는 주장과, 무엇인가가 전 우주를 유발했다는 주장에 똑같은 의미를 부여하는 것이다. 달리 말하자면 사물들 그 자체에 현상에 대한 우리의 지각을 옮기려는 시도이기도 한 총체성에 대하여 전망적 인식을 적용하려는 시도에서 이율 배반이 비롯된다. 칸트에 따르면 우리는 절대적이고 영원한 사물들의 본질에 대한 인식을 주장함으로써, 우리 자신의 관념들을 물화하려는 유혹에 저항해야만 이율 배반에 빠져드는 것을 피할 수 있다.

주체가 절대적으로 참인 어떠한 인식도 할 수 없다는 이와 같은 생각은 인간의 존엄성에 대한 모욕으로 해석되기 쉽다. 최선의 시도가 항상 이미 실패할 운명이었다는 것을 알면서도 이러한 진리를 끊임없이 갈망하도록 운명지어진 한 존재가 있다는 것은 참을 수 없는 비극이자 쓸모없는 부조리 같다. 이렇듯 불행한 존재가 바로 우리라는 것은 이중으로 참기 어려운 것 같다. 정신이 세계에 대하여 그것의 범주들을 부과한다고 주장함으로써, 그러한 범주들이 우리가 실재에 대해 알 수 있는 것을 산출한다고 주장함으로써 칸트는 한때 주체에게 전례 없는 자유를 주었으며, 주체가 알기를 갈망하는 것에 대한 범위를 확고하게 한정했다. 우리는 우리 주변 세계에 대한 어떤 완벽한 인식도 삼가는 것을 대가로 물질적 제약들로부터 우리의 독립성을 부여받았다. 많은 후세의 사상가들이 우리가 처한 궁지에 대한 칸트의 묘사를 도전으로 받아들였다. G. W. F. 헤겔을 비롯한 몇몇 사람은 그것을 도발로 받아들였던 것 같다.

헤겔은 절대적 인식에서 극복할 수 없는 것으로 가정된 장애물들을 제거하면서, 우리가 칸트로부터 수집한 주체의 자유를 유지하기를 원했다. 사물 그 자체는 그에게는 치명적인 부조리함으로 보였다. 우리가 결코 어떠한 인식도 할 수 없는 그 무엇을 철학적 개념으로 유지하는 것의 핵심은 무엇인가? 실제로 만일 우리가 사물 그 자체에 대해 아무것도 알 수 없다면, 우리는 어떻게 그것이 존재한다는 것을 알 수 있는가? 우리로 하여

금 사물들의 외양——정신에 의하여 우리에게 단정된 실재——이 사실
상 유일한 실체라고 주장하지 못하게 하는 것은 무엇인가?

이와 같은 주장을 견지하기가 어려운 까닭은 실제로 많이 있다. 첫째,
우리의 개념들은 지속적으로 변화하고 있으며, 여기에는 어떤 이유가 있
음이 분명하다. 인류의 역사는 한 시대의 가장 소중했던 믿음들이 후대에
가서는 순전한 망상으로 간주되는 일이 아주 흔하다는 것을 보여 준다. 사
물 그 자체의 완벽한 접근 불가능성은 사물들을 '그릇된 것'으로 받아들
이는 인간 존재들의 이러한 경향에 대한 하나의 설명을 제공해 준다. 그러
나 헤겔은 이러한 해결책을 받아들이기를 거부했다. 그 대신에 헤겔은 진
리는 당연히 역사적인 것이라는 근본적인 개념을 발전시켰다.

꽃봉오리는 꽃의 갑작스런 개화에 사라지고, 전자는 후자에 의해 쫓겨난
다고 말할 수도 있겠다. 유사하게, 열매가 나타날 때 이번에는 꽃이 그 식
물의 거짓 현시로 보이게 되며, 대신에 이제 열매가 그 식물의 진짜 현시로
서 판명된다.[14]

과실의 외양이 꽃이 '그릇되었음'을 의미한다고 말하는 것은 전혀 이치
에 닿지 않는 것이 분명하다. 과실은 꽃에서 자라며, 그것 없이는 존재할
수 없을 것이다. 그리고 여전히 과실은 어쨌든 꽃보다 더 '참되며,' 혹은
달리 말하면 과실은 꽃의 진리이다. 헤겔은 인간의 사유 과정이 유사한
방식으로 진행된다고 믿는다. 인류의 역사는 유기적인 통일체를 형성하
며, 그 안에서 각 개별적인 계기는 전체와의 관계 속에서만 이해될 수 있
다. 《정신현상학》(1807)에서 헤겔은 이 전체에 대하여 '절대 마음' 혹은
'절대 정신'으로 번역할 수 있는 가이스트(Geist)라는 이름을 붙인다. 이
전체는 헤겔에 앞서서 표명했던 데카르트의 '나' 그리고 칸트의 초월적
주체와 같은 '절대적 주체'와 밀접하게 연관되어 있으나, 헤겔은 앞선 두
철학자들의 작업과는 달리 자신의 《현상학》에서 절대 정신의 범위 바깥에

아무것도 남겨 놓지 않으리라고 결정했다.

그 책에서 헤겔이 취한 방법론을 흔히 '변증법적인' 것이라고 한다. 이 용어는 플라톤까지 거슬러 올라가는 것이지만, 헤겔은 거기에 근대적인 특징을 부여했다. 헤겔의 변증법은 자기-동일적인 전체들의 존재를 부인한다. 이것은 즉 헤겔이 아무것도 없다고, '그 자체 내에' 아무것도 존재하지 않는다고 생각했음을 의미한다. 오히려 모든 자기 정체성은 상관적인 것으로 그것과 다른 정체성들과의 관계에 의해 형성되거나 혹은 결정된다. 이것은 일시적인 관점에서 볼 때 참이다——예컨대 꽃의 정체성은 꽃봉오리와 과실에 의존한다. 이것은 또한 논리적 관점에서도 참이다. 예컨대 '질료'의 개념은 '이데아'의 개념과 관련지어져야만 설정될 수 있는 것이다. 따라서 '이데아'의 개념이 '질료'의 개념을 구성하며——그 역도 마찬가지이다. '대립물들의 상호 침투'라고 일컬어지는 이러한 주의는 허위 의식에 관한 차후의 이론들에 대하여 크나큰 중요성을 띠고 있다.

헤겔은 한 이분법의 대립하는 극단들이 서로를 규정하고 서로의 정체성을 구성한다는 개념을 만들어 내지 않았다. 이런 생각은 서양 문학에서는 어느 정도 규칙성을 띠면서 제기된다. "미친 제인이 주교님과 이야기한다(Crazy Jane Talks With the Bishop)"(1932)에서 W. B. 예이츠의 이름을 딴 여주인공이 "미(美)와 추(醜)는 친척이죠. 그리고 미는 추가 필요해요(Fair and foul are near of kin/And fair needs foul)"[15](7-8행)라고 할 때, 그녀는 3세기 이상 앞선 셰익스피어의 마녀들의 예언적 계시인 "미는 추요, 추는 미이다(Fair is foul, and foul is fair)"(《맥베스》 1막 1장, 11)를 모방하고 있다. 그러나 헤겔은 상관적인 정체성의 이론을 완벽하게 일관된 철학적 체계로 도식화시키고, 그것을 모든 인류 역사와 인식의 동인 그 자체로 만듦으로써 거기에 가장 중요한 역할을 부여한 최초의 인물이었다.

헤겔은 절대 정신이 그 자체의 실존을 인식하게 되려면 그 자신을 규정해 줄 수 있는 하나의 대립물, 즉 타자를 창조해야 한다고 말한다. 절대 정신이 (물론) 정신적인 것이므로 이 타자는 물질적인 것만 될 수 있다. 실상 질료의 객관적 세계는 절대 정신의 이러한 자기 소외 바로 '그것이다.' 칸트는 초월적 주체가 그 자신의 경험의 토대들을 선험적 범주들에서 창조한다는 것을 이해했을 때 이런 상황을 간파했다. 그러나 그의 사유는 '역사주의적'이라기보다는 '형식주의적'이었기 때문에 주체가 사물 그 자체를 상황의 영원하고 회피할 수 없는 상태로 인지하는 것이 불가능하다고 보았다. 헤겔의 시각으로 보자면 이것은 절대 정신이 물질계가 그 자신의 객관화된 형태임을 깨닫지 못한 채로 남아 있는 동안에 부속되는 조건일 뿐이다. 사유의 역사는 절대 정신에 의한 이러한 사실의 점진적인 실현을 보여 준다. 일단 절대 정신이 완벽한 자의식에 도달하면, 일단 절대 정신이 외부 세계를 그 자체의 소외되고 객관화된 형태임을 인지하는 법을 습득하게 되면, 주체와 객체의 대립은 사라지고 인류 역사는 그 목적을 달성하게 될 것이다.

인지 불가능한 사물 그 자체라는 칸트의 개념에 내포된 문제는, 헤겔에 따르자면 "인지에 대한 특정한 관념들을 도구와 매체로 보는 것이 합당하며, 우리 자신과 이 인식 사이에는 차이가 있다고 생각하는 것이다."(47) 칸트의 이와 같은 추정들을 받아들이면 인간의 인식이 결함 있는 도구이며, 필연적으로 사물 그 자체에 부적절하다는 주장이 가능하다. 그러나 만일 헤겔의 생각대로 우리 자신과 우리의 인식 사이에서 의미 있는 구분을 도출하지 못한다면, 우리가 존재를 인식할 수는 있지만 그 자질을 알 수 없는 무엇인가가 있다고 주장하는 것은 무의미한 일이다. 우리가 그 자질들을 인식하지 못한다는 것은 단순히 '우리에게' 그것이 아무 자질도 갖고 있지 않고, 그러므로 존재하지도 않는다는 것을 의미한다. '우리를 위한'과 '그 자체 내에' 사이의 칸트적 구분은 따라서 사라지게 된다. 헤겔이 말하듯이 '그 자체 내'는 "단지 '의식을 위한' 그 자체 내였다."(54)

여기에서 도출될 수 있는 한 가지 가능한 결론은 우리가 정말로 대상들을 실제 그대로 인지한다는 것이다. 그러나 헤겔은 나아가서 우리의 감각-인지가 세계에 대한 투명한 접근을 제공해 주기는커녕 실제로는 절대적 주체로부터 매개된 발산물들임을 증명해 준다는 것을 계속 입증한다. 그는 모든 감각-인지가 '지금' 그리고 '여기' 라는 개념에 좌우된다는 것을 부각시킨다. 그러나 그러한 개념들은 존재하는 그 무엇도 가리키지 않는다. 우리는 '지금' 현재에 살아간다고 말하며 그렇게 생각한다. 그러나 실상 인식은 시간이 걸린다. 그러므로 우리는 현재를 인식하는 것이 아니라 단지 과거를 보는 것뿐이다. 그리고 과거는 당연히 존재하지 않는다. 그와 유사하게 '여기' 라는 개념은 단지 형식적 범주일 뿐이며, 단순히 바꿈으로써 전혀 다른 내용으로 채워질 수 있는 것이다. '지금' 과 '여기' 라는 관념은 그것 없이는 어떠한 감각-인지도 불가능한 것인데 단순히 '보편적인' 개념들이며, "감각-확실성의 진정한 내용은 보편자이다."(60)

경험이 보편적 개념들로부터 산출되기 때문에 진리로 가는 경험적인 통로는 막혀 있다. 칸트도 그와 유사한 결론에 이르렀다. 그러나 데카르트처럼 칸트는 개별자 내에 초월적 에고를 존속시켰는데, 그 에고는 '우리를 위한' 진리를 궁극적으로 보장해 주는 것으로서 작용할 수 있다. 헤겔은 그와 같은 개별적 주체 내에서 인식을 확립하는 선택권을 고려한다.

한결같은 **지금**과 **여기**의 소멸은 내가 그것들을 꼭 붙잡고 있다는 사실에 의해 방해받는다. '지금' 은 우리가 그것을 보기에 낮이다. '여기' 는 같은 이유로 나무이다. 그러나 이 관계에서 감각에 의한 확신은 앞에서와 똑같이 그 자체에 대한 변증법적 활동을 경험한다. 이 '나' 인 나는 나무를 보고 '여기' 가 나무라고 단언한다. 반면에 또 다른 '나' 는 집을 보고 '여기' 는 나무가 아니라 집이라고 주장한다.(61)

그래서 '나' 라는 개념 역시 유동적이고 흐릿한 일련의 인상들에 부과된 하나의 '보편자' 이다. 우리는 여기에서 흄이 아주 똑같은 결론에 이르렀다는 것을 떠올릴 수 있다. 그러나 회의주의로 되돌아가는 것이 헤겔의 목적은 아니다. 그와 반대로 헤겔은 즉각적인 진리를 위한 모든 가능한 토대들을 제거함으로써 자신이 그와 같은 기만적인 환상들 아래에 있는, 실재하며 궁극적인 진리를 드러내기 위한, 인류를 위한 잠재성을 확립해 왔다고 믿고 있다. 헤겔의 사상에서 칸트의 개별적인 초월적 자아의 특징들은 절대적 주체로 확대된다. 물질적 우주를 창조하고 물질적 우주이기도 한, 그리고 은밀하고 개별적인 인간 주체들의 물질적 작용을 통해 작용하는 보편적인 절대 정신 말이다.

《정신현상학》에서 헤겔은 '대진리는 전체다' (11)라는 유명한 선언을 한다. 여기서 그는 우리가 개별적 관념들을 절대적 주체와 관련지어서 생각할 때에만 개별적 관념들이 적합한 의미를 띠도록 할 수 있다는 것을 의미한다. 우리는 여기서 칸트의 경우에 이것이 정확히 우리가 해서는 '안 되는' 것이었음을 상기하게 된다. 칸트는 우리가 총체성에 대해 판단을 내리고자 할 때 화해할 수 없는 모순들 혹은 이율 배반에 맞닥뜨리게 된다고 주장했다. 헤겔은 실상 모든 개념은 대립되는 계기들의 통일체로 이루어져 있다고 반박했다. 감각적 인지의 흐름에서 추상적인 개념을 형성하기 위해서 우리는 이와 같은 혼란스러운 자료들을 결정적인 형태, 즉 실재하는 갈등들의 일시적이고 인위적인 화해를 포괄할 결정적인 형태로 억지로 밀어넣어야 한다. 우리의 관념들은 이러한 '대립물들의 상호 침투'에서 형성된다. 그러나 개념 내의 모순들은 헤겔이 변증법적 분석이라 부르는 것에 의해 드러날 수 있다. 더군다나 이러한 모순들은 시간의 흐름 속에서 해결되어 하나의 종합을 야기시키는데, 이 종합도 차례로 새로운 모순 등을 포함하고 있다.

따라서 '대진리는 전체다' 라는 헤겔의 선언은 우리에게 역사적 관점을 주목하게 한다. 그는 더 나아가 "전체는 그 발전을 통하여 그 자체를 완성하는 본질 그 자체이고, 절대 정신은 근본적으로 하나의 '결과,' 종말에 가서야만 진정한 그것으로 존재하는 것"(11)이라 말하는 것이 틀림없다. 헤겔이 여기에서 한 일은, 칸트의 개별적 주체의 인식론을 신의 섭리의 역사라는 유대 기독교적 관념과 통합한 것이다. 그는 역사란 그것을 사는 사람들에게 점진적으로 드러나는 의미를 갖고 있다는 오래된 관념을 되살려 낸다. 이는 무엇보다도 진리가 변화하며 역사와 함께 발전한다는 것을 의미한다. 헤겔에게 체계적인 허위 의식은 이러한 사실을 무시하는 데서 비롯되는 결과이다.

일상적 알기 또는 철학 연구에 있어서 사유의 한 방식인 독단론은 진리가 고정된 결과인 명제, 혹은 즉각 알려진 명제 속에 있다는 견해일 뿐이다.(23)

헤겔의 추종자들이 곧 '이데올로기'라고 부르게 된 것은 추상적 합리주의에 대한 비판으로 바로 여기에서 나온 것이다. 헤겔이 언급하고 있듯이 인간의 이성이 발전하지 않으며 역사의 전진과 더불어 대체되지 않을 고정된 진리들을 획득할 수 있다고 생각하는 것은 '독단'이다. 개념이 '즉각적인 것'이라고 주장하는 것, 즉 개념이 다른 개념들의 영향과 내적 모순으로부터 해방된 독립적이거나 '본질적인' 실존을 지니고 있다고 주장하는 것도 역시 '독단'이다. 20세기 철학자들은 이와 같은 두 가지 오류로 가득 찬 경향을 각각 '무역사주의'와 '본질주의'라고 부를 것이다. 헤겔에게서 이런 종류의 잘못된 사유는 '미숙한 통찰력'을 산출하는데, 이것은 종교적 미신과 정치적 억압을 융성하도록 해준다. 이런 일은 자동적으로 혹은 우연히 일어나는 것이 아니라

일반 대중을 속이려는 악한 의도의 결과이다. 대중은 자신만이 유일하게 통찰력을 소유하고 있다고 시기심 있는 자만심으로 주장하고, 다른 이기적인 목적을 추구하는 성직자의 사기의 희생자이다. 동시에 성직자는 대중의 나쁜 통찰력과 성직자의 나쁜 의도보다 위에 있는 전제 정치와 공모하고 한통속이 된다.(330)

그래서 헤겔은 우리가 지금까지 분석해 온 대부분의 사상가들과 마찬가

지로 전제적인 통치자들이 어떻게 백성들에게 허위 의식을 의도적으로 주입하는가를 보여 준다. 프랑스 혁명에 대한 언급에서 헤겔은 '이러한 세 가지 양상의 적들' ——허위 의식, 성직자의 정략, 폭정——이 칸트를 따라 그가 '계몽'이라 부르는 힘에 의해 공격의 대상이 된다고 지적한다. 그러나 헤겔의 대립물들의 변증법적 상호 침투 이론은 계몽 그 자체가 정복하려고 애쓰는 바로 그 힘들에 의해 결정된다는 결론으로 그를 이끌고 간다.

모든 편견과 미신이 없어진다면 다음에는 무엇인가? 계몽주의가 그것들 대신에 전파하는 진리는 무엇인가?라는 의문이 제기된다. 이러한 긍정적인 취지는 오류의 근절에 있다고 이미 밝혔다……. 신앙으로 절대 정신인 것에 접근하면서 계몽주의는 특별한 것으로서 나무·돌 등등의 실재물을 발견하는 어떤 확정성을 설명한다. 이러한 방식으로 일반적인 모든 확정성, 즉 인간 실재와 (단순한) 관념 같은 모든 내용과 속을 포착하기 때문에 절대 존재는 어떤 확정성도 어떤 속성도 있다고 할 수 없는 진공이 된다.(340)

계몽은 미신과 우상 숭배를 제거하는 핵심적인 수단을 제공해 준다. 이어서 루소가 주체를 주체들의 객관적 경험들의 총합이라고 강등시킨 계몽주의 철학자들에 반발하고 개별적 주체를 찬미했지만, 오히려 그가 비판한 바로 그 신조들에 의해 주체가 결정될 수 있음을 보여 주듯이 계몽 그 자체의 본질은 그것이 공격하는 선입관들에 의해 규정된다. 헤겔에게서 허위 의식에 대한 비판이란 다시 한 번 미신의 우상들이 '인간의 총체(들)'일 뿐임을 폭로하는 것이다. 그러나 사유의 부정적·비판적 양태일 뿐이므로 계몽은 우상파괴자들이 신인동형론적으로 만들어 놓은 절대 정신에 대해 대안적인 자질들을 제안할 수가 없다. 그 결과 계몽은 그것이 공격하는 미신과 완전히 무관한 것으로 자신을 인지하는데, 이것은 아주 잘못된 것이다. "그것은 자신이 신념을 가지고 단죄하는 것이 바로 자기 자신의 사유라는 것을 알지 못한다."(344) 헤겔이 여기에서 지적하고 있는 위험은──그리고 후대의 역사에 의해 충분히 견지된 것이 바로 이 점이다──우리가 이데올로기를 비판하기 위해 사용하는 방법론이 이데올로기 그 자체가 되기 쉽다는 것이다.

청년 헤겔주의자들

헤겔은 상대적으로 보수적인 사람으로서, 공식적으로는 프로이센 왕국 성립의 공인된 지주로서 생애를 마쳤다. 그러나 그의 사상에 내재된 현격한 급진성은 1840년대 베를린에서 활동했던 추종자들의 세대 전체를 흥분시켰다. 청년 카를 마르크스와 프리드리히 엥겔스를 포함한 이 집단은 '자유파'로 알려졌고, 지금은 '청년 헤겔주의자'라고 불린다. 이 젊은 급진주의자들──그들 대부분이 가장 중요한 저작을 출판했을 때 20대였다──은 헤겔의 사유를 역사화의 측면에서 포착했으며, 그것을 정치 혁명의 이론으로 발전시켰다.

헤겔의 《현상학》은 본질적으로 신학이다. 기독교는 스스로 인간의 모습으로 현현하는, 그리고 그 신의 섭리가 인간의 역사를 당신과의 궁극적인 화해로 인도하는 영적인 하느님을 믿는다. 헤겔은 많은 부분 똑같은 화법을 사용하지만 그것을 철학적인 용어로 옮겨 놓고 있다. 그러나 이것은 많은 사람에게 신성모독적인 것으로 여겨졌는데, 다비트 슈트라우스의 《예수의 삶》(1835)이 출판됨으로써 그러한 사실이 드러나게 되었다. 프러시아 학계에서 느낀 공포에 대해 슈트라우스는 복음서들이 역사적 사건들의 문자 기록으로 읽히기 위한 것이 아니라, 경험적으로 정확하지 않지만 그럼에도 불구하고 '실재'했던 진리들에 대한 '신화적' 혹은 상징적 설명으로 읽히기 위한 것이라고 밝혔다. 슈트라우스의 목적은 기독교를 공격하는 것이 아니라 볼테르와 합리주의적 '계몽주의 철학자'들의 조롱 섞인 공격으로부터 기독교 정신을 옹호하는 것이었다.

합리주의자들에 대한 자연스러운 설명과 이신론자들에 대한 익살스러운 해설 둘 다 역사 기록에서 모든 신적인 의미를 희생시키는 반면에, 여전히 그 역사적인 성격을 지지하는 의견 형태에 속한다. 신화적 설명 양식은 성스러운 설화들을 절대적으로 고유한 진리로 보존하기 위해 그 설화들의 역사적 실체를 포기하는 우화적 설명 양식과 일치한다.[16]

그래서 슈트라우스는 자신의 '신화적' 방법론을 고대의 '우화적' 해석 방식과 비교함으로써 그 방법론을 정당화하고자 시도하고 있다. 실상 그의 작품은 교부학 주석자들과는 공통점이 거의 없지만 말이다. 더 나아가 그는 "그러므로 이 두 가지 설명 방식 사이의 근본적인 구별은 우화적 해석 방법에 따르면 더 높은 이 정신이 즉각적인 신의 대리이며, 신화적 방법에 따르면 그것은 한 사람 또는 한 공동체의 정신이다"(26)라고 말한다. 1835년의 프로이센에서 이것은 깜짝 놀랄 만한 고백이었다. 슈트라우스는 복음서들이 신성의 직접적인 표현이 아니라 '어떤 사람의 정신'에 의해 매개되었다고 주장했던 것이다. 달리 말하자면 그는 성서적 영감의 원천이 인간적임을 주장하고 있었다.

이것은 그후 철학의 역사를 지배하게 되는 급진화된 헤겔주의의 최초 폭발이었다. 슈트라우스의 주장은 인간의 매개를 통해 작용하는 보편적 영성인 '절대 정신'이라는 헤겔의 개념에 의거하고 있기 때문에 그럴듯했다. 칸트와 헤겔이 결합되어 나타난 효과는 순수하게 합리적이고 논리적인 과정을 통하여 인간의 사유와 역사를 결정하며, 물질계에서 그 자신을 객관화시키는 절대 주체의 존재를 정립한 것이었다. 슈트라우스는 기독교의 진리가 역사적 증거의 모호한 진실성에 의거하기보다는 이러한 철학을 통하여 훨씬 더 확실하게 정립될 수 있다고 생각했다. 실제로 슈트라우스는 예수 그리스도의 역사적 실체를 헤겔의 독트린들로부터 연역했다.

합리적인 것은 또한 실재적이기도 하다. 이 관념은 칸트의 도덕적 명령일 뿐 아니라 현실이다. 이성의 관념으로 입증되기 위해서는 신의 본성과 인간의 본성의 일치 또한 역사적 존재가 있어야만 한다.(46)

프러시아 지도 계층의 성직자와 학자들에게 이것은 좋게 말해 상황을 퇴행시키는 것이었고, 27세의 슈트라우스는 학계로부터 영원히 추방되었다. 그러나 그의 책은 무시무시한 영향력을 발휘했다. 사람들은 최근 베를린의 존귀하고 금욕적인 현자 헤겔이 실제로 루터 이후 가장 위험한 인습타파주의자였음을 이해하기 시작했다.

그러나 슈트라우스가 자기 사유의 혁명적 함의들을 명백히 드러낸 것은 헤겔에 대한 비판적 재해석을 통한 것이었다. 슈트라우스가 기독교의 '영적' 근원을 지상의 '어떤 사람의 정신'으로 끌어내렸듯이, 다른 청년 헤겔주의자들도 스승의 독트린들이 실질적인 사건들과 연관되어 있음을 보여 주기 위해 바삐 움직였다. 1842년의 한 신문 논설에서 아르놀트 루게는 "우리 시대는 정치적이다, 그리고 우리의 정치는 이 세계의 자유를 의도한다……. 이러한 실존에 대한 이론의 적용이 헤겔의 정치적 사유에는 결여되어 있다"[17]고 밝혔다. 루게의 시각으로 보자면 '헤겔의 이론 회귀' (230)는 자기 의식을 향한 정신의 당당한 진보를 재촉하기 위한 우리 자신의 의지에 아무 도움도 줄 수 없는 의사-종교적인 결론으로 헤겔을 이끌었다. 반면 루게에 따르면 절대 정신의 소외가 인간의 작용을 통해 극복되어선 안 될 이유가 없다. "추상적인 신학적 정신의 와해는…… 그것을 정치적 삶에 연루시킴으로써 초래되어야 한다."(256) 그래서 루게는 헤겔의 이론과 정치적 실천을 통합함으로써 물질과 관념 사이의 오래된 구분을 없앨 것을 제안한다.

마르크스 · 엥겔스와는 별도로 그 영향력이 가장 중요하고도 오래 지속되었던 청년 헤겔주의자가 루트비히 포이어바흐였다는 것은 의심의 여지가 없다. 마르크스가 헤겔을 거꾸로 서게 했다는 말들을 흔히 한다. 실상 이 진술은 포이어바흐의 업적에 더 적합한 말이다. 아니면 약간 다른 말로

이 관계를 표현해 보자면 "소크라테스에게 독미나리 독약 사발이 그러했듯 포이어바흐는 헤겔에게 그런 존재였다."[18] 《그리스도교의 본질》(1841)에서 포이어바흐는 슈트라우스의 헤겔에 대한 수정을 논리적 결론으로 수용한다. 서문에서 밝히고 있듯이, 그는 "동양의 기독교라는 종교를 이미지리의 언어로부터 쉬운 말로 충실하고 정확하게 옮기는 일"[19]을 수행하고자 한다. 그래서 슈트라우스처럼 포이어바흐도 기독교의 진정한 의미를 드러낼 것을 제안한다. 그러나 슈트라우스와는 달리 그는 유물론의 방법론들을 사용하고자 한다. "나는 대상을 사유에서 발생시키는 것이 아니라 대상에서 사유를 발생시킨다."(xxxiv) 그래서 종교는 물질계 내의 어떤 인과적 요인들에 상응하는 관념적 반성이 된다.

> 종교는 인간 정신의 꿈이다. 그러나 꿈속에서 우리는 공이나 혹은 천국에서 우리 자신을 찾는 것이 아니라 지상에서, 실재의 영역에서 찾는다. 우리는 단지 실재물들을 실체와 필요성이라는 단순한 빛 속에서가 아니라 상상력과 공상이라는 황홀한 광휘 속에서 보는 것이다.(xxxix)

이것은 정확히 칸트와 헤겔의 방법론의 역이며, 그리하여 포이어바흐의 저작은 독일 철학으로부터 근본적으로 이탈하고 있음을, 관념론을 떠나 유물론을 향하고 있음을 나타낸다. 그는 세계에 대한 진리가 하느님이든, 아니면 선배들이 제안해 온 다양한 철학적 대체물들이든 어떤 외계의 존재에게 있다는 생각을 거부한다.

> 이 철학은 스피노자의 본질도, 칸트와 피히테의 자아도, 셸링의 절대 본질도, 헤겔의 절대 정신도, 간단히 말해 추상적인 단순한 개념적 존재가 아니라 실재적인 것, 진정한 가장 실재적인 존재자(Ens realissimum), 즉 인간을 그 원리로 삼는다.(xxxv)

따라서 종교의 기원 문제에 대해 포이어바흐는 스핑크스의 수수께끼에 답하고 있는데, 그것은 바로 인간이다. 이데올로기가 항상 인간의 자질과 활동들을 물화(物化)한다는 주장이 포이어바흐의 저작에서 본보기가 되고 있다. 그는 인간이 동물과 구별되는 것은 인간이 자기 의식에 도달할 수 있기 때문에, 다시 말하면 우리가 하나의 종임을 깨달을 수 있기 때문이라고 말한다. 우리는 여기에서 칸트의 영향을 분명히 알 수 있다. 포이어바흐는 인간 존재가 개념화의 능력, 즉 보편적인 것 아래에 특수한 것을 포괄할 수 있는 능력에 의해 정의된다고 말하고 있다. 우리가 우리 자신을 개념화할 때, 우리는 '유적 존재'로서 '인간'의 개념에 따라가게 된다. 세계의 지도 원리로서 데카르트의 에고, 칸트의 주체, 헤겔의 절대 정신과 같은 더욱 막연한 총체들을 대체해야 하는 것이 바로 이 일반화된 개념으로서 '인간' 개념이다.

포이어바흐에 따르면 하느님은 '유적 존재'로서 일반적으로 본 '인간'의 무한한 능력들의 '소외'(요즘은 '투영'이라고 부를 것이다)일 뿐이다. 이것은 기독교가 성육신의 상징을 통해 재현하는 진리이다.

신과 인간의 대조는 전적으로 실체가 없는 것임을, 일반적인 인간 본성과 개별 인간 사이의 대조에 불과함을 보여 주는 것이 우리의 임무이다……. 신은 인간일 뿐이다.(13-14)

포이어바흐에 따르면 종교의 역사는 이러한 사실의 지속적인 폭로이다.

여기서 종교의 역사적 발전은 다음과 같이 존재한다. 초기 종교에 의해 객관적인 것으로 여겨졌던 것이 이제는 주관적으로 여겨진다. 즉 이전에 절대 신으로서 명상했고 숭배했던 것을 이제는 인간적인 것으로 인식하게 되는 것이다. 처음에 종교였던 것이 나중에는 우상이 된다. 인간이 자신의 본성을 숭배했던 것처럼 보이는 것이다. 인간은 자신에게 객관성을 부여했지만, 그 객체를 자신의 본성으로서 인식하지 못했다. 신교는 이렇게 앞으로 나아간다. 종교에서 모든 진보는 그러므로 더욱 심오한 자기 인식이다.(13)

포이어바흐는 하느님이 인류의 소외된 개념에 불과하다는 것을 마침내 입증함으로써, 종교 전반을 위한 이러한 과업을 완수했다고 믿었다. 우리는 여기에서 그가 헤겔이 사용한 용어들을 단순히 뒤집고 있다는 것을 주목해야 한다. 헤겔이 객관적 세계를 절대 정신의 자기 소외로 보았을 때, 포이어바흐는 절대 정신을 사멸하는 인간의 자기 소외로 보았다. 그러나 그가 헤겔을 뒤집었을 뿐이기 때문에 포이어바흐는 자신이 이미 정립되었다고 여긴 근본적인 개념적 장치로부터 떠나지 않은 것이다. 그러므로 그 역시 절대 정신이라는 개념을 견지하고 있고, 단지 이 총체를 일반화된 인류의 개념, 그 유적 존재와 동일시하고 있을 뿐인 것이다. 그래서 그는 인류의 형태로 된 물질이 하느님의 형태로 된 이상을 발생시키고 결정한다고 주장하는 것이다. 말하자면 포이어바흐는 유물론적 결정론자이다.

우리는 또한 이러한 입장이 헤겔의 변증법과 전혀 양립될 수 없다는 것을 명심해야 한다. 변증법은 모든 양분된 대립을 환상으로 보는데, 왜냐하면 그 대립들이 대립물들의 상호 침투에 의해 생성되고 지지되기 때문이다. 따라서 모든 대립이 서로를 결정하기 때문에 대립의 한 극단(즉 물질)이 다른 극단(즉 관념)을 '결정한다'고 주장하는 것은 비변증법적이다. 예컨대 헤겔에게서 정신의 객관화는 정신의 자기 의식의 필수적인 전제 조건이다. 그의 저작이 "사유의 대립물로부터, 질료로부터, 실존으로부터, 감각으로부터 사유를 낳는다"(xxxv)는 포이어바흐의 확신에 찬 주장은 헤겔의 충만한 엄격성으로부터 불행히도 떨어져 나가 콩디야크와 데스튀트 드 트라시의 순박한 '감각론'으로 후퇴하는 것을 의미한다. 극도로 강력하고 완강한 '유물론적 헤겔주의'를 탄생시켰던 이러한 오류는 아마도 철학의 역사에서 벌어진 가장 값비싸고 비극적인 실책임이 입증되었을 것이다. 그 이유를 알아보려면 포이어바흐의 가장 투철한 추종자인 카를 마르크스의 저작으로 가보아야 할 것이다.

4

마르크스주의

> 우리의 작품들은 정신이 처음으로 그 타고난 생김새를 알아보는
> 거울이다.
>
> 토머스 칼라일, 《의상철학》[1]

마르크스와 유물론

마르크스주의는 유물론과 지울 수 없는 연관성을 갖게 되었다. 마르크스 자신이 관념은 물질적 환경에 의해 기계적으로 결정된다고 믿었다고 많은 마르크스주의자들이 생각해 왔다. 여기에서 마르크스주의자들은 콩디야크와 데스튀트 드 트라시 같은 초기의 '형이상학적' 유물론자들을 상기했다. 그러나 그들은 원래 헤겔에 의해 고무된 역사적 과정에 대한 강조를 위해 이 유물론에 합세했다. 그래서 그들은 우리의 객관적 정황들과 주관적 관념들이 모두 역사의 흐름에 따라 어쩔 수 없이 변화하고 발전하며, 이러한 과정이 경제라는 물질적 동력에 의해 추진된다고 주장하게 되었다. 따라서 한 사람이 살았던 경제 체제의 종류, 그리고 그 사람이 그 체제 내에서 점했던 위치가 그 사람의 의식을 결정하는 것으로 간주되었다.

그러나 마르크스에 대한 이러한 해석은 잘못된 것이며, 이러한 해석이 널리 퍼져 통용되게 된 것은 유감스러운 일이다. 이는 대부분 화제가 되었던 한 논쟁에서 반론을 하기 위해 씌어진 저작인 《독일 이데올로기》

(1845-6)에 그 근거를 두고 있다. 이 저작에서 마르크스의 상대편 논쟁자들은 앞장에서 논의했던 관념론적 청년 헤겔주의자들이었다. 그들을 반박하기 위해 마르크스는 실제로 유물론적 성명서처럼 읽히는 여러 가지 진술들을 하고 있다. 예를 들어 관념론적 헤겔주의와의 결별을 알리면서 마르크스는 이렇게 밝히고 있다.

하늘에서 땅으로 내려오는 독일 철학과는 정반대로 우리는 땅에서 하늘로 올라간다……. 인간의 두뇌 속에서 만들어지는 환상들 역시 항상 물질 생활 과정의 필연적인 승화물이다……. 그래서 도덕 · 종교 · 형이상학과 그 밖의 이데올로기, 그리고 그것들에 대응하는 여러 가지 의식 형태들은 더 이상 자립적인 모습을 가질 수가 없다……. 삶을 결정하는 것은 의식이 아니지만, 의식을 결정하는 것은 삶이다.[2]

후기 저작에서 마르크스가 경제에 초점을 두는 것과 더불어, 이와 같은 진술들은 많은 사상가들을 이데올로기적 현상들을 경제적 발전에 의거하여 설명하는 조잡한 유물론으로 오도해 왔다. 소련에서는 이런 종류의 독법이 제도화되었으며, 정치 권력의 유지와 선전을 가능케 했다. 그러나 관념과 객관적 세계의 관계를 더욱 정교화된 용어들을 통해 보아 왔고, 그리하여 마르크스 자신의 변증법적 접근 방식에 좀더 충실한 채로 남아 있는 대안적인 흐름이 마르크스주의 내에 항상 있어 왔다. 가령 《포이어바흐에 관한 테제》(1845)에서 마르크스는 선조의 환원적 유물론을 비판하기 위해 자기 방식에서 벗어난다.

(포이어바흐의 유물론을 포함하여) 이전의 모든 유물론의 중대한 결함은 사물 · 실체 · 감각이 인간의 감각적 실천으로도 주관적으로도 간주되지 않고, 오로지 대상 혹은 관조의 형태로 간주된다는 것이다. 그래서 유물론과는 모순되게 '적극적인' 측면이 관념론에 의하여 추상적으로 언급되었다.

물론 이것은 실재하는 감각적 활동을 그렇게 인지하지 못한다. 포이어바흐는 감각적 대상들이 관념적 대상들과 실제로 구별되기를 원하지만, 인간의 활동 그 자체를 객관적인 활동으로 간주하지 않고 있다.(V, 3)

따라서 마르크스는 주체와 객체, 관념과 물질의 포이어바흐적 대립에 도전하고 있다. 그는 인간의 활동 혹은 실천에 이와 같은 영역들의 양분법이 대체된다고 주장한다. 이는 정신적 관념들이 물리적 효과로 번역되는 것을 내포하므로 실천은 물질적이면서 동시에 관념적이고, 주관적이면서 동시에 객관적이다. 포이어바흐는 18세기 프랑스 유물론자들과 마찬가지로 잘못된 양극성의 함정에 빠져 있는 것이다.

상황 변화와 교육에 관한 유물론적 독트린은, 상황이 인간에 의해서 변화한다는 것과 교육자 스스로 교육받아야 한다는 것을 망각하고 있다. 따라서 이러한 독트린은 사회를 두 부분으로 나누기 마련인데, 그 가운데 한 부분이 사회보다 우월하다.(V, 4)

마르크스에 따르면 관념을 단지 물질적 조건들에 대한 성찰로 환원시키는 것은 단순한 논리적 오류이다. 우선적인 것이나 결정적인 것으로 한 요소를 고립시킴으로써 포이어바흐는 대립물들의 상호 침투를 무시하며, 사회적 총체성에 대한 통찰을 잃고 있다. 《1844년의 경제학-철학 초고》에서 마르크스는 "그러므로 사유와 존재는 분명히 구분되지만, 그와 동시에 그 둘은 서로 통일체를 이룬다"(III, 299)라고 밝힌다. 분명 우리는 '물질의' 영역에 대해 우리가 또한 인식하고 있지 않다면 한 '관념적' 영역의 개념을 형성할 수조차 없을 것이다. 대립의 극단들은 서로를 창출하고 규정하며, 이러한 사실은 인간의 실천에서 드러나는데, 인간의 실천은 사유와 물질적 활동을 결합시킨다.

자신의 방법론에 의거하면서 마르크스는 "견실한 자연주의 혹은 휴머니즘은 관념론·유물론과 구별되며, 그와 동시에 그 둘을 통합하는 진리를 이룬다"(Ⅲ, 336)라고 한다. 마르크스의 의도는 자신의 방법론이 관념론과 유물론의 종합이 되는 것이다. 실상 이러한 접근 방식들 사이의 이율배반이 허위 의식의 개념을 명확히 결정한다. 마르크스에 따르면 철학자들이 자기 자신을 역사적 과정 바깥에 서 있다고 생각해 왔기 때문에 이것이 생겨나는 것이다. 역사가 관념적인 것과 물질적인 것의 변증법적 상호 침투에 의해 이끌리기 때문에, 철학적 관념들이 그것들이 묘사하는 물질적 과정의 일부임이 이해되고 나면 이 둘 사이의 모순은 제거될 것이다.

우리는 주관성과 객관성, 정신과 물질, 활동과 고통이 그 진정한 안티 테제적 성질을 상실하고, 그리하여 그와 같은 안티 테제들로서 그것이 오로지 사회라는 뼈대 안에만 존재하게 된다는 것을 알았다. 우리는 '이론적' 안티 테제들의 해결이 인간의 실천적 에너지를 통하여 '오로지' '실천적' 방식으로만 가능하다는 것을 알았다. 그러므로 안티 테제들의 해결은 이해의 문제가 아니라, 철학이 이 문제를 단지 이론적인 문제로만 간주하기 때문에 철학은 풀 수가 없는 삶의 '현실적인' 문제이다.(Ⅲ, 302)

여기에서 마르크스는 헤겔의 혁신을 이데올로기 이론에 적용한다. 예전에 관념론자들은 유물론자들이 단순히 잘못 받아들였다고 주장했던 반면에, 유물론자들은 관념론에서 환상의 근원을 찾아냈다. 그러나 여기에서 마르크스는 허위 의식이 실제로 이러한 두 사유 학파 사이의 모순에 있다고 주장한다. 관념과 물질이 총체성을 형성하는데, 이것을 추상적인 요소들로 분해하면 심각한 오류를 초래하게 된다. 물질적 실천과 철학 이론의 일치를 통해 주체와 객체의 해묵은 안티 테제가 해결될 수 있고, 그리하여 더 귀한 진리가 완수될 것이다.

그러나 마르크스는 이러한 대립이 환상임을 결코 의미하지 않는다. 오히려 그것은 이론적인 차원, 그리고 경험적인 차원 모두에서 완벽하게 실재한다. 주체/객체의 관계는 실제로는 왜곡되어 왔다. 따라서 양극단은 실재이며 거짓이다. 이것은 옳지 못한 상황에 대한 적확한 묘사이다. 당대의 많은 사람들처럼 마르크스는 독립된 자아가 그 환경과 적대적 관계로 들어가고 있고, 도구적 이성의 진보가 윤리적 판단을 대가로 치르고서 완성되었음을 깨달았다. (테니슨이 〈록슬리 홀〉(1842)에서 말하고 있듯이 "지식은 오지만 지혜는 꾸물대고, 나는 해변에서 꾸물거린다. 그리고 개인은 시들고, 세계는 훨씬 더하다."[3]) 주체/객체의 대립이 기존 상황의 적확한 묘사이므로 그것이 묘사하는 상황에 따라 달라질 수 있을 뿐이다. 그래서 마르크스가 '포이어바흐에 관한 테제'에서 말하고 있듯이 "객관적인 진리가 인간의 사유에 의해 속성이 부여될 수 있는가 하는 문제는 이론의 문제가 아니라 실천의 문제이다."(III, 2) 헤겔의 절대 정신에 대한 점진적 자기 의식과 마찬가지로 마르크스의 물질과 관념의 일치는 묘사되어야 할 조건이라기보다는 수행되어야 할 임무이다.

이데올로기와 정치적 변화의 관계에 대한 마르크스의 가장 지속적인 분석——《루이 보나파르트의 브뤼메르 18일》(1852)——은 추상적인 이론으로 다루지 않고, 역사적 사건들의 특수한 연속체를 연구하고 있다.[4] 이 텍스트에서 마르크스는 나폴레옹 3세의 무능하고 평판 나쁜 조카 루이가 최근에 어떻게 프랑스에서 쿠데타를 이루어 냈는지를 설명하는 데 주력한다. 우리의 목적에 부합되는 것은 마르크스가 관념에 대해 부여하는 영향력과 그가 물질적 요인들에 부여하는 역할 사이의 복잡한 상호 작용, 대립물들의 변증법적 상호 침투이다. 그는 이 관계의 복잡성을 처음으로 밝히고 있다.

인간이 그들의 역사를 만들지만, 그들은 마음대로 역사를 만들어 나가지는 않는다. 그들은 그들 자신에 의해 선택된 상황에서가 아니라 그들이 직접적으로 부딪힌 과거로부터 부여받고 전달된 그런 상황에서 역사를 만들어 나가는 것이다. 모든 죽은 세대들의 전통은 산 자의 두뇌 속에서 악몽 같

은 무게를 지닌다.(**XI**, 103)

그러므로 사람들이 불가피하게 자기 자신을 발견하는 내재된 객관적 상황들과 그들의 주관적 의지를 그 물질적 환경에 부과하고 그것을 변모시키는 그들의 능력 사이에는 상호 결정이 존재하는 것이다. 마르크스는 헤겔의 말을 빌려 관념과 물질 사이의 대립을 제거한다. 그 영역들이 총체성을 형성한다고 주장함으로써 말이다. 다시 한 번 총체성에 대한 강조로 허위 의식이 관념 또는 물질이 논리적으로 우선하거나, 혹은 원인이 되어 결정하는 환상임을 확인한다. 《루이 보나파르트의 브뤼메르 18일》에서 마르크스는 이 극단성의 극단들 사이를 매개하는 능력인 재현에 관심을 돌린다.

마르크스는 이전 시대의 위대한 혁명가들——루터 · 크롬웰 · 로베스피에르——을 살펴봄으로써 루이 나폴레옹에 대한 연구를 시작한다. 그는 그들이 각기 과거에서 도출한 이미저리들과 상징들로 자신들의 대의명분을 설정했다는 사실을 지적한다. 이와 같은 재현들에서 그들은 "관념들과 예술적 형식들을, 그들의 투쟁 내용의 부르주아적 한계들에 대해 스스로를 속이는 데 필요로 했던 자기 기만들을 찾아냈다."(**XI**, 104) 그들은 재현들을 이용하여 자신을 속일 '필요가 있었다.' 왜냐하면 자신들의 대의명분이 절대적으로 옳고 진실하다고 믿어야 했기 때문이다. 실상 훗날의 역사적 관점에서 보면 그들의 투쟁은 초기 자본주의의 이익을 증진시켜 왔고, 그리하여 모든 인류의 이름으로 특정 계급 사람들에게 봉사해 왔다고 볼 수 있다. 실제로는 모든 인류의 이익에 봉사해 오지 않았으면서도 그렇다고 믿을 필요가 있었기 때문에, 그들은 그들 자신과 타인들에게 그들의 대의명분이 보편 타당성이 있다고 설득하기 위해 상징들과 재현들을 수단으로 사용하였다.

따라서 우리는 마르크스에게서는 재현이 당시 역사에 결정적인 영향을 끼쳐 왔다고 볼 수 있다. 그러나 그 재현은 오로지 그것을 사용한 사람들이 자신들이 무슨 일을 하고 있는지에 대해 스스로를 속이고 다른 사람들을 속여 왔기 때문에 필요한 것이었다. 마르크스는 그것이 끈질긴 경향이라고 경고하고 있다.

그리고 사생활에서 인간은 자기 자신에 대해 생각하고 말하는 것과 실제로 그가 어떠하며 무엇을 하는가 하는 것을 구별하고, 그와 마찬가지로 역사적 투쟁들에서도 인간은 동료들의 언어와 상상적 영감들을 그들의 진정한 유기체와 진정한 이익들, 그리고 그들의 현실을 그들 자신의 관념과 더욱더 구별하기 마련이다.(**XI**, 128)

비록 이와 같은 '상상적' 재현들이 '진짜'가 아니고, '실질적인' 물질적 이득과 동기들을 숨긴다 해도 실제로 사람들이 생각하고 행동하는 방식에 결정적인 영향력을 행사한다. 재현이 단지 물질적 조건들로부터 생겨나는 '반영'이라기보다는 물질적 조건들을 어떻게 적극적으로 결정할 수 있는가를 보여 주는 본보기가 있다. 실상 마르크스는 일부러 자신이 묘사하고 있는 상황에서 국민의 정치적 대표자들이 계급 또는 경제적 이익에 의해 확인될 수 없음을 지적한다. 재현은 독립적이며, 이러한 재현의 자율성은 인류의 일반적인 이익인 양 한 계급의 특정한 이익을 거짓되게 나타내는 의도에 필요하다.

프티부르주아지가 원칙에 따라 이기적인 계급 이익을 강화하기를 원한다는 편협한 견해를 어느 누구도 지니지 않을 것이다. 오히려 해방의 특별한 조건이 그 안에서 현대 사회만이 구원받을 수 있고 계급 투쟁을 피할 수 있는 일반 조건이라고 믿는다. 민주적 대표자들이 정말로 모두 가게 주인들 (shopkeepers)[5]이거나 가게 주인들을 열광적으로 지원하는 사람들이라고 생각하는 사람이 아무도 없는 것과 마찬가지이다. 교육과 개인적 지위에서 그들은 땅과 하늘의 차이만큼 떨어져 있을 것이다. 그들을 프티부르주아지의 대표자로 만드는 것은, 후자가 생활 속에서 벗어나지 못하는 한계를 그들이 마음속에서 벗어나지 못한다는 사실이다.(XI, 130)

특수성이 허위로 일반성 내에 포함될 때 헤겔 언어를 다시 사용하자면, 재현은 원래 거기에 속하지 않는 결정적인 역할을 강제로 맡게 된다. 칸트와 헤겔에게서 개념화 가정이 일반 개념 아래에 있는 특수한 직관의 포용을 수반했음을 떠올린다. 여기서 소시민 계급이 보편적 계급으로서 자기 자신에 대해 허위 개념을 형성하게 되었다. 이 개념의 허위성 때문에 현실에 대한 재현의 정상적인 관계가 왜곡되고 사람들은 재현만을 볼 수 있고, 그래서 사람들은 재현을 현실로 착각한다. 우리는 다시 한 번 우리 자신이 플라톤의 동굴에 있음을 알게 된다.

마르크스는 재현이 물질적이고 본질적이라는 망상을 이데올로기적이라고 간주한다. 재현은 인간 뇌의 산물이며, 인류는 이러한 재현들을 우상화하려는 끊임없는 유혹에 빠져 있고, 이 재현들을 마치 실재인 양 다룬다. 이러한 유혹은 정치적 독재자들의 이익에 봉사하는데, 루이 나폴레옹의 경우가 그러하다. 그의 권력은 자기 자신을 그의 유명한 아저씨로 재현하는 능력에 달려 있었다. 마르크스는 여기서 정치미학의 시초를 묘사하고 있는데, 그 정치미학은 '이미지'와 '인식'이 있는 포스트모던 정치의 격하게 타오르는 관심에서 최고점에 다다른다. 그는 조롱하듯이 언급한다. 루이의

훈련받은 스위스 대머리수리가 나폴레옹의 독수리 역할을 했던 곳인 스트라스부르 원정을 보자. 불로뉴로 침입하기 위해 그는 몇몇 영국인 하인들에게 프랑스 제복을 입힌다. 그들은 군대를 재현한다. 12월 10일의 집회에, 그는 닉 바툼[Nick Bottom; 셰익스피어의 《한여름 밤의 꿈》의 등장 인물]이 사자 역할을 하듯 국민 역할을 하기로 되어 있는 1만 명의 부랑자들을 모은다.(XI, 149)

따라서 루이의 권력은 재현의 허위 자율성에 좌우된다. 혹은 오히려 프랑스 국민들에게 이 자율성을 믿게 하는 그의 능력에 좌우된다. 마르크스에 따르면 그는 가장 무식하고 편협한 요소들 속에서 성공할 수 있다.

나폴레옹 3세는 하나의 계급을 재현한다. 그리고 당시 프랑스에서 가장 많은 수의 계급인 소자작농들…… 역사의 전통에서 프랑스 농부들은 나폴레옹이라는 이름의 한 사람이 그들에게 모든 영광을 가져다 줄 것이라는 기적을 믿게 되었다……. 위대한 나폴레옹의 조카라는 고정관념이 확립되었다. 왜냐하면 그것이 프랑스 국민 중에 가장 많은 수의 계급이 지닌 고정관념과 일치했기 때문이다.(XI, 187-8)

마르크스는 무지와 소외 때문에 농부들이 "스스로를 재현할 수 없으며, 재현되어야만 된다"(XI, 187)고 말하고 있다. 프랑스 국민 대부분은(프랑스가 세계에서 가장 교육 수준이 높은 나라였다) 재현과 실체를 분명히 구분할 수 없었다. 이것이 바로 그들이 허위 의식 속에서 곤경에 처하게 된 이유이며, 루이 나폴레옹의 쿠데타와 독재에 저항할 수도 없고, 또는 심지어 저항하려는 마음조차도 가질 수 없었다.

소외와 재현

앞장에서 칸트가 사물 그 자체를 인식할 수 없는 주체의 능력을 어떻게 인류의 타고난 능력 탓으로 돌렸는지를 보았다. 또한 헤겔이 어떻게 객관적 세계를 절대 정신의 자기 소외로 묘사함으로써 우리 지식에 이 장애물을 역사화했는지 보았다. 마지막으로 포이어바흐는 이 절대 정신이 관념주의의 환상의 형태 속의 '인간' 자신임을 제시한다. 마르크스는 이 서술에서 마지막 신화적 요소를 제거한다. 그에게 포이어바흐의 '인간'과 '유적 존재'의 동일시는 단순히 또 다른 추상이다. 마르크스는 소외되어 온 '인간'의 본질이 추상이 아니라는, 그러나 우리 자신의 행위, 우리의 노동보다 더 신비할 것이 전혀 없다는 인식을 통해서 관념론과 유물론을 통합한다.

포이어바흐는 우리가 '하느님'이라고 부르는 존재가 실제로 인류의 능력의 투영일 뿐이라고 주장했었다. 그러므로 우리가 '하느님'을 경배할 때 우리는 정말로 우리 자신의 소외된 형태를 숭배하는 것이다. 마르크스는 '인간'에 대해 다음과 같이 주목하면서 거기에 동의한다. 인간을 "그들의 두뇌의 산물이 감당 못하게 되었다. 창조자들인 그들은 그들의 창조 앞에 절을 해왔다."(V, 23) 우상 숭배에 대한 종교적인 비난이 다시 커진다. 그러나 마르크스에게 인간 행위의 이 소외된 형태는 우리 노동의 물질적 산물 속에 구체화되어 있다. "노동의 산물은 대상 속에 구체화되어 온 노동이며, 그것은 물질적인 것이다. 그것이 노동의 객관화이다."(III, 272) 이것은 포이어바흐의 추상적인 '유적 존재'라기보다는 인류의 본질의 진정한 객관화이다.

그러나 자본주의 경제에서 이러한 우리 자신의 객관화된 본질은 우리의 것이 아니다. 노동자가 만든 생산물은 자본가에게 속해 있으며, 자본가는 그것을 팔아야 할 상품으로 간주한다. 그래서 마르크스는 자본주의가 객관화뿐 아니라 우리 자신의 소외와 관련이 있다고 주장한 것이다. 더욱이 봉급 노동 체제에서 노동자의 노동력은 상품이 되고, 노동자는 돈을 위해 그것을 판다. 그래서 돈은 객관화된 형태의 인간 노동을 재현한다. 돈이 '보편적인 상품'으로서 그 자체로 기능하고, 모든 것이 돈으로 재단될 수 있고, 모든 것이 교환될 수 있으며, 보편적인 교환을 가능하게 한다. 우리가 상품의 형태로 우리의 행위(말하자면 우리의 삶, 우리의 자아)를 소외시킬 때, 그리고 금융과 시장이라는 추상적인 형태 속에서 이 상품들이 우리의 삶을 지시하고 명령하도록 허락할 때, 우리는 세속적인 형태의 우상 숭배를 범하는 것이다. 우리는 '인간의 수공예품'을 물신화하고, 소외된 인간 행위가 인간 삶 전반에 걸쳐 결정적인 영향력을 발휘하도록 허용한다. 우리의 객관화된 노동이 우리의 주관적인 노동을 지배한다. 마르크스가 《유대인 문제에 대하여》(1843)에서 말하고 있듯 "돈은 인간의 노동과 인간의 실존에서 소원해진 본질이며, 이 소외된 본질이 인간을 지배하고, 인간은 돈을 숭배한다."(III, 172)

돈이 인간 노동을 재현한다는 사실, 돈이 객관화된 인간의 노동이라는 사실은 스코틀랜드 경제학자인 애덤 스미스가 이미 지적했었다. 《1844년의 경제학-철학 초고》에서 마르크스는 루터 이래로 모든 종류의 미신에 대한 비판적 반응을 스미스가 다시 한 번 반복했음을 지적한다. 그는 주체를 객체로 변형시키는 인간 행위의 물신화라고 그 정체를 폭로했다.

> 부의 주관적 본질을——사적 재산 내에서——발견한 이 계몽된 정치 경제에 대해, 사유 재산을 단지 인간에 대적하는 객관적 실체로 여기는 화폐와 중상주의 제도의 신봉자들은 그러므로 물신주의자들, 가톨릭 신자들인 것처럼 보인다. 그러므로 엥겔스가 애덤 스미스를 정치 경제의 루터라고 부르는 것은 옳았다.(III, 290)

다시 한 번 말하지만 초기 경제학자들의 허위 의식은 재현에 대한 잘못된 태도의 결과였다. 돈은 원래 그저 상징이다. 그것은 교환을 편리하게 하기 위한 공분모 역할을 하면서 다양한 대상 사이를 매개한다. 그러나 돈을 위해 자신을 팔 때, 우리는 그 단순한 상징적 역할을 잊어버린 것이다. 마르크스가 《제임스 밀에 대한 논평》(1844)에서 말하고 있듯이

> 이 매개자가 그래서 진정한 신이 된다는 것은 분명하다. 왜냐하면 매개자는 그것이 나에게 매개하는 것에 대한 진짜 권력이기 때문이다. 그것의 숭배 그 자체가 목적이 된다. 이 매개자로부터 분리된 대상들은 그 가치를 상실한다. 여기서 원래는 매개자가 대상들을 재현하는 한 가치를 지니고 있는

것처럼 보인 반면에, 대상들은 매개자를 재현하는 한 가치를 지니게 된다. (III, 212)

이때 마르크스에게 허위 의식의 문제는 재현의 문제이다. 이데올로기는 재현의 매개 기능을 인식하지 못하는 데에 존재하며, 그것이 자율적인 영역이라 가정하고, 그래서 외관을 사물 그 자체로 잘못 판단하는 것이다. 여기서 마르크스의 사유는 분명 칸트적이다. 그러나 마르크스는 칸트의 영향을 자기 정체성이 상대적이고 역사적이라는 헤겔의 견해와 섞는다. 또한 이데올로기는 우리의 개념들이 다른 개념들과의 관계를 통해 매개된다는 사실을 무시한다. '이데올로기적 세분' 과정을 묘사하면서, 마르크스는 "의식에서——법률학·정치학 등에서——관계는 개념이 된다. 이러한 관계를 뛰어넘지 못하기 때문에 관계들의 개념은 마음속에서 고정 개념이 된다"(V, 92)고 말하고 있다.

그래서 마르크스의 이데올로기에 대한 견해에서 세 가지 중요한 요소, 즉 인간 행위의 우상 숭배, 사물에 대한 기호의 착각, 그리고 '관계들'의 '고정 개념들'로 전환이 이루어지는 것을 확인할 수 있었다. 그래서 그는 상당히 '관념주의자'인 것처럼 보인다. 그러나 마르크스의 목적은 자신이 허위 의식의 징후로 본 관념론과 유물론의 대립을 초월하는 것이었다. 이 목적에 따라서 그는 이러한 관념적 오류들을 특별한 경제 체제와 연결시킨다. 이 연결의 본질을 탐구하기 위해서 우리는 이데올로기에 대한 마르크스의 가장 세밀한 비판인 《자본론》(1867)으로 돌아가야 한다.

마르크스는 제1장에서 이루어지는 상품의 세밀한 분석을 근거로 이 작업을 하고 있다.[6] 그는 아리스토텔레스를 따라 사물을 두 가지 방법으로 생각할 수 있다고 한다. 즉 사용될 수 있는 것(이 경우 '사용 가치'와 관련이 있다)과 교환될 수 있는 것(이 경우 '교환 가치'를 생각하게 된다)이다. 상이한 사용 가치가 있는 두 가지 사물(예를 들어 책상과 의자)을 교환하기로 한다면, 그 둘을 동등하게 만드는 방법을 찾게 된다. 'x 책상들=y 의자들' 이라고 말할 수 있는 방법을 찾아야 한다. 실제로 교환을 하려면 의자인 물질적 대상에서 책상의 관념적 가치를 인식할 수 있어야 한다. 그러나 책상이 물질적으로 의자와 같지 않기 때문에 이 등가성은 그저 상징적일 뿐이다. 소외된 관념적 재현, 혹은 '가치의 형태'를 물질적 대상들이 부과하는 것이 틀림없다. 그러므로 우리는 더 이상 사물 그 자체를 보는 것이 아니다. 우리는 우리가 그것에 부과해 온 '상품 형태'──우리 자신의 관념 또는 개념──만을 본다.

헤겔이 대립은 상호 규정적이라는 생각을 개조했듯이 '가치의 형태'에 대한 마르크스의 견해는 유서 깊은 직관의 새로운 체계적 적용을 내포한다. 우리가 보았듯이 교환 가치와 사용 가치가 사물을 인식하는 완전히 다른 두 가지 방식을 의미한다는 인식은 아리스토텔레스까지 거슬러 올라가며, 문학사에서도 자주 반복된다. 그래서 토머스 트러헌은 1660년대부터 시작하는 자서전적 감상에서, 어렸을 때 자신이 어떻게 점차 상품들의 상징적 가치를 인식하는 방법을 배워 나갔는가를 회상한다.

흔들목마에 금은사를 입혀 반짝이게 하는 것이 멋진 일이라고 받아들이기는 어렵다. 그들은 내가 선물의 리본이나 깃털도 기기묘묘하다고 믿게끔 강요한다. 어디가 기기묘묘하고 멋진지 나는 알 수 없다. 아름다운 지갑이 가치 있다고 나에게 가르치는 것은 불가능해 보이며, 그렇게 보이는 기술과 그렇게 설명하는 이유는 나의 무경험에 그렇게 깊이 숨겨져 있었다……. [그러나 나이가 더 들자] 상상력의 유리는 그저 거울일 뿐, 그 거울에서 무엇이든지 재현되거나 나타난다……. 그래서 나는 내 놀이 친구들 중에서 북, 멋진 코트, 1페니, 금장된 책 등을 높이 평가하기 시작했다……. 전에는 그러한 부를 결코 꿈꾼 적이 없는 자…… 그래서 인간이 발명을 통해 만든 기이한 풍요로움은 자연의 풍요로움을 완전히 압도하면서, 그리고 더욱 영리하게 학습하면서 제2의 자리를 차지했다.[7]

따라서 마르크스가 교환 가치 개념을 발견했다기보다는 그것을 아주 중요한 철학 전통 내에 재배치한 것이다. 특히 마르크스는 칸트가 주목했던 교환 가치 개념을 사물 그 자체를 인식하지 못하는 우리의 능력에 대한 설명으로 이용한다. '상품의 물신화'의 결과로서, 우리는 더 이상 '실제' 사물을 보지 못하고, 그것의 '외적 형태'만을 본다. 그러나 마르크스는 자신의 헤겔적 배경을 유지하면서 우리에게 이 좌절의 상황에서 벗어나는 길을 제시한다. 헤겔이 절대 정신을 질료 그 자체의 소외된 자아로 인식했을 때 소외가 초월되듯이, 인류가 그들의 삶을 형성하는 '시장의 힘'이 단지 그들 자신의 소외된 활동의 재현일 뿐이라는 것을 이해했을 때 마르크스에게서 소외는 사라질 것이다.

여기서 철학의 핵심적 문제에 대한 마르크스의 해결책이 '유물론적'이라는 느낌에 주목하자. 그는 그것을 경제에 연결한다. 다른 한편으로 자본주의 경제는 그 자체가 거대하고 순수히 관념적인 망상에 의해 가능하게 된다. 미의 대상으로 보는 장미와 판매용 상품으로 보는 장미 사이에는 물질적 차이가 없다. 차이——그럼에도 불구하고 물질적이지 않은 것이나 실재하는 차이——는 단지 보는 자의 마음에만 존재한다. 루이 나폴레옹이 사용했던 비논리적인 상징들처럼 상품 형태는 허위의 물질적 외관을 띠는 재현이고, 그 때문에 물질적 환경에서 치명적이고 결정적인 영향력을 발휘하게 된다. 달리 말하자면 그것은 순전히 이데올로기적인 현상이다.

마르크스는 교환 가치의 이데올로기적 영향을 셰익스피어의 《아테네의 티몬》을 인용하여 설명한다.

이건 뭐지?
황금? 노랗고 반짝이는 귀중한 황금!
아니, 신들이여, 나는 게으른 열광자가 아니다.
……그래서 이 중에 많은 것이

검은 것을 희게, 추한 것을 아름답게, 잘못된 것을 옳게,

미천한 것을 고귀하게, 늙은이를 젊게, 겁쟁이를 용감하게 만든다.

……이 노란 노예는 종교들을 매기도 하고 풀기도 하며, 저주받은 자들

을 축복하며,

나병 걸린 노인을 존경받게 하고, 도둑들에게 관직을 만들어 주어

원로원 회의에서

작위와 명예와 권한을 부여한다.

(4막 3장, 25-38)[8]

이 말에 대한 주석에서 마르크스는 무엇인가를 상품으로 보는 것은 실재로 그것을 보는 것이 아니라고 지적한다. 즉 사물의 물질적 본체, 돈, 일반화된 상품-형태 내에서 어떤 다른 것의 이상적 재현을 인식하는 것은 모든 이전의 정체성과 구별을 해체하고, 그 자체의 이미지 속에 인간 의식을 개조하면서 이 몽상적인 인식을 사회에 퍼뜨린다. 자본의 완전히 발전된 형태 속에서 돈은 활동적인 자가 생식력을 성취하고, 그 생식력으로 구체적인 개인들의 삶을 형성한다. 그래서 마르크스는 돈을 '보이는 신'(Ⅲ, 324)이라고 말한다. 티몬은 또한 금에서 우상 숭배에 대한 유혹을 간파했다. 그는 금을 '게으른 수도자'로 간주하고 숭배하기를 거절한다. 마르크스처럼 셰익스피어에게도 돈이라고 알려진 재현의 물질적 매개가 즉각 우상 숭배 의식을 표현하고 구체화하고 산출한다.

20세기에 교환 가치가 사물 그 자체에 부과하는 소외의 의미는 사물 세계로부터 인간의 소외라는 개념을 통해 탐구되고 있다. 예를 들어 장 폴 사르트르의 《구토》(1938)의 주인공인 로캉탱은 물질적 사물들이 부자연스럽고 구역질나는 활력에 의해 점유되고 있다는 느낌 때문에 상처받는다.

물체들은 사람을 만져서는 안 될 것이다. 왜냐하면 그것들은 살아 있지 않기 때문이다. 사람들은 그것들을 사용하고 나서 제자리에 갖다 놓고, 그

것들 속에서 살고 있다. 그것들은 유용한 것이며, 단지 그것뿐이다. 그러나 그것들이 나를 만지고 있는 것이다. 그것은 견딜 수 없는 일이다. 그것들이 살아 있는 짐승들인 것처럼 내가 그 물체들과 접촉하는 것이 두렵다.[9]

물체들은 어떻게 이러한 객관적인 매개력을 얻을까? 마르크스의 이론은 물체들이 물신화된 인간 행위의 저장소임을 시사한다. 게오르크 자멜의 《돈의 철학》(1900)은 아주 다른 길로 들어가 유사한 결론에 이른다. 지멜의 주장에 따르면 우리가 물건에 부여하는 가치는 당연히 객관적일 수 없다. 즉 물건의 가치는 그것을 바라는 주체의 욕망에 의해 창조된다. 칸트에게 인간 정신이 그 경험의 대상들을 만들어 내듯이, 지멜에게는 그 대상들의 가치를 창조하는 것은 주관적 욕망이다. 그러나 이것은 가치가 순전히 주관적이라는 것을 의미하지 않는다. 대상 속에 구체화되지 않았다면 가치는 존재할 수 없다. 사실 가치는 주체와 객체 사이를 매개한다. 가치는 "제3의 범주로 객체 또는 주체로부터 파생될 수 없지만, 말하자면 우리와 대상들 사이에 있다."[10] 가치는 재현이다. 그것은 우리가 물질적 대상에 우리의 주관적 욕망을 재현할 때 만들어진다.

그러나 하나의 물건을 또 다른 것과 교환하기 위해서는 가치가 동일하다고 생각해야만 한다. 이것은 두 물건의 가치를 표현할 수 있는 공통분모가 필요함을 의미한다. 그래서 이 공통분모는 가치의 객관화된 형태이다. 지멜은 다음과 같이 지적한다. "한 물건의 가치는 그것을 다른 물건과 교환함으로써 객관적이 된다."(81) 그래서 가치는 교환된 물건들과 독립적으로 존재하는 체하며, 이 객관화된 가치는 돈의 형태로 재현된다.

돈은 추상적 가치의 재현이다……. 모든 다른 물체들은 특정한 내용을 지니고 있고, 거기서 그들의 가치를 끌어낸다. 돈은 그 가치에서 그 내용을 끌어낸다. 그것이 물질로 변한 가치이고, 사물 그 자체가 없는 사물의 가치이다.(120-1)

그래서 돈은 추상적 가치의 물질적 재현이다. 이것은 '제3항,' 순전히 객관적인 형태가 주어진 주체와 객체 사이의 '매개체'이다. 지멜이 돈은 주관적 행위의 객관화를 포함한다고 마르크스에게 동의하는 것은 분명하다. 즉 가치를 완전히 객관화하면서 가치 창조 속에 주관적 요소를 막는다는 것이다. 또한 그것은 관념들·질료, 그리고 재현 이 삼위일체의 제3항을 제2항에 혼합하면서 그것들 사이의 관계 왜곡을 포함한다. 그러므로 이 객관화된 매개체가 사회 생활을 지배한다는 점——우리가 '돈의 경제' 속에 산다는 점——에서 우리는 모든 재현의 형태가 자율적인 것처럼 보이게 되기를 바라며, 인간 생활 전반에 결정적인 영향력을 발휘하기를 바라게 된다. 이것이 '포스트 모던 조건'의 이데올로기를 특징짓는 한 방법이다. 그러나 20세기 전반기 동안 마르크스주의자들은 일반적으로 유물론적 유형의 이데올로기를 공허한 관념들로 이해했다. 그 공허한 관념들의 진정한 결정은 물질 세계에서 찾을 수 있었다. 마르크스에 대한 이러한 오해는 어떻게 그렇게 유행처럼 널리 퍼지게 되었을까?

유물론적 오류

우리가 보았듯이 마르크스의 저작에서 관념과 질료 그리고 재현 사이의 관계는 극단적으로 복잡하고, 허위 의식이 그 요인들 중 하나에 의해서만 야기된다고 주장하는 것은 지나친 단순화이다. 불행하게도 마르크스의 추종자들에게 가장 즉각적인 영향력이 있는 그의 친구이자 협력자인 프리드리히 엥겔스가 간혹 바로 이 오류를 범하고 있다. 때때로 엥겔스는 허위 의식이 관념과 물질 사이의 대립과 같은 엄격한 '형이상학적' 대립들이 있다고 마르크스와 의견 일치를 보는 것처럼 보인다. 그래서 《반뒤링론》(1877-8)에서 그는 허위 의식 또는 '형이상학'에 대해 다음과 같이 묘사한다.

그 형이상학자에게 사물과 그것들의 정신적 반영, 즉 관념들은 고립되어 있고, 서로 번갈아 생각할 수 있고, 서로 분리되어 있으며, 단호하게 고정되고 엄격하고 주어진 조사 대상들이다. 그는 절대적으로 양립할 수 없는 대조들을 사색한다……. 그에게 하나의 사물은 존재하거나 존재하지 않는다. 하나의 사물은 동시에 그 자체와 또 다른 어떤 것이 될 수 없다. 긍정과 부정은 서로 절대적으로 배제한다. 원인과 결과는 서로에게 엄격한 대조를 이룬다.(XXV, 22)

달리 말하면 그 '형이상학자'는 헤겔에 대해 두 가지 주요한 죄, 즉 무역사주의와 본질주의라는 죄를 범한다. 그는 사물들을 영원한 자기 동일적 본질들로 보고, 그것들이 존재하게 되는 역사적 과정이나 또는 다른 사물들에 의한 매개와 결정에 대해 모른 채로 있다. 이데올로기에 대한 이러한 설명은 마르크스가 《자본론》에서 확인한 경향과 일치하며, 이것으로 우리는 소외되고 물신화된 이미지를 대상에 부과하고, 그것을 산출한 노동과 다른 대상들에 대한 그 관계를 모호하게 한다. 그러나 엥겔스는 이러한 비난을 그 자신의 '과학적' 방법론에 적용하지 않으며, 결과적으로 오히려 방법론 그 자체가 '형이상학적'으로 보이게 된다. 예를 들어 엥겔스는 유물론과 관념론을 '엄격히 대조'시키고 있다. 그는 "마르크스와 내가 독일 관념철학에서 의식적 변증법을 구하여 자연과 역사의 유물론적 개념에 그것을 적용한 바로 그 유일한 사람"(XXV, 11)이라고 주장한다. 그는 이것은 필요한 것이었는데, 왜냐하면 "헤겔이 관념론자이고…… 그러한 사유 방식이 모든 것을 전복시켰고, 완전히 세계 속에 있는 사물들의 실제 관계를 바꿔 놓았기"(XXV, 25) 때문이라고 말한다. 엥겔스는 여기서 대립물들 사이의 상호 침투와 이분법의 양극단의 상호 규정을 망각했음이 분명하다. 그 결과 그는 가장 무지막지한 유물론적 결정론에 빠져들었다. 자신과 마르크스의 노력 때문에 모든 과거의 역사를 계급 투쟁의 역사로 보게 되었다. 투쟁하는 사회 계급들은 항상 생산과 교환 양식의 산물, 다시 말하면 당시의 경제적 상황의 산물이었다. 사회의 경제 구조는 항상 실질적인 기초를 제공하고, 거기에서 출발해 우리는 주어진 역사적 시기의 종교적·철학적, 그리고 다른 관념들뿐 아니라 법적·정치적 제도들의 전체 상부 구조들에 대한 궁극적인 설명을 할 수 있다. 그러나 이제 관념론은 마지막 피난처인 역사철학에서 내몰렸다. 이제 역사를 심오하게 유물론으로 다루게 되었고, 그리하여 인간의 '지식'으로 인간의 '존재'를 설명하는 대신에 인간의 '존재'로서 인간의 '지식'을 설명하는 방법을 찾아냈다.(XXV, 26-7)

엥겔스의 명확한 대립의 절대론은 원인과 결과의 특별한 관계가 인간 역사에 끊임없이 존재한다는 그의 주장과 함께, 마르크스의 역사적 변증법으로부터 가장 멀리 떨어져 있다. 마르크스 저작의 전체적인 취지는 대립의 한쪽 면이 다른 쪽을 반드시 결정한다고 주장하는 것 그 자체가 이데올로기적 오류임을 시사한다. 그 이데올로기적 오류는 관념적이고 물질적인 힘의 특별한 역사적 배열에서 찾아볼 수 있다.

엥겔스는 《반뒤링론》에서 이러한 실수를 저지르고 있다. 그러나 사회의 경제 구조가 항상 누군가가 갖고 있는 모든 관념을 결정한다는 명제를 오랫동안 옹호하기 어렵고, 그래서 엥겔스는 이 입장에서 후퇴하여야 했다. 1890년에 작성된 블로흐에게 보낸 편지에서 엥겔스는 다음과 같이 쓰고 있다.

역사에 대한 유물론적 개념에 따라 역사의 결정 요소는 궁극적으로 실제 생활의 생산과 재생산이다……. 이 이상을 마르크스나 내가 주장했던 적은 없다……. 경제 체제는 기초이다. 그러나…… 투사들의 두뇌 속에 있는 이 모든 실제 투쟁의 반영들: 정치적·법적·철학적 이론들, 종교적 관념들과 교리 체계로 더 나아간 그것들의 발전은 또한 역사적 투쟁 과정에서 영향

을 끼치고, 많은 경우에 투쟁의 형태를 결정하는 데 가장 중요할 것이다.[11]

여기서 엥겔스가 경제는 항상 유일한 결정 요인이라는 경험적 주장만을 굽히고 있음을 주목해야 한다. 헤겔과 마르크스의 변증법에 따르면 물질적 영역과 관념적 영역을 분리하는 것이 논리적으로 불가능하다는 이론적 반대를 그는 여전히 알아채지 못하고 있다. 결과적으로 그는 경제만이 사람들의 관념을 무척 많이, 그리고 아주 흔하게 결정한다고 주장하는 입장에서 벗어나지 못하고 있다. 그 차이는 비록 적으나 그 자신의 변증법적 방법론과의 모순은 그대로 있다. 알다시피 이것은 마르크스주의 사상사에 불안한 균형을 만들어 내는 오류이다.

아주 아이러니컬하게도 경제적 결정론의 위험에 대한 첫번째 경고 중 하나를 레닌이, 그리고 20세기의 지배적인 제도적 공산주의가 된 최종적 유물론의 이론에 중요한 이론적 영향력을 행사한 러시아 마르크스주의자인 게오르크 플레하노프가 소리 높여 외쳤다. 《일원론적 역사관의 발전에 관하여》(1897)에서 플레하노프는 '경제적 유물론자들' 과 '변증법적 유물론자들' 을 구별한다.[12] 그는 전자들이 '요인들의 이론' 에 사로잡혀 있다고 말한다. 즉 그들은 사회를 하나의 '총체성' 으로 생각지 못하지만, 그 대신 하나의 '요인'(이 경우에 경제)을 애써 분리하여 그것이 결정적인 영향이라고 주장한다. 플레하노프가 지적하듯이 이러한 사유 방법은 정확히 헤겔과 마르크스가 비판했던 것이다. "역사적-사회적 요인은 추상이며, 그것의 관념은 추상 과정의 결과로 생긴다."(15-16) 즉 경제적 결정론은 "사회적 인간의 활동을 해체하고, 그것의 다양한 관점과 현시를 분리된 힘들로 전환하며, 그 분리된 힘들은 사회의 역사적 운동을 결정하는 것으로 여겨진다."(17)

제도적 마르크스주의의 계속된 역사에는 비극적인 일인데, 소위 '변증법적 유물론자들' 의 방법을 논하게 되었을 때 플레하노프의 사상은 명확하지가 않다. 플레하노프는 추상적 '요인들' 을 확인하는 대신 이러한 접근으로 사회에 대한 '종합적' 관점을 갖게 되며, 사회를 그 사회의 '총체성'(18)으로 보게 된다고 주장한다. 그러나 이러한 접근이 포함하고 있는 것을 정확하게 기술하기 시작했을 때, 플레하노프는 단지 "사회적 인간의 활동을 그 당시에 월등하게 만족시키는 필요와 수단과 방법으로 설명"(20)할 수 있을 뿐이다. '경제학자들'의 오류를 확인할 때 예민하고 적절했던 플레하노프가 여기에서는 상당히 다르고, 대안적인 종류의 '유물론'을 제시하도록 심한 압력을 받는다. 사실 자기 의견에 대한 본인의 가장 설득력 있는 진술로 모든 '사회적 관계들'을 유물론적 '생산력'의 수준으로 환원함으로써 '요인들의 이론'으로 퇴보하는 것을 피하고 있다.

이데올로기의 역사는 상당히 사회적 힘들의 한정된 조합의 발생·변형 그리고 와해의 영향 아래에서 관념들의 연상의 발생·변형 그리고 와해로 설명될 수 있을 것이다……. 인간은 여러 가지 명확한 역사——법의 역사, 도덕의 역사, 철학의 역사 등——를 만들어 내는 것이 아니라 하나의 역사, 즉 인간들 자신의 사회적 관계들의 역사를 만들어 낼 뿐인데, 그 사회적 관계들은 각각의 특정한 기간의 생산력의 상태에 따라 결정된다. 이데올로기들로 알려진 것은 이 단일하고 분할할 수 없는 역사에 대한 인간의 정신 속에 있는 여러 형태의 반영일 뿐이다.(44)

그래서 플레하노프의 작업은 관념이 물질에 의해 야기된다고 믿는다는 의미에서뿐 아니라, 관념이 실제적으로 물질적이라고 믿는다는 의미에서도 유물론적이다. 인간의 관념들은 생산력의 '반영들'이면서 동시에 물질적 '사회 관계들'의 '하나의 역사'의 한 부분이다. 이러한 견해는 그람시와 알튀세 같은 사상가들이 플레하노프의 가장 유명한 제자인 블라디미르 일리치 레닌이 신봉한 인과 관계의 결정론적 유물론에 대한 대안을 찾을 때인 20세기에 굉장한 영향력을 끼쳤다.

《유물론과 경험비판론》에서 레닌은 플레하노프의 '변증법적 유물론'의 기치 아래 전력을 기울여 참가한다. 이 변증법적 유물론은 관념에 대한 마르크스 자신의 용어라고 그가 잘못 주장한 것이다. 이러한 노력 중에 그는 선배의 접근 방법이 이 구절의 유물론적 요소보다는 변증법적 요소를 강조했음을 잊고 있다. 그래서 레닌은 플레하노프의 총체성에 대한 개념을 포기하고, '요인들의 이론'으로 분명히 후퇴하게 된다. 책의 제목인 '경험비판론'은 레닌의 정치적 경쟁자 중 한 명인 보그다노프에 의해 최근에 발전한 이론을 말해 준다. 원자들은 고체가 아니라 전자들 사이의 관계로 이루어져 있다는 것을 시사하는 물리학의 최근의 발견을 이용하여, 보그다노프는 물리적 현상과 정신적 현상 사이에 본질적인 차이가 없음을 제시했다. 오히려 이것들은 동일한 경험들을 정리하는 다른 방법일 뿐이다. 버클리 식의 관념론과 흄 식의 회의주의의 지독한 결합처럼 보이는 그것에 질린 레닌은 열렬히 두 가지 명제를 옹호하였다. 즉 주체 밖에 존재하는 물질 세계가 있다는 것과, 이 세계가 그 주체의 정신적 활동을 야기한다는 것 말이다.

모든 지식은 경험·감각·지각으로부터 온다. 그것은 사실이다. 그러나 주관적 실체는 '지각에 속하는가'라는 의문이 생긴다. 예를 들면 그것은 지각의 원천인가? 만일 그렇다고 답한다면 당신은 유물론자이다. 그렇지 않다고 답한다면 당신은 모순되며, 반드시 주관론에 이르게 될 것이다.[13]

그리하여 레닌은 관념과 물질 사이의 가장 엄격한 대립을 주장한다. 비록 후기 저작이 그의 입장을 다소 부드럽게 나타내고 있지만, 여기서 그는 유물론적 인과 관계에 찬성하여 열렬히 선전하고 관념론적 '주관주의'를 사기와 타락으로 인식한다.

볼셰비키당의 중앙 집권 조직, 그 당이 혁명 이후에 강제한 억압적인 방법들, 그리고 이론적으로 세련되지 못한 요제프 스탈린의 레닌 사후의 권력 장악, 이 모든 것이 마르크스주의 세계에 대한 공식 철학으로서 이 생경한 환원적 유물론의 성립에 공헌하였다. 이것은 두 가지 의미에서 비극이었다. 가장 중요한 것은 스탈린과 마오쩌둥 같은 '영혼의 기술자들'의 과대망상적 야심에 조야한 말주변을 제공한 것이다. 그러나 여기서 우리의 목적에 더욱 부합하는 것은 나폴레옹 식의 의미로 '이데올로기'라는 용어의 사용을 다시 도입한 것이었다. 물질적 환경과 별개라고 주장하는 모호하고 흐릿한 관념들을 지적하는 것으로서 말이다. 그 결과 초래된 혼돈은 그때 이래로 이데올로기 이론을 망쳐 놓았다.

모스크바로부터 후퇴: 디외르디 루카치

마르크스의 변증법적 접근과 한치의 오차도 없이 마르크스 이데올로기 이론에 중요한 진전을 이룬 최초의 이론가는 헝가리 공산당 지도자이자 이론가이며 문학비평가인 디외르디 루카치였다. 그의 《역사와 계급 의식》(1922)은 《자본론》의 제1장에 전체 이론의 토대를 두고 있는데, 루카치에 따르면 제1장은 "역사적 유물론의 전체를 그 자체 내에 포함하고 있다."[14] 처음 얼핏 보기에 이것은 상당히 놀랄 만한 주장처럼 보인다. 왜냐하면 우리가 보아 온 대로 《자본론》의 제1장은 상품의 물신화에 관한 것이다. 즉 물질적 문제라기보다는 이데올로기적 문제에 관한 것이다. 그리고 여전히 루카치의 책은 상품 물신화가 자본주의 사회의 중심적 · 결정적 특징임을 증명하는 데 확실하게 성공하고 있다.

우리는 여기서 '상품'이라는 제목이 붙은 《자본론》의 제1장에서, 마르크스가 어떻게 교환 가치가 두 상품 사이의 관계에서 성형 과정에 의해 출현하게 되는지를 보여 주고 있음을 상기해야 한다. 그래서 예를 들면 외투가 내의와 교환될 때

아마포는 그 가치를 외투로 표현하고, 외투는 이 가치 표현의 재료가 된다

……. 상품 **B**의 물체는 상품 **A**의 가치의 거울이 된다.(마르크스, 139, 144)

상품 교환은 다른 하나의 물질적 실체 속에서 한 대상의 가치가 진짜 존재함을 전제로 한다. 이 가치는 물론 물질적으로 존재하지 않지만, 그럼에도 불구하고 실제로 존재한다. 그래서 상품 교환은 셈, 상징이 실재가되는 능력에 달려 있다. 말하자면 그것은 관념들 자체를 물질적 실체에 부과하는 관념들의 힘에 달려 있다. 칸트 식의 '외관'은 '물 자체'를 대신하고 있음에 틀림없다. 이것은 공통분모를 도입함으로써 이루어지는데, 공통분모는 비록 같은 것이지만 물질적으로 구별이 되는 대상들의 가치를 표현할 것이다. 이러한 망상의 등가성이 이루어지는 것은 매개물을 통해서인데, 그 매개물이 바로 인간 노동이다. 어떤 특별한 노동 행위가 아니라, 일반적으로 돈을 보편적으로 인정하는 상징이 되게 하는 추상적 형태의 인간 노동이다. 그러나 인간 노동(즉 인간 행위)을 객관화하고 추상화하는 것은 특별한 종류의 허위 의식을 요구한다. 루카치는 이러한 이데올로기 현상을 구체화라 부르는데, 그 의미는 '사물로 변하는 것'이다. 《자본론》에서 마르크스는 그 효과를 다음과 같이 묘사한다.

상품 형태는…… 인간 자신들 사이의 일정한 사회 관계일 뿐이며, 여기에서 그 관계가 사람들의 눈에는 물체와 물체의 관계라는 환상적 형태를 취하게 된다. 따라서 그와 유사한 예를 찾기 위해서는 종교적 세계의 신비한영역으로 들어가야만 한다. 여기에서는 인간 두뇌의 산물이 그 자신의 생명을 부여받고, 그 자신들끼리 또는 사람들의 사이에 관계를 맺는 자립적인 모습으로 나타난다. 이것을 나는 물신주의라고 부르는데, 그것은 노동생산물이 상품으로 생산되자마자 이들에 달라붙는 것으로서 상품 생산과는분리할 수 없는 것이다.(마르크스, 165)

루카치의 성취는 이 상품 물신화에 수반되는 '사물화된 의식'이 어떻게 자본주의 사회의 모든 면에 침투하고 있는가를 보여 준 것이다. 그는 반복해서 이 현상의 총체적 본질을 주장한다. "사물화는 사회가 상품 교환이라는 용어로 사회의 모든 욕구를 만족시킬 것을 배워야 함을 요구한다."(91) "사물화의 기본 구조는 모든 현대 자본주의의 사회 형태에서 찾아볼 수 있다."(171) "그때 사물화는 자본주의 사회 안에서 살고 있는 모든 사람의 필연적인 직접적 현실이다."(197) 이 어디에나 있는 악의 경향이 관계들과 과정들을 고정시키므로 그것들은 불변의 자기 동일적 '사물'들로 보인다. 이것은 실제로 유동적인 사회 현상들을 '초역사적인 본질'(14)로 보이게 하면서 매개와 역사를 지운다. 이것은 정체성이 상관적이라는 사실을 모호하게 하여 사회를 하나의 '총체성'으로 보는 것을 어렵게 한다. '시장'의 형태 속에서 사람들 사이의 관계를 사람들의 노동의 산물 사이의 관계로 변하게 한다. 간단히 말해서 사물화는 우리 자신의 행위를 물신화시키는 경향이며, 그때 그 경향은 우리 삶의 모든 면에 걸쳐 보편적이고 결정적인 영향력이 된다. 철저한 허위 의식에 대한 묘사에서 루카치는 '제2의 본성'이라는 아리스토텔레스의 개념에 의존한다. 우리가 보아 온 대로 아리스토텔레스의 개념은 '관습'을 의미한다. 오랫동안 어떤 방식으로 일들을 해왔을 때, 우리는 그것이 그 일들을 하는 '자연스러운' 방식이라고 생각한다. 루카치는 이 개념을 더욱 유물론적으로 굴절시킨다. 상품은 인간 노동의 산물이다. "상품 구조가 사회의 모든 면을 관통하고, 그 자체의 이미지로 사회를 개조하는 것"이 가능해지기 위해서는 이러한 산물들에 자율적인 실존을 부여해야 한다. 루카치는 "인간은 그들이 창조하고 '만든' 현실, 즉 예전에 자연의 비이성적인 힘이 그러했던 것과 아주 똑같은 냉혹한 필요성과 더불어 진화된 일종의 제2본성 속에서 자기 자신들의 몸을 일으킨다"(128)고 말한다. 말하자면 허위 의식은 이 '제2본성,' 즉 그저 '인간의 손의 작품'이 우리의 삶 전반에 물신적인 지배를 하도록 허용하는 데 있다.

　루카치는 관념에서 물질을 분리하려는 철학적 경향을 또 다른 사물화의 결과로 본다. 노동자들은 그들의 노동력을 상품으로 팔아야(자신들의 행위를 객관화해야) 하기 때문에 주체와 객체 사이의 이중성은 주체 그 자체가 된다. 헤겔에게 절대 정신이 물질 세계에서 그 자체를 소외시키듯이 루카치에게 인간 주체는 자기 자신의 행위를 객관화한다. 이것이 루카치가 '반영 이론' 이라고 부르는 것의 근원이며, 그것은 주체/객체라는 이분법의 한 극단을 다른 것의 단순한 '반영' 으로 환원시키려 한다.

'반영' 이론에서 사물화된 의식에 그렇게 억지스러운 사유와 존재, 의식과 현실의 이원성의 이론적 구체화를 보게 된다. 그리고 사물화된 관점에서 사물들을 개념들의 반영으로 볼 것인지, 개념들을 사물들의 반영으로 볼 것인지는 중요하지 않다. 두 경우 이원성은 확고하게 정립되어 있다.(200)

이것은 유물론이 단지 '전도된 플라톤주의' (202) 실제로 하나의 '관계' 가 두 개의 분리된 '사물' 이 되는 것의 사물화에 의한 '신화' 라는 것이 된다. 이론적인 차원에서 허위 의식에서 벗어난 길은 "사물들이 과정들의 관점들이 되는 것이 드러나야 한다."(179) 왜냐하면 "역사의 발전 경향은 경험적 '사실들' 보다 더 고차원적인 현실을 구성하기"(181) 때문이다.

이것이 바로 루카치가 레닌주의의 정통성과 정면으로 모순되는 진술 속에서 "마르크스주의와 부르주아 사상 사이의 결정적인 차이를 내는 것은 역사적 설명에서 경제적 동기들이 제일 우선하는 것이 아니라 총체성에 대한 관점이다"(27)라고 선언한 이유이다. 사유의 초기 양식들은 루카치가 인정하듯이 똑같은 결론에 이르렀다.

신·영혼 등은 통합된 주체 혹은 대안적으로 완전한(그리고 완전히 알려진) 것으로 여겨지는 지식의 대상의 총체성의 통합된 객체를 나타내는 신화적 표현일 뿐이다.(115)

그러나 이 총체성은 이미 철학적 추상으로 남을 운명에 처했었다. 왜냐하면 총체성을 실제 세계에서 구현할 어떤 물질적 수단도 존재하지 않았기 때문이다. 루카치는 마르크스가 이 실천적 도구를 '프롤레타리아트의 관점'에서 발견했다고 믿는다. '프롤레타리아트'는 '노동 계급'에 대한 또 다른 말이다. 그것은 봉급을 얻기 위해 자신의 노동력을 팔아 수입을 얻는 사람들을 가리키는 것이다. (이렇게 정의하면 오늘날 거의 모든 사람이 '프롤레타리아트'이고, 그래서 마르크스의 이론들은 최근의 산업 노동 계급의 수적 감소에 의해 쓸모없는 것이 되지는 않는다는 사실에 주목하는 것이 중요하다.) 그러나 마르크스와 루카치가 글을 쓸 때 유럽에는 아주 많은 다른 사회 계급들, 즉 토지 소유 귀족, 소자작 농지의 농부, 프롤레타리아들이 일하는 공장과 광산을 소유한 자본가 또는 '부르주아지'가 있었다. 이 계급들 중에서 오로지 프롤레타리아트만이 사물화 과정의 의식을 성취할 수 있었다. 프롤레타리아가 이렇게 할 수 있었던 이유는 그들이 자신의 노동력을 팔아, 자신들을 상품으로 전환하여 자기 자신을 객관화했기 때문이었다. 헤겔에게서 역사는 끝 또는 종말을 향해 움직이며, 그 속에서 절대 정신은 물질 세계를 그 자체의 소외된 조건으로 인식한다. 마르크스와 루카치에게서 역사는 프롤레타리아트에게 그들의 삶을 지배하고 통제하는 힘인 자본이 단지 그들 자신의 객관화된 노동이라는 점을 드러내기 위해서 기능한다. 객체와 주체에 대한 해석을 이렇게 아는 것은 루카치가 프롤레타리아트의 '계급 의식'으로 의미하고자 한 것이다.

　이러한 사실 발견의 결과로 이데올로기적 허위 의식은 이제 필요가 없을 것이다. 그리하여 주체와 객체, 관념과 질료 사이의 이율 배반은 해소될 것이고, 총체성이 보이게 될 것이다. 그때 철학의 우선 과업은 프롤레타리아들에게 그들이 살고 있는 사물화되고 단편적이며 모순된 세계가 그들 자신의 객관화된 행위의 산물일 뿐임을 보여 주는 것이다. 즉 이 분해되는 창조의 통일성——주어진 것은 아닌——을 추론하고, 그것이 창조하는 주체의 산물임을 입증하는 것 말이다. 그리고 나서 마지막 분석에서 '창조자'(140)의 주체를 창조하는 것이다. 칸트와 헤겔을 괴롭혔던 문제들은 사라질 것이다. 루카치는 "발생, 지식의 창조자의 창조, 사물 그 자체의 비합리성의 해소, 무덤으로부터 인간의 부활"(141)을 열정적으로 예상한다.

유사한 추론 과정을 이용하여 엥겔스는 한때 "독일 프롤레타리아트는 고전적 독일 철학의 계승자이다"라고 선언하였다. 이 유명한 계통에 대해 알고 있던 독일 프롤레타리아트의 반응을 상상할 수 있을 것이다. 모든 철학적 모순을 화해시키는 과업을 오류에 빠지기 쉽고 매우 분주한 인간 집단에 부여할 때, 마르크스주의 전반이 엄청난 도박을 한 것이다. 유물론적 선언들에서 마르크스주의는 프롤레타리아 혁명이 피할 수 없는 사건임을 당연히 여기고 있다. 이론이 더 나아간다면 물질적 환경이 관념들을 결정하기 때문에 노동자들이 단순히 경제 과정을 분석함으로써 반란을 꾀할 수 있다는 점을 추론하는 것이 가능할 것이다. 그러나 이데올로기와 물리적 행위 사이의 관계들에 대한 변증법적 관점이 이 확신을 공유할 수 없다. 루카치는 비관적인 논조로 《역사와 계급 의식》을 마무리한다.

역사는 적어도 프롤레타리아트의 의식이 논쟁중일 때에는 자동적이다. 옛날의 직관적·기계적 유물론이 포착할 수 없었던 진실은 프롤레타리아트에게 이중으로 진실된 것으로 판명된다. 즉 프롤레타리아트는 스스로의 행동으로 해방되고 변혁될 수 있다는 것과 '교사도 스스로 자신을 교육시켜야 한다'는 것 말이다. 객관적인 경제 발전은 다만 생산 과정에서 프롤레타리아트의 입장을 마련할 수 있다. 그러한 관점을 결정한 것이 바로 이러한 입장이다. 그러나 객관적 발전은 단지 프롤레타리아트에게 사회를 바꿀 수 있는 기회와 필요성만을 부여했다. 어떠한 변혁도 프롤레타리아트 자신의 자유로운 행동의 산물로서만 올 뿐이다.(208-9)

그래서 프롤레타리아가 이러한 행동을 취하지 않을 가능성이 아주 많다. 일단 자본주의가 실제적으로 자본주의의 모든 주민들에게 일정 수준의 번영을 가져다 주었고, 혁명을 위한 험하고 위험한 탐구보다는 상품의 매력을 더 선택하고 싶은 것처럼 보일 것이다. 한 사람의 의식이 사물화된다는 사실, 사람이 사물들 그 자체보다도 외관과 재현들만을 본다는 사실이 꽤나 사소해 보일 것이다. 우리가 알다시피 이것은 실제로 발생한 일이다. 서유럽에서는 성공한 프롤레타리아 혁명이 없었고, 프롤레타리아트는 평화롭게 상품화된 세상을 즐기기 위해 텔레비전 앞에 정착했다. 이러한 점에서 철학의 과업은 사실상의 보편적 허위 의식에 대한—— '부정'——비판이다.

헤게모니의 구조들: 안토니오 그람시

안토니오 그람시의 《옥중 서신》(1921-34년에 집필)은 프롤레타리아 혁명의 패배와 타협하려는 최초의 이론적 시도를 나타낸다. 제1차 세계대전 이후 여러 해 동안 이탈리아 노동자들이 권력을 잡으려다 실패한 후, 이탈리아 공산당 지도자 그람시는 무솔리니의 파시스트 정부에 의해 감옥에 갇혔다. 아주 아이러니컬하게도 이러한 감금 때문에 그람시는 모스크바가 억지로 정치 활동하는 공산주의자들에게 강요했던 교리들 중 많은 것들을 재평가할 수 있는 유일한 자유를 얻게 되었다. 루카치처럼 그람시도 어떠한 유물론적 결정론도 내버렸다. 그가 처한 상황에서 프롤레타리아의 승리에 필연적인 것은 아무것도 없음이 분명했다. 혁명의 성공을 위한 '객관적이고' 물리적인 환경이 갖추어졌음에도 불구하고 혁명은 실패했다. 그래서 그람시는 자본주의 국가가 그 국민들에게 행사하는 주관적이고 이데올로기적 통제에서 혁명 실패의 이유를 찾았다. 그람시의 이데올로기관은 마르크스에게서 나온 두 구절을 통해 가장 잘 알아볼 수 있는데, 《옥중 서신》에서 그 두 구절을 되풀이해서 말하고 있다. 마르크스는 혁명의 문제를 논의하면서 다음과 같이 썼다.

　이러한 변혁들을 고려할 때 언제나 자연과학의 정확성으로——규정될 수 있는 경제적 생산 조건들의 물질적 변혁과 법적·정치적·종교적·예술적 또는 철학적 형태들——간단히 말해 인간이 이러한 갈등을 의식하고 싸워 나가는 이데올로기적 형태들을 구별해 나가야 한다.[15]

　그람시는 "인간은 이데올로기들의 차원에서 구조적 갈등에 대한 의식을 얻는다"(365)라고 하면서 이 구절에 주석을 달고, 계속해서 "인식론적인 그리고 단순히 심리적이지 않고 도덕적이지 않은 가치의 긍정으로 여겨야 한다"(164)고 주장한다. 즉 그람시는 혁명이 경제적 구조의 변경에 의해 촉진될 수 있는 동안 혁명이 투쟁의 결과로 성공하고, 혁명의 결과는 '이데올로기들'의 차원에서 결정된다고 믿는다. 결과적으로 그는 서로 다른 체제 사이의 관념의 갈등에 주목한다. 이데올로기와 정치 권력 사이의 관계에 대한 그람시 개념의 또 다른 주요 근거는 마르크스와 엥겔스의 《공산당 선언》(1848)인데, 여기에서 "각 세대의 지배 관념들은 언제나 지배 계급의 관념이었다"(50)라고 말하고 있다. 이것이 소위 '지배적인 이데올로기 테제'이며, 경제적으로 지배적인 계급이 그 자체의 세계를 보는 특별한 방법을 사회 전체에 부과하려 애쓸 것임을 시사한다. 그래서 이데올로기의 영역은 계급 투쟁의 장이 되며, 그람시가 헤게모니라는 개념을 사용하여 연구하기 시작한 것도 바로 이 전쟁이다.

　그람시는 이 용어로 지배 계급이 자신의 권력을 유지하는 물질적이고 이데올로기적인 도구들의 연합을 의미하고 있다. 따라서 헤게모니는 하나의 실천 형태이다. 이 때문에 그람시는 순수 의식에 '이데올로기'라는 용어를 붙이게 되고, "역사적으로 유기적인 이데올로기들, 즉 기본 구조에 필요한 이데올로기들과 자의적이거나 합리적인 또는 '의도된' 이데올로기들을 구별할 것"(376-7)을 제안한다. 전자는 특별한 계급 또는 '집단'

에 특수할 것이지만, 그 이데올로기들은 그 집단의 물질적 이익에 대한 정확한 표현이다. 흥미롭게도 그람시는 후자의 이데올로기를 데스튀트 드 트라시의 '이데올로기학'에 의해 예증된 기계적 사유 양식과 동일시한다. 그것이 관념들의 형성을 물질적 감각에서 찾기 때문에 이러한 종류의 접근을 그람시의 견해로 보면 대단히 잘못된 것이다. 그는 마르크스주의에 대해 다음과 같이 주장한다. 마르크스주의는

명확한 진보를 나타내며, 역사적으로 이데올로기와 정확하게 대립하고 있다. 정말로 '이데올로기'라는 용어가 마르크스주의 철학에서 지니고 있는 의미는 암시적으로 부정적인 가치 판단을 담고 있고, 그것의 설립자들(즉 마르크스와 엥겔스)을 편들어 관념의 기원을 감각에서, 그리하여 결국 생리학에서 찾을 수 있는 가능성을 배제한다는 것이다.(376)

그람시에 따르면 이데올로기들이 단지 물질적 영향의 창백한 반영일 뿐이라는 이론은 필요한 것이면서 어떤 의미에서는 진실된 유기적 이데올로기의 존재를 설명할 수 없다. 유물론은 질료와 관념 사이의 본질적 구분을 잘못 전제하고 있다. 데스튀트 드 트라시와 마르크스주의의 '경제적 미신'에서 이러한 경향의 결과는 3중으로 잘못을 범하고 있다.

1) 이데올로기는 구조와는 다른 것으로 규정되며, 구조들을 변화시키는 것은 이데올로기가 아니고, 역도 마찬가지라고 주장하는 것.
2) 주어진 정치적 상황이 '이데올로기적'이라고 주장하는 것, 즉 비록 이데올로기가 구조를 변화시킬 수 있다고 생각해도 이데올로기가 구조를 변화시키기에는 충분치 않다는 것. 그것은 쓸모없고 멍청하다는 식으로 주장하는 것.
3) 그리고 나서 모든 이데올로기는 '순진한'·쓸모없는·우둔한 등의 모습이다라는 주장으로 넘어간다.(376)

그래서 그람시는 이데올로기의 개념이 허위 의식이라는 데에 반발하고, "모든 체제는 역사적인 유효성을 갖고 있고 필요한 것"(138)이라고 주장한다. 이는 또한 이데올로기가 물리적 환경의 단순한 반영이라는 믿음에 대한 반발도 포함한다. 이러한 접근의 효과는 관념의 영역에 거대한 중요성을 쑤셔넣는 것이다. 사실 그람시는 물질적 요인들이 단지 의식을 통해 표현되고 이해된다는 것, 따라서 의식의 역사에서 발전이 경제적 변화보다 더욱 중요할 수 있다는 것을 지적한다.

즉각적인 경제 위기들이 저절로 기본적인 역사적 사건들을 만든다는 것은 무시될 것이다. 그 위기들은 단지 어떤 사유 양식의 보급에 더욱 유리한 지형을 만들 수 있다.(184)

"'대중의 믿음'과 유사한 관념들은 그 자체가 물리적 힘"(165)이기 때문에 어떤 혁명 이론이든 경제계만큼은 적어도 관념의 차원에서 계급 투쟁을 다루어야만 한다. 사실 그람시는 마지못해 이 두 가지 차원을 구별하고 있고 '역사적인 연합,' 즉 자연과 정신(구조와 상부 구조) 사이의 통합, 대립의 통합, 구별의 통합(137)을 구성하는 헤게모니라는 개념을 더 선호한다.

그래서 그람시는 마르크스에게서 유래했지만 엥겔스와 레닌이 대중화시킨 이데올로기적 '상부 구조'의 토대가 되는 경제적 '토대'라는 은유를 명백하게 거부한다. 그에게 물질적 영역은 그 자체가 '구조'이며, 물질적 영역이 관념들의 '상부 구조'와 동류가 되고 비슷해질 수 있지만 그것을 '지원'하지는 않는다. 그람시는 이러한 관념들이 '시민 사회' 속에서 제도화된다는 것에 주목한다. 즉 (러시아와 대립되는 것으로서) 서유럽에서 법정, 관료 제도, 종교와 교육 제도, 그리고 대중 매체 등의 '이데올로기적' 제도들은 어떤 '순전히' 경제적인 요인들보다도 지배 계급의 헤게모니를 지탱하는 데 더욱 중요하다.

시민 사회의 상부 구조는 현대전의 참호 체계와 같다……. 러시아에서 국가가 전부였고, 시민 사회는 원시적이고 아교질이었다; 서양에서는 국가와 시민 사회간의 적절한 관계가 있었으며, 국가가 흔들릴 때 시민 사회의 굳건한 구조가 즉시 드러났다.(235, 238)

그러므로 그람시의 헤게모니 이론이 어떻게 서유럽에서 혁명의 실패를 설명할 수 있는지 알 수 있다. 비록 제1차 세계대전 이후 유례없는 경제위기가 발생하여 독일과 이탈리아 같은 국가들을 뿌리째 흔들어 놓았지만, 민중의 관념은 지배 권력에 얽매여 있었다. 그람시가 보았듯이 긴급한 필요성 때문에 가능한 방법이 결정되고, 이데올로기를 국민에게 전하는 제도에 대한 주의 깊은 분석이 필요하게 되었다. 감옥에서 그람시는 학문이 어디에서 시작되어야 할지 제시할 수 있었다.

긍정적인 교육 기능으로서 학교와, 억압적이고 부정적인 교육 기능으로서 법원은 이러한 의미에서 가장 중요한 국가 활동이다. 그러나 실상 수많은 다른 소위 사적인 발의와 활동은 동일한 종말을 향한다. 지배 계급의 정치적이고 문화적인 헤게모니의 기구를 형성하는 발의와 활동.(258)

이렇듯 그람시의 이데올로기의 상대적 자율성에 대한 견해가 여타 유럽 공산당 지도자들의 공식적 입장과 직접적으로 대조되었기 때문에, 그의 시사적인 통찰력은 30년 이상 이어지지 못했다. 그러나 그들은 루이 알튀세의 저작 이후에 그람시로부터 주요한 영감을 얻게 되었고, 이어 이데올로기에 대한 전후 논쟁에서 가장 의미 있는 영향력을 갖게 되었다.

5

포스트 마르크스주의

> 그에 대해 더 이상 어떤 의심도 있을 수 없다. 이데올로기에 대한
> 투쟁이 새로운 이데올로기가 되고 있다.
>
> 베르톨트 브레히트[1]

알튀세와 유물론

루이 알튀세의 저작은 유물론이 비판하고자 하는 객관화 과정과 깊이 연관된 유물론을 지지한다. 그래서 그의 제자인 미셸 푸코의 저작들을 통해 종종 걸러진 알튀세의 관념들이 이데올로기에 대한 포스트모던 비평가들에게 결정적인 영향력을 끼쳐 왔다는 것은 의미가 있다. 특히 알튀세의 사유의 반헤겔적 관점들——관념들의 물질화에 대한 그의 강조, 사유의 '전체화' 체제에 대한 그의 반대, 주체에 대한 그의 공격——은 눈 높은 독자들의 지지를 받았고, 이제 함몰하기 시작하는 저속한 유물론의 유행을 낳았다.

《레닌과 철학》(1971)에서 알튀세는 이데올로기를 대중에게 전해 주는 물적 제도들에 대한 그람시의 관심, 싹이 트기 시작했으나 충족되지 못했던 관심을 탐구한다. 이 책에서 가장 영향력 있는 장인 '이데올로기와 이데올로기적 국가 장치들'은 자본주의의 "새로운 형태의 일과 생산 과정에 적합한 새로운 유형의 인간을 정교하게 만들려는 욕구"(그람시, 286)에 대

한 그람시의 언급을 추적한다. 알튀세에 따르면 어떤 경제 체제 제일의 과업은 그 자체의 생산 환경을 재생산하는 것이다. 이것은 생산 과정에 참여할 수 있는 부류의 사람들을 재생산하는 것을 포함한다. 이렇게 행하는 현대 자본 국가의 힘은 두 가지 종류의 제도에 의존한다. 즉 경찰·법정 그리고 군대와 같은 '억압적인 국가 기구들' 과 교회·가족·정당·방송 매체——그리고 가장 중요한 것으로——교육 제도를 포함하는 '이데올로기적 국가 기구들' 이다. 우리가 예상할 수 있듯이 '억압적인 국가 기구들' 과 '이데올로기적 국가 기구들' 사이의 차이는 '억압적인 국가 기구들' 이 '폭력으로' 기능하며, 반면 '이데올로기적 국가 기구들' 은 '이데올로기로' 기능한다.[2]

'이데올로기' 는 그러므로 구체적인 실천 속에서 구체화된다. 알튀세는 "이데올로기는 항상 하나의 기구 속에, 그리고 그것의 실천 또는 실천들 속에 존재하며, 이 존재는 구체적이다"(166)라는 것에 주목한다. 앞장에서 그람시가 이와 똑같은 말을 많이 한 것을 보았다. 그러나 알튀세는 관념들이 물적 제도들에 의해 표현되고 전달된다는 사실 때문에 관념들 그 자체가 물질적이라는 특수하고 공인되지 않은 결론에 도달한다. 그는 다른 방법으로 주장하는 것이 '이데올로기' 라고 주장한다.

'관념들' 의 관념적이고 영적인 존재가 '관념' 과 이데올로기에 대한 이데올로기 내에서 배타적으로 생겨난다. 덧붙이자면 과학들이 출현한 이후에 이 개념의 '기초를 확립했던' 것처럼 보이는 것인 이데올로기, 즉 과학들의 전문가들이 자신들의 자연발생적인 이데올로기 내에서 진실이든 거짓이든 스스로에게 '관념들' 로서 재현하고 있는 것인 이데올로기 내에서 말이다. 물론 단정적인 형태로 표현된 이 명제가 증명된 것은 아니다. 나는 단지 독자들이 이 명제에 대해 호의적인 생각을 갖기를 요청할 뿐이다. 말하자면 유물론의 이름으로 말이다. 이 명제를 증명하려면 상당히 긴 논의가 필요하게 될 것이다.(165-6)

관념이 물질적이라는 것을 증명하는 것은 정말로 상당히 긴 논의가 필요할 것이다. 알튀세가 그의 독자들에게 이것을 믿음의 문제로 받아들이라고 요청한 사실은 프랑스 계몽주의를 전형화한 저 '형이상학적' 유물론으로 돌아갔음을 표시하는 것이다. 유물론에 대한 논쟁적 참여를 특징으로 하는 저술들을 통해 알튀세는 질료가 관념을 결정한다는 전제에서 관념은 존재하지 않는다는 가설로 옮아갈 수 있었다.

주체의 관념은 실체적 의례가 지배하는 실체적 관행 속에 자리한 실체적 행동이며, 실체적 의례 자체는 실체적 이데올로기 기구에 의해 규정되고, 그 실체적인 이데올로기 기구로부터 그 주체의 관념이 유래한다는 점에서 주체의 믿음에 대한 관념들의 존재는 실체적이다.(169)

관념이 물질적이라면 관념을 지닌 주체는 분명 객체임에 틀림없다. 비물질적 관념들이라는 개념처럼 자율적인 주체라는 바로 그 개념도 이데올로기적이 된다고 말할 수 있다.

'주체'의 범주가 구체적인 주체들을 주체들로 구성함으로써만 존재하는 이데올로기를 구성하고 있다……. 이데올로기의 존재와 개인들을 주체들로 소리쳐 부르거나 질의하는 것은 같은 것이다.(173, 175)

여기서 포스트모더니스트들이 찬양한 객관화된 주체의 기원을 얻게 된다. 알튀세는 이데올로기가 개인을 선행하여 존재한다고 말한다. 구체적인 개인이 올 때 이데올로기는 '항상 이미' 특정한 역할들, 즉 특별한 주관성을 결정했고, 개인은 거기에 자취를 남기게 될 것이다. 이것은 '질문'의 과정을 통해 발생하며, 그 질문은 기본적으로 한 사람을 미리 할당된 '주체의 자리'에 강제로 자리잡게 하는 방식으로, 체계적으로 연설을 하거나 '환호받는' 것을 의미한다. 이 과정은 20세기 자본주의에 독특한 것도 아니다. 왜냐하면 '모든 이데올로기의 형식 구조는 항상 같기'(177) 때문이다. 이데올로기는 역사적 현상이 아니라 오히려 겉보기에 매우 많은 현실을 견디지 못하는 인간 정신 속의 고유한 경향이다. 이데올로기적 '구조'의 전형적인 예는 기독교인데, 알튀세가 알아보았듯이 기독교는 그 추종자들에게, 하느님인 절대 주체를 통해 그들에게 그러한 이미지를 반추함으로써 개별적 주체로서 설명을 요구한다.

우리는 다음과 같은 것을 안다. 즉 주체들로서 개인들을 **유일 절대 주체**의 이름으로 질의하는 모든 이데올로기의 구조는 거울 같다. 즉 거울 구조이며, 이중 거울 같다. 이 거울 복제는 이데올로기를 구성하며 그 기능을 보장한다. 그것은 모든 이데올로기는 중심이 있으며, **절대 주체**는 **중심**의 유일한 지점을 차지하고 있고, 이중 거울 관계 속에서 주변에 있는 무한한 개인들에게 주체들이라고 질의하여 그 주체들을 **주체**에 종속시킨다는 의미이다. 반면에 개인들을 **주체**에게 복종시키면서 그 속에서 각각의 주체는 자신의 형상(현재와 미래)을 이것이 그들과 관련 있다는 보증으로 생각할 수 있게 된다는 의미이다.(180)

알튀세가 개인들이 절대 주체로부터 나왔다는 것에 대해 기독교와 그리고 헤겔과 같은 포스트−기독교 철학자들에 실제로 동의하고 있다는 것은 흥미로운 사실이다. 그러나 물질적이지 않은 어떤 것도 실재하지 않는다는 알튀세의 가정 때문에 그러한 창조주는 순전히 망상적인 피조물들을 만들어 내는 것이 틀림없다고 가정한다. 혹은 오히려 개별적 주체가 분명하게 실질적인 존재를 향유한다는 것을 부인할 수 없기 때문에 알튀세는 창조 과정의 '인공적' 본질을 강조하고, 그에 대해 억압적이고 아래에 처진 무엇인가가 있음을 넌지시 비친다.

알튀세의 주장에서 그가 묘사하고 있는 객관적인 주체들이 자본주의의 비인간적인 효과에 대한 마르크스와 루카치의 진단과 일치한다는 것에 주목해야 한다. 그러나 마르크스와 루카치가 자본주의의 가장 끔찍한 악으로서 통합된 주관성의 상실을 슬퍼하는 반면, 알튀세는 그것을 상황의 올바르고 피할 수 없는 상태로 즐겁게 받아들인다. 그는 단지 지난 천년 동안의 어리둥절함에 머리를 긁적이고, 그들의 관념론적 신화들을 조롱하고 있다. 알튀세의 이론들이 상당히 영향력이 있다는 사실은 사물화가 심지어 자본주의의 공식적인 적들의 마음에까지 꿰뚫고 있음을 입증하는 것이다.

이데올로기를 물질적 실천과 동일시하려는 어떠한 시도도 돈 키호테적이다. 왜냐하면 관념/물질의 대립은 상호 규정하는 이분법이기 때문이다. 즉 관념과 물질이라는 개념들은 서로가 없으면 의미가 없다. 이 양극단이 본질적으로 망상적이고 유해한 것이라고 주장하는 것은 중요하다. 헤겔과 마르크스 둘 다 그렇게 생각했고, 그래서 양극단을 넘어서서 소외를 극복할 수 있는 방법을 제안했다. 그러나 알튀세는 그렇게 하지 않는다. 오히려 그는 대립의 한 극을 다른 한 극으로 무너뜨리고, 관념은 '사라졌다'고 말하고 있다. 그는 이렇게 해서 관념들이 '마음속에' 존재하지 않는다는 것을 의미하고 있다. 대신에 관념들은 물질적 실천 속에 존재하며, 그럴 경우 물론 관념들은 관념적이지 않고 물질적이다. 알튀세는 관념들이 (정확히 관념들과 구체적 행위의 통합인) 실천 속에 분명히 드러나기 때문에, 관념들이 실천으로 환원되지 않는다는 것을 놓치고 있다. 더욱이 관념이 없다면 관념을 '소유'할 주체도 있을 수 없다. 알튀세는 주체 그 자체가 물질적 실천에 의해 형성되고 구성되며, 그 경우에 그것은 논리적으로 전혀 주체가 아닌 객체라고 주장한다. 다시 한 번 상호 규정하는 대립이 그 용어 중 하나로 환원되고 말았다. 이 환원주의를 유지하기 위해서 알튀세는 몇 가지 원칙적 입장을 어쩔 수 없이 지니게 되는데, 그 입장들은 많은 포스트모던의 이론적 가정의 토대를 이루게 된다.

프랑스 공산당의 충실한 당원으로서 알튀세는 자신의 유물론이 마르크스의 가르침과 일치되도록 하는 데 관심을 가졌고, 근본적으로 혁신적인

《마르크스를 위하여》(1969)에서 그 작업에 착수했다. 앞장에서 보았듯이 마르크스의 여러 저술들은 명백히 유물론과 배치된다. 이 사실을 교묘히 피하기 위해 알튀세는 지루해 보이는 방법론적 단절에 의해 분리된 두 명의 마르크스가 실제로 있다고 주장한다. "이 '인식론적 단절'로 마르크스의 사유를 두 개의 긴 본질적인 시기로 나누게 된다. 즉 1845년을 단절로 보고, 그 이전을 '이데올로기적' 시기로, 그 이후를 과학적 시기로 나누는 것이다."[3] 이 단절은 일관되게 유물론적 해석이 유일하게 가능한 마르크스의 저술인 《독일 이데올로기》의 구성과 동시에 이루어진다.

알튀세에게 '이데올로기'는 사람들이 실제 삶에서 경험하는 상상의 길, 즉 물질적 과정의 관념적 재현이다. 때때로 그 용어에 대한 그의 왜곡된 정식화에도 불구하고 알튀세가 궁극적으로 이데올로기와 '관념론'을 동등시한다고 말하는 일은 그렇게 생경한 것은 아니다. 그가 의미하는 것은 실제 존재가 순전히 관념적인 현상들, 특별한 주체에 있는 경향을 의미한다. 알튀세가 이데올로기에 '대한 지식'을 언급하고 있는 '과학'은 일반적으로 '유물론'과 흡사한 용어로 사용되며, 그 과학의 과업은 이러한 관념들의 원천을 설명하고 자본주의 계급 또는 '부르주아지'의 권력을 유지하는 데 관념들이 하는 역할을 드러내는 것이다. 알튀세는 "관념론, 즉 그것을 포위하고 있는 이데올로기들의 위협과 폐해"(170)로부터 '과학'을 보호할 필요성을 경고하면서, 그리고 "이데올로기 그 자체에 대한, 즉 관념론에 대한 끊임없는 투쟁"을 요청하면서 이 대립을 무척 강조하고 있다.

이러한 정의에 따르면 헤겔은 분명히 '관념론적' 사상가이며, 심지어 중요한 유물론자인 포이어바흐는 '유적 존재'라는 비물질적 개념에 여전히 의지하고 있고, 그래서 '관념론적 인류학'(89)의 먹이가 되고 있다. 초기 마르크스는 소외된 노동을 자신의 핵심적인 관심사로 여길 때 유사한 '휴머니즘'에 굴복한다. 이것은 마르크스가 소외를 인간 삶의 객관화로, 따라서 인간 주체의 부정으로 인식하기 때문이다. 물론 알튀세에게 항상 이미 물질적이지 않은 인간 본질은 없으며, 그래서 객체가 됨으로써 소외될 수 있는 주체도 없다. 그 결과 그는 마르크스주의에서 부정과 소외는 그것들 자체의 이데올로기적 내용을 지적할 수 있는 '이데올로기적 개념들'(214-5)이라는 결론을 분명하게 내린다.

알튀세는 마르크스에게서 모든 관념론의 흔적을 제거하기로 굳게 결심한다. 이 일의 중요한 문제는 마르크스의 저작 전체에 걸쳐 있는 헤겔의 어렴풋한 존재이다. 마르크스를 유물론자로 읽는다면, 이 까다로운 헤겔의 유산을 단순한 전도를 통해서 지울 수 있다. 그것은 그 형이상학적 짐을 물질적 영역으로 옮기는 것이다.

> 헤겔은 의식의 변증법(한 민족의 의식, 한 민족의 이데올로기)으로 물질적 삶, 모든 민족의 구체적 역사를 설명하고 있다. 다른 한편으로 마르크스에게는 인간의 역사를 설명하는 것은 인간의 물질적 삶이다. 즉 인간의 의식, 인간의 이데올로기들은 인간의 물질적 삶의 현상일 뿐이다. 이 대립이 분명히 '전복'의 모든 표시를 연결시킨다.(107)

그러나 여기서 한층 더한 문제가 발생한다. 헤겔에게서는 하나의 근본적 모순——절대 정신의 객관화——이 모든 타자들을 생산한다. 더욱이 절대 정신이라고 하는, 기초를 세우는 통일성이 또한 역사의 궁극적 목적지이자 목적——종말——이다. 그 때문에 헤겔의 사유가 자주 총체적이고 목적론적이라고 불리는 것이다. 이제 마르크스가 그저 헤겔 체제의 이상적 요소들을 물질적 등가물로 전환하면서 그를 '전복했다'고 주장한다면, 절대 정신의 기초를 세우는 통일성의 물질적 대체물을 찾을 필요가 있다. 그러나 실제 세계와 물질적 역사의 과정은 순전히 경험적 차원에서 그렇게 복잡하고 불연속적인 것으로 나타나기 때문에 그러한 근원적인 힘을 확인할 수가 없다. 그래서 알튀세는 말한다. "마르크스주의는 헤겔적 모델의 이론적 전제, 즉 근원적인 단순한 통일성이라는 전제를 거부한다……. 이 전제는 '전복된' 것이 아니라 제거된 것이다."(198)

마르크스를 유물론자로 읽기로 한 결정 때문에 알튀세는 마르크스가 단일한, 독창적인 모순을 토대로 이론을 정립한다는 의견을 거부하게 된다. 예를 들어 소외된 노동에 대한 신헤겔적 개념은 알튀세에게는 마르크스주의의 기초가 될 수 없다. 왜냐하면 그것은 '기원들의 철학의 이데올로기적 신화'(198)에 결부되어 있기 때문이다. 마르크스주의가 하나의 '과학'이며, 헤겔주의가 하나의 '이데올로기'이고, '과학은 이데올로기를 전복함으로써 얻어지지 않았기에'(192) 마르크스는 세계의 문제들이 궁극적으로 모든 것을 포괄하는 하나의 모순으로 귀결될 수 있다는 입장에서 벗어나야만 한다. 여기서 알튀세는 아주 읽기가 불편하게 된다. 사실 마르크스의 모든 저작을 관통하는 하나의 기본적인 모순이 있다. 즉 노동과 자본 사이의 대립, 혹은 초기 저작에서 표현된 대로 인간 행위와 인간 행위의 소외된 형태 사이의 대립 말이다. 루카치가 보여 준 대로 이 단 하나의 대립은 인간의 경제 활동을 지시할 뿐 아니라 또한 인간의 의식을 형성하면서, 자본주의 체제하의 모든 삶의 양상을 알려 주고 결정한다. 그러나 소외라는 개념은 알튀세에게 너무 '이데올로기적'이어서 용인할 수 없는 것이다. 그래서 알튀세는 "헤겔적 모델, 특히 자본과 노동 사이의 '아름다운' 모순과 같은 추상적 모순의 분해 '력'에 대한 그 믿음"(104)을 버리고, "분명히 단순한 모순은 항상 중층 결정된다"(106)는 결론에 이를 수밖에 없었다.

'중층 결정'이라는 용어를 사용한 것이 이데올로기의 이론에 대한 알튀세의 주요한 공헌이다. 중층 결정은 모든 상황이 하나 이상의 결정적인 요인을 갖고 있다는 것을 의미한다. 예를 들어 20세기 프랑스에서 억압에 의한 특수한 형태는 단순히 경제적 요인들로 환원될 수 없다. 첫눈에 인종이나 성(性) 개념과 같은 관념적인 힘들이 작동중인 것을 볼 수 있다. 그래서 알튀세는 '상부 구조의 상대적 자율성'(111)을 기꺼이 인정한다. 달리 말하면 우리가 세상에 대해 갖는 관념들은 우리의 물질적 삶에 의해 만들어질 뿐 아니라 일정한 정도의 독립성을 얻으며, 역사에서 부분적으로 결정적인 역할을 할 수 있게 된다. 이러한 추론의 흐름은 종종 알튀세의 조잡한 유물론과의 결별로 묘사된다. 그러나 우리가 보았듯이 그는 바로 그 자신의 초유물론적 결정론의 결과로 어쩔 수 없이 중층 결정이라는 개념을 다듬어 내고 있다. 다시 말하지만 알튀세는 마르크스에게서 헤겔적 관념론 혹은 '이데올로기'의 모든 흔적들을 제거하기를 원한다. 이것은 알튀세가 소외된 절대 정신의 헤겔적 묘사란 단순히 '전복'하고 있는 마르크스의 소외된 노동이라는 개념의 유효성을 받아들이기를 거부한다는 의미이다. 그래서 그는 유익한 단일 모순에 대한 헤겔적 개념, 즉 물질 세계는 훨씬 더 복잡하게 보인다는 것을 사용하고 있는 것으로 마르크스를 읽을 수 없다. 그리하여 알튀세는 본의 아니게 관념들이 물질 세계에 대한 어떤 결정적인 영향력을 갖는다고 할 수밖에 없게 된 것이다.

그러나 이러한 결론은 알튀세의 유물론적 논의들과는 완전히 반대이다. 이러한 모순에 대하여 두 가지 가능한 방법이 있다. 《레닌과 철학》에 대한 논의에서 보았듯이 하나의 해결책은 매우 역설적인 것임에도 불구하고 그냥 관념들이 실상 물질적인 것이라고 선언하는 것이다. 《마르크스를 위하여》에서 알튀세는 그 대신 '생산의 (경제적) 양식에 의한 최종 결정'(III)을 강조한다. 비록 관념들이 '상대적 자율성'을 획득하고, 어떤 환경에서는 물질적 토대와 독립적인 것처럼 보일지라도 경제가 실제로 이데올로기적 현상들의 숨은 궁극적 원인이라는 믿음을 계속 유지할 것을 우리는 요청받는다. 이미 인정했듯이 알튀세는 제4장에서 논의했던 엥겔스가 블로흐에게 보낸 편지에서 이 개념을 차용한다. 그 편지처럼 그것은 경험적 또는 논리적 정당성이 없으며, 가치가 저하되고 희석된 유물론에 대한 믿음을 제의적으로 선언하는 데 그친다.

동시대의 사상에 끼친 알튀세의 영향은 해롭기도 하고 그만큼 심층적이다. 특히 알튀세가 이데올로기의 구성적 역할을 강조한 결과 '허위 의식'이라는 개념에 대한 심각한 의혹이 생겨났다. 알튀세에 따르면 관념론의 모든 형태가 이데올로기적이다. 또한 여전히 어느 정도 관념론적 용어를 통해 사유하지 않는 사회를 상상하는 것은 불가능하다. (알튀세는 깨닫지 못했지만, 관념과 물질은 서로를 규정한다는 사실 때문에.) "이데올로기는 역사의 탈선 또는 부수적인 혹이 아니다. 그것은 사회들의 역사적 삶에 필수적인 구조이다."(232) 확실히 이것은 의미 있는 내용이 완전히 없어질 때까지 '이데올로기'라는 용어를 확대 해석하는 것이다. 그러나 알튀세의 모델에는 그 이상의 문제가 있다. '이데올로기'가 망상적 의식이라면, 그리고 '과학'이 이데올로기'의 진리'라면 어떻게——이데올로기의 불가피성이 주어지고——한쪽에서 다른 한쪽으로 전이되는가? 여기서 포스트모더니즘에 알튀세가 남긴 영원한 유산이라고 할 어떤 것에 맞닥뜨리게 된다. 즉 그의 이론에서 미학적 차원이 행한 중심 역할 말이다.

유물론적 미학?

허위 의식을 확인하고 설명하는 데 관련된 어떤 이론에서건 예술의 문제는 특히 곤란한 문제이다. 미학적 진술들은 정확하게 거짓이라 할 수는 없지만, 진실한 주장을 하는 것도 아니다. 필립 시드니가 《시의 변호》에서 지적했듯이 "시인으로서 그는 어떤 것도 긍정하지 않는다. 그러므로 결코 거짓말을 하지 않는다."[4] 제3장에서 칸트가 어떻게 미학적 판단의 범주를 이용하여 인식론과 윤리 사이, 즉 그의 이론과 그 실천적 효과 사이를 매개하는지 보았다. 알튀세의 저작에서는 예술이 유사한 기능을 발휘한다. 《레닌과 철학》에서 알튀세는 선언한다.

예술이 비록 이데올로기와 매우 독특하고 특별한 관계를 맺고 있지만, 나는 진정한 예술을 이데올로기의 반열에 넣지 않습니다……. 예술이 우리로 하여금 보게 하는 것, 그러므로 '보기' '인식하기' 그리고 '느끼기'의 형태(알기의 형태가 아니라)로 우리에게 주는 것은 예술이 태어나 그 몸을 담

그고, 예술로서 떨어져 나와 암시하는 이데올로기입니다.(221-2)

'예술'(이 말은 아직 규정되지 않은 채로 있는 의혹의 대상이다)은 '과학' 과 '이데올로기'의 중간 지대를 차지하고 있는 것처럼 보인다. 또 예술이 이데올로기로부터 '과학'인 지식까지 지나갈 수 있는 도랑을 만들어 주는 것처럼 보이기도 한다. 예술은 이데올로기 내의 모순들을 벗겨내어 이데 올로기에 미리 결정된 미학적 형식을 부과해 모순들을 보이게 함으로써 그렇게 한다. 이것은 알튀세의 친구인 피에르 마셔레이가 《문학 생산 이론》(1966)에서 추구한 논법이다. 마셔레이는 '문학적' 언어는 본질적으로 다른 표현 양식들과 다르다는 명제에서 출발한다. 그것은 "그 자체의 진리를 확립하는 한 진실과 거짓 사이의 구별에는 관심이 없다."[5] 문학은 진실과 거짓 사이에 자리를 잡는다. 그것은 '이데올로기의 언어인 일상 언어'(59)를 비틀고 왜곡한다. 그래서 독자로 하여금 이 언어에 거리를 두게 하고, 그 이데올로기적 본질에 주목하게 하며, 그리하여 이데올로기의 과학적 '지식'으로의 뒤늦은 전이를 가능케 한다.

우리는 이 패러디를 특징으로 하는 문학을 일시적으로 정의할 수 있다. 끊임없는 대면 속에서 언어의 실제 사용을 혼합하면서 문학은 언어 사용의 진실을 드러내게 된다. 언어를 발명해 내기보다는 언어로 실험하는 문학 작품은 지식의 유사물이면서 동시에 관습적 이데올로기의 희화화이다.(같은 쪽)

문학적 언어가 이데올로기를 이전에 존재한 문학적 전통에 의해 지배받는 형식에 맞추기 때문에, 기민한 비평가는 문학 텍스트 내에 있는 이데올로기의 모순들을 인식할 수 있을 것이다. 알튀세의 틀 구조에 따르면 이러한 모순들은 일상 생활에서는 보이지 않을 것이다. 일상 생활에서 이데올로기는 모순들을 원만하게 성공적으로 해결할 수 있다.

우리가 이데올로기를 그 자체로 모순되게 하는 경우를 제외하고는 이데올로기적 모순은 있을 수 없다……. 정의상 이데올로기는 모순적인 논쟁을 유지할 수 있다. 왜냐하면 이데올로기는 정확히 모든 모순의 흔적을 지우기 위해서 존재하기 때문이다. 그래서 그러한 것으로서 이데올로기는 실제의 질문 앞에서만 와해된다……. 이데올로기의 본질적인 약점은 이데올로기가 스스로 자신의 실재적 한계들을 결코 인정하지 못한다는 것이다. 기껏해야 근본적인 비판 행위 속에서 다른 곳으로부터 이러한 한계들을 알 수 있을 뿐이다.(130-1)

이어서 알튀세는 이데올로기가 특수한 문학 양식의 일반적인 요구에 따라야만 할 때처럼 이데올로기가 그 선택에 의한 것이 아닌 형식이 되도록 강요당할 때, 그런 한계들이 드러나게 된다고 주장한다.

한계들은 이중의 분석 방법을 통해 드러날 수 있다. 비평가들로서 우리는 우선 미학적 작품의 '가능성의 조건들'을 공부해야 한다. 텍스트 밖에서, 텍스트를 산출한 역사적 환경에서 가능성의 조건들을 찾아야만 한다. 두번째로 역사적 상황을 떠받치고 정당화시킨 이데올로기의 '조건들의 조건들'을 검토해야 한다. 그리고 그 조건들은 텍스트 자체 내에서 식별될 수 있다. 그래서 마셔레이가 제시한 예에서 톨스토이의 후기 작품들은 1905년과 1917년의 혁명 사이에서 자유 러시아 지성인들이 느꼈던 딜레마에서 나온 것이었다. 혁명의 필요성을 인식하였으나, 이러한 상황에서 독재의 존재는 알고 있었으나 그 실행 가능성을 부인하는 어떠한 저항도 불가능하게 한 체념의 평화주의를 낳았다. 마셔레이에 따르면 이것은 톨스토이가 표현하고 있는 이데올로기이고, 그의 책을 정밀히 읽음으로써 이 이데올로기의 한계를 식별하는 것이 가능하다.

'문학'에 대한 적절한 정의가 많이 부족한 마셔레이의 책에는 많은 어려움이 있다. 마셔레이는 에티엔 발리바르와 함께 쓴 《이데올로기 형식으로서 문학에 대하여》라는 그후의 글에서 이 점을 교정하려 애쓴다. 이데올로기에 대한 알튀세의 접근 방법의 한계가 이보다 더 명확하게 드러나 있는 글은 없다. 알튀세와 마셔레이는 철저한 유물론자이며 "문학의 객관적 존재는…… 주어진 이데올로기적 국가 기구들에서 주어진 사회적 실천과 분리될 수 없다."[6] 이것은 문학을 교육 제도의 배경 속에서, 그리고 특히 프랑스의 학교 분류를 노동 계급을 훈련시키는 '제1의 기술' 제도들과 부르주아를 낳는 '제2의 진보' 수준으로 한다는 견지에서 공부해야 한다는 의미이다. 첫번째 종류의 학교에서 단지 기본 언어 기술만을 가르치고, 두번째 종류의 학교에서 기본 언어 기술들을 문체적으로, '문학적' 방식으로 언어를 조정하는 능력과 더불어 증대된다. 마셔레이와 발리바르는 문학 텍스트가 이 두 종류의 언어를 포함하고 있기 때문에 "문학어는 그 자체가 이데올로기적 계급 모순의 효과에 의해 형성된다"(51)고 주장하고 있다. 그러나 문학 작품들은 노동자들의 직설적이고 명시적인 언어보다 부르주아지의 장식적이고 함축적인 언어를 중시한다. 이것은 사실 문학의 명확한 특징이다. "문학 생산에 의해 구체화된 지배의 효과는 지배적인 이데올로기 그 자체 내에서 지배적인 이데올로기의 현존을 전제로 하며," 그래서 프롤레타리아에게 "독서는 열등감의 확인…… 복잡한 관념과 감정의 표현에 '불분명하고' '잘못되고' 그리고 부적절한 것으로 운명지어진 담화의 문학적 담화에 의한 지배와 억압일 뿐이다"라는 말이 이어진다.

이것은 알튀세의 유물론의 궁색하지만 논리적인 결론이고, 관념들이 물질적 실천 속에서 구체화된다는 것 이외의 재현 또는 관념을 생각지 못한다. 이데올로기와 문학의 관계에 대한 더욱 세련된 고찰을 1930년대 동안에 벌어진 독일 표현주의에 대한 논쟁에서 찾아볼 수 있다. 표현주의는 대략 프랑스의 초현실주의 또는 영국의 모더니즘에 필적하는 시·음악 그리고 시각 예술의 아방가르드 유파이다. 그것은 세계에 대하여 불연속적이고 신경에 거슬리며, 규칙을 무시한 관점을 제시함으로써 충격적인 효과를 내는 것을 목적으로 했다. '표현주의'라는 딱지가 붙은 좋은 기술적인 예는 몽타주라는 영화적인 장치인데, 몽타주에서 분명하게 연결이 안 된 이미지

들의 신속한 병치를 통해 의미가 전달된다. 영문학에서는 〈황무지〉(1921)
와 같은 시에서 보듯 엘리엇과 같은 작가들이 표현주의 기법을 개척했다.

> "마아게이트 백사장에서
> 나는 연결할 수 있다
> 무(無)와 무(無)를.
> 더러운 손들의 부서진 손톱들.
> 내 집안 사람들은 아무것도 바라지 않는
> 비천한 사람들."
>   라 라
>
> 카르타고로 그때 나는 왔었다
>
> 탄다 탄다 탄다 탄다
> 오 주여 당신이 나를 건지시나이다
> 오 주여 당신이 건지시나이다
>
> 탄다
> (300-11행)[7]

이와 같은 작품들의 내용뿐 아니라 형식도 자본주의의 현대성 속에서
겪는 삶의 단편적이고 단절된 경험을 반영하는 것으로 여겨졌다. 1930년
대에 이러한 종류의 예술에 대한 이데올로기적 함축은 유럽의 마르크스
주의 지식인들 사이에서 열띤 논쟁의 주제가 되었다. 《역사와 계급 의식》
의 헤겔주의 저자인 것에서 예상할 수 있듯이, 디외르디 루카치는 표현주
의의 단편적인 문체가 실제로 하나의 '총체성'을 형성하는 사회의 진정한
상호 관련성을 모호하게 했다고 표현주의를 공격했다. 이에 응답하여 에

른스트 블로흐는 자본주의의 상품화된 세계에 대한 주관적인 경험 그 자체가 혼란스럽고 단편적이라고 언급했고, 표현주의는 사물들이 존재하는 방식을 정확하게 반영하는 것이라고 넌지시 비쳤다. "고유한 실체 또한 불연속적이라면 어떻게 될까?"[8]라고. 루카치는 이어서 세계가 혼란스럽고 무질서해 보인다는 것을 기꺼이 인정했다. 그러나 그는 이것은 일관된 총체성의 근원적인 통일성을 숨기는 이데올로기적 망상이라고 주장했다.

블로흐의 실수는 단지 그가 이러한 마음 상태를 직접적으로, 그리고 기탄없이 현실 그 자체와 동일시한 사실에 있다. 그는 이러한 마음 상태에서 창조된 고도로 왜곡된 이미지를 객관적으로 본질, 즉 이미지를 현실과 비교함으로써 왜곡의 기원과 매개들을 해명하는 대신에 사물 그 자체와 동등하게 다룬다.[9]

루카치의 견해로 보면, 조이스 또는 베케트와 같은 모더니즘 작가들은 자본주의 체제하의 삶의 이데올로기적 외양을 환기시키는 데 만족했으며, 반면에 발자크 또는 토마스 만과 같은 리얼리즘 작가들은 비록 숨겨져 있지만 사회 관계들의 실제적인 통일성을 설명하기 위해 그 단편적인 표면 아래를 꿰뚫어 보고 있다.

따라서 루카치가 총체성에 '형이상학적' 지위를 부여한 것은 분명하다. 그는 어느 누구도 자본주의 사회를 하나의 총체성으로 경험하지 못한다는 것을 기꺼이 인정한다. 그러나 그렇다고 해서 자본주의 사회가 실상 하나의 총체성이 아니라는 것을 의미하지 않는다. 그것은 단지 허위 의식이 보편적이 되었다는 것을 의미한다. 그러나 루카치의 반대자들이 서둘러 지적하듯 보편적 의식이 반드시 진실되지는 않을지라도 실재한다는 의미는 있다. 루카치 자신이 《역사와 계급 의식》에서 진단했던 사물화는 환상으로서 무시되거나 잊어버릴 수 없다. 오히려 테오도르 아도르노가 강조하듯이 세계에 대한 실제적인 객관적 조건으로서 받아들여야만 한다. 그러므로 예술 작품이 왜곡과 불연속의 장치들을 통해 이 사물화된 의식을 표현할 때, 그것은 루카치가 발자크와 만에게서 발견한 전통적이고 일관된 통일적인 '리얼리즘'보다 더 '사실적'이다. 아도르노에 따르면 아방가르드 예술은 사물화의 주관적 결과들을 충실히 반영하므로 상품화된 세계에 대한 반어적이고 비판적인 관점을 제공한다.

이미지의 형태에서 객체는 소외된 세계의 초대에 따르고, 사물화의 상태를 완고하게 고집하는 대신 주체에 흡수된다. 주체와 일치된, 즉 주체에 자발적으로 흡수된 객체와 외부 세계에서 실제로 일치되지 못한 객체 사이의 모순은 예술 작품에 사실성을 비판할 수 있는 유리한 지위를 부여한다. 예술은 실제 세계에 대한 부정적 지식이다.[10]

그때 예술의 가장 사실적인 양식들은 그 형식이 가장 분명하게 현실의 사물화된 조건들을 드러내는 것이며, 그 조건은 주체 내에서 자신을 재생산한다. 아도르노가 다른 글에서 말하듯이 "상품의 물신적 특징은 의식이라는 사실이 아니다. 오히려…… 그것은 의식을 생산한다."[11] 루카치가 처음 표현한 이 관념, 즉 외적 세계의 상품화는 내적·정신적 활동의 모든 면에서 유사하다는 관념은 프랑크푸르트학파로 알려진 일단의 사상가들이 설명한 이데올로기의 토대가 된다.

프랑크푸르트학파

(독일의 프랑크푸르트에서 처음 세워진) 사회연구소와 연합한 철학자들이 의식에 대한 상품의 충격에 대해 가장 심오한 통찰력을 지녔다. 이 집단의 잘 알려진 구성원들——테오도르 아도르노·막스 호르크하이머·허버트 마르쿠제——은 마르크스가 《자본론》의 첫장에서 제시한 상품화의 분석

과 마르크스의 서술을 발전시킨 루카치의 포괄적 사물화 이론에 그들의
연구 기초를 두었다. 호르크하이머가 마르크스주의를 위해 쓴 〈진리의 문
제에 관하여〉(1935)에서 주목하고 있듯 "모든 테제에는 반드시 첫번째 공
리, 상품들의 자유 교환의 개념이 뒤따라야 한다……. 경제 · 정치 그리고
모든 다른 문화적 분야에서 모든 사회적 과정들의 지식은 그 첫번째 인식
에 의해 조정될 것이다."[12] 우리가 보아 온 대로 마르크스는 교환 과정이
실제 물질적으로 상이한 대상들에 허위의 관념적 등가치를 정신적으로 부
여하는 것을 포함한다고 주장한다. 교환이 경제 조직의 지배적 형태인 사
회—— '시장 경제' ——에서는 교환의 원칙이 사람들의 의식을 지배하게
된다. 허위의 외양은 사물 그 자체를 지배하게 만든다. 왜냐하면 대상이
본질적인 효용성보다는 교환 가치로 평가되고, 재현은 결과적으로 자율적
이 되기 때문이다. 이 과정은 경제 생활뿐 아니라 지성에도 영향을 끼친
다. '이성의 종말' (19)에서 명목론의 대두를 설명하면서 호르크하이머는
이렇게 말하고 있다.

　　대상들은 철학에서 무자격의 집단으로 간주될 수 있었다. 왜냐하면 경제
　　적 현실이 모든 사물들을 공통분모로서 돈과 동등하게 하면서 평등화했기
　　때문이다. 그러한 평등화에 직면하여 대상의 적절한 존재를 더 이상 고려
　　할 수 없다.[13]

우리가 주목해야 할 문제는 유물론적 마르크스주의자들이 언급하고 있
는 생산의 '객관적' 물질적 조건이 아니라 주체의 왜곡과 관련된 것이다.

　　사회적 부의 생산 방법들을 이용할 수 있으며, 유용한 자연적 효과의 생산
　　조건들은 상당히 알려져 있고, 인간 의지가 그러한 조건들을 야기할 수 있
　　다. 그러나 이 정신과 이 의지 그 자체가 거짓되고 왜곡된 형태로 존재한다.
　　(412)

상품의 물신화는 주관적인 인간 행위의 우상화를 포함하며, 그래서 그 행위의 산물들은 "인간 자신들이 불러냈지만 운명의 막대한 힘으로 인간과 맞닥뜨린다."(412) 다시 한 번 허위 의식은 '인간의 손으로 만든 작품들'을 우상화하는 것이다. 악랄한 아이러니 속에서 이러한 산물들은 '감정의 교환 가치로 대치'[14]되는 것으로 끝나는, 왜곡되었으며 왜곡시키는 형식 속에 주체를 재진입시킨다. 객관화의 과정은 작업장에 국한되지 않고 정신의 습관이 된다. 그래서 사람들은 자기 자신과 타인들을 대상으로 인식한다. 더욱 나쁜 것은 완전히 상품화된 세계는 어느 누구도 이 과정에서 손을 떼는 것을 허용하지 않는다는 점이다. 이 때문에 아도르노는 서구 자유민주주의를 '전체주의적'이라고 특징짓는다. "감정이 교환 가치를 포착할 때…… 사랑할 것이 아무것도 남아 있지 않기 때문에 자신의 감방을 사랑하는 죄수의 행동과 일치한다."(280)

이러한 물신주의의 잠재적 효과는 나치로부터 도망쳐 미국에 도착했을 때, 사회연구소 회원들에게 강렬한 인상을 심어 주었다. 이들 중부 유럽 명문가 출신의 마르크스주의 지성인들이 남캘리포니아에서 스스로 경험하면서 발견한 문화 충격은 컸으며, 그만큼 생산적이었다. 그들이 접한 새로운 환경이 그들이 독일에서 흡수했던 철학적 이론들에 대한 충분한 확증을 분명히 그들에게 제공했다. 아도르노와 호르크하이머의 《계몽의 변증법》(1944)은 그들의 미국 경험에 대한 가장 포괄적인 설명을 담고 있다. 그 책에서 상품의 완벽한 힘에 대한 끔찍할 정도로 매혹된 어조를 계속 유지하는 것은 주목할 만하다. 이 힘의 잠재력 때문에 그들은 "실제 생활이 영화와 구별이 안 되고 있다"[15]는 새롭고 초현실적인 의식의 양상에 우리가 들어가고 있다는 걱정스런 결론을 내렸다.

아도르노와 호르크하이머는 "매체의 무기력과 유연성이 매체에 허용된 상품의 양적 증가와 함께 커진다"(xiv-xv)거나, "여론은 사유가 피할 수 없이 상품이 되고, 언어는 그 상품을 향상시키는 수단이 되는 상태에 이르렀다"(xi-xii)거나 "경제적 장치가 인간 행위를 결정하는 가치로 상품들을 갖춘다"(28)는 것에 놀라지 않는다. 그러나 그들에게 충격을 주고, 그들을 당황케 한 것은 지성의 상품화로 인한 재현의 왜곡 효과이다. "재현은 대체물로 교환된다──보편적인 교환 가능성…… 모든 것의 그 어떤 모든 것과의 동일성(정체성)이 어떤 것도 동시에 그 자체와 동일시될 수 없다는 점에서 지불된다."(10-12) 사물들의 고유한 정체성, 그 사용 가치는 사물들의 추상적이고 상징적인 교환 가치로 여겨질 때 막힌다. 이 '추상의 평등한 지배'(11)는 "이데올로기가 주어진 존재의 우상화된 기술을 통제하는 힘의 우상화에 그 자체를 소비한다"(xvi)는 것을 보증하면서 비판 기능을 무디게 한다.

이데올로기에 대한 이러한 두 가지 관점──우리에게 즉시 재현되는 것으로서 '사실들'에 대한 본능적인 집행 연기와 도구과학에 대한 맹목적인 믿음──이 상품 물신화의 가장 위험한 결과이다. 하나의 사물이 상품이 되기 위해서는 인간의 이성의 강제력이 사물 그 자체에 발휘되어야 한다. 우리는 그것을 존재하지 않는 것으로 재현해야 하고, 그런 다음 실체를 재현해야 한다. 그러나 이러한 이성력은 순전히 형식적이다. 왜냐하면 그것이 고려하는 사물들의 구체적인 물질성──내용──에 상관없이 보편적으로 적용되어야 하기 때문이다. 그것은 결국 추상적이기 때문에 그 자체의 물신화로 끝난다. "예전에 물신들은 등가의 법칙에 속했었다. 이제 등가 그 자체가 하나의 물신이 되었다."(17) 그 결과 자연과학에 나타난 대로 이성의 형식적·추상적 원리들이 객관적 진리에 대한 유일한 수단인 것으로 여겨진다. 호르크하이머의 말로 하자면 "누더기가 된 돈의 장막이 기술의 장막으로 바뀌었다."[16]

유일하게 진짜 통찰력을 낳을 수 있는 것으로 물신화되어 버린 자연과학의 방법들은 끔찍한 결과를 초래하며 인문과학의 영역에 잘못 적용되고 있다. 경험적 사실들을 '주어진' 것으로 여기는데, 즉 그것들은 어떠한 매개도 없이 자동적으로 의미 있는 것이 된 체한다. 이러한 헤겔의 용어는 '우리를 위해' 존재하는 모든 것이 다른 사물들과의 관계에 의해 가능해진다. 어떤 것도 자기 동일성이 없다는 사실을 넌지시 암시한다. 그러므로 야만적인 사실을 이해하기 위해서, 컨텍스트를 제공함으로써 사실에 의미를 부여하는 다른 사실들에 비추어 그것을 설명해야 한다. 헤겔의 표현대로 말하면 사실들은 그것들이 총체성을 통해서 매개될 때만 의미가 있다.

아마 몇 가지 예를 들면 도움이 될 것이다. 오늘날 미국에서 범죄의 상당 비율을 젊은 흑인 남자들이 저지르고 있다는 것을 통계로 알 수 있다. 이것은 하나의 '사실'이다. 이것만 떼어서 보면 이러한 사실은 젊은 흑인 남자들이 감독과 제재를 할 필요가 있는 약탈적이고 위험한 사람들이라는 것을 가리키는 것으로 보아도 당연하다. 이것이 아도르노와 호르크하이머가 '이데올로기적' 사유로 간주할 만한 것이다. 그러나 이러한 사실이 총체성을 통해 매개된다면, 노예 제도와 인종 차별 치안 정책과 미디어의 재현, 교육과 복지 제도라는 문맥 속에서 해석해 보면 이 '사실'에 대해 반대의 결론에 이르게 되는 것이 당연하다. 즉 젊은 흑인 남자들은 도움과 기회가 필요한, 억압받고 희생당한 사람들이라는 결론 말이다. 또 다른 차원에서, 지적인 노력의 영역에서 '순수한' 사실들의 물신화는 사회적 결과와 상관없이 자연과학의 특권화와 그 무차별적인 적용의 근원이다. 아도르노와 호르크하이머에게 이 과정의 가장 두드러진 결과는 가스실과 원자폭탄이었다. 의식의 상품화는 허위일 뿐 아니라 실제로 사악한 세계를 보는 방법을 낳는다.

위생적인 공장의 작업 공간과 그곳에 속한 모든 것, 폭스바겐(국민차)이나 운동 경기장이 형이상학을 무자비하게 해체시켜 버린다는 것은 별 문제가 안 될지 모르나, 이것들 자체가 형이상학이 되는 사회 전반에서 실제적인 악이 집중되어 있는 숨겨져 있는 이데올로기의 장막은 문제가 되지 않을 수가 없다.[17]

《계몽의 변증법》을 통독해 보면 나치 독일의 공개적인 독재와 상품에 묶인 캘리포니아의 미묘한 전체주의 사이——때때로 명백하고, 더 자주 분명치 않은——에 혼란스런 유사성이 있다. 형식적으로 자유로운 미국 사회는 모든 삶의 양상을 통제하는 체제순응주의를 강요하고 있고, 그것은 자발적인 것으로 경험될 정도로 더욱 교묘하다.

　이데올로기를 선택할 자유는…… 모든 곳에서 항상 동일한 것을 선택할 자유인 것으로 증명된다. 한 처녀가 의무적인 데이트를 수락하고 행하는 방식, 전화를 받을 때나 가장 친밀한 상황에서 보여 주는 억양, 대화에서 단어의 선택, 그리고 내면 생활 전체는…… 문화 산업이 복무하는 모델과(심지어 감정면에서도) 유사한 적합한 장치로 자기 자신을 만들려는 인간의 노력을 보여 준다. 인간의 가장 내밀한 반응들조차 그렇게 철저히 물화되어 있기에 그들 자체에 고유한 어떤 것이라는 관념도 극도로 추상적인 개념으로만 존속한다. 개성이란 번쩍이는 하얀 이와 체취, 감정이 없다는 것 이상을 의미하지 않는다. 문화 산업에서 광고의 승리는, 소비자들이 문화 상품들을 꿰뚫어 보면서도 어쩔 수 없이 그 상품들을 사서 사용하지 않을 수 없다는 것이다.(167)

허버트 마르쿠제는 《일차원적 인간》(1964)에서 유사한 결론을 내린다.

　대량 수송과 통신 수단, 의식주의 일상 용품들, 억제할 수 없이 쏟아져 나오는 오락 및 정보 산업은 앞서 기술한 태도와 습관, 어떤 지적이고 정서적인 반응들을 수반하는데, 이 반응들은 소비자를 다소 기분 좋게 생산자와 함께 엮으며 생산자들을 통해 전체를 엮는다. 생산물들은 주입하고 조작한다. 즉 허위에 면역된 허위 의식을 증진시킨다.[18]

프랑크푸르트학파에 따르면 이것이 상품 문화의 본질이다. 의식은 그 자체를 허위로 인식하지만 상관하지 않는다. 왜냐하면 진정한 의식은 실천적으로 얻기 어렵고 본질적으로 불가능하거나, 또는――그리고 여기서 포스트모더니즘의 영역에 이른다――실제로 바람직하지 못하기 때문이다.

계몽주의와 초기 이데올로기

우리로 하여금 이데올로기를 인식하게 한 '계몽'의 과정은, 그래서 꽤나 이해가 엇비슷한 것처럼 보일 것이다. 헤겔이 언급했듯이 볼테르로 하여금 종교적 '불명예'를 드러내게 한 같은 이유가 그 자체가 미신 숭배의 물신적 대상이 될 수 있다. 더욱이 계몽주의의 합리성이 실제 문제로서 모든 종류의 지배와 착취의 핑곗거리를 제공해 오고 있다. 즉 인간을 지배하는 상품, 자연 세계에 대한 인간의 헤게모니, 도구과학과 경험철학의 지적 승리, 과거에 대한 현재의 거짓 우월성, '미개발' 세계의 '원시' 인들에 대한 이성을 소유한 유럽인들의 지배 말이다. 계몽된 이성이 맞서 싸우고 있는 '원시' 미신과 다소 공모하고 있다는 불편한 감정이 20세기초 수많은 문학 텍스트에서 표현되고 있다. 예를 들어 조지프 콘래드의 〈어둠의 한가운데〉(1902)에서 쿠르츠――야만 관습의 타파를 위한 국제 사회'를 위해 보고서를 쓰고 있는 유럽 상아 거래업자――는 그가 '문명'의 인공적인 억압에서 풀려나자마자 '야만적' 상태로 '퇴행하고' 있는 자기 자신을 본다.

서양 이성의 오만에 대한 놀라울 정도로 통찰력 있는 연구는 막스 베버의 《프로테스탄티즘의 윤리와 자본주의의 정신》(1904)에 있다. 이 작품은 프로테스탄트 사회가 자본주의 경제를 발전시키고 개척하는 데 특히 능수능란한 이유에 대해 의문을 제기한다. 여기서 베버는 자본주의 경제를 '교환을 위해 기회들을 이용한 이익의 예상에' 의존하는 것으로 규정한다.[19] 그러나 베버는 의식에 대한 상품의 영향을 강조하기보다는 대상에 형식적 등가성을 부여하는 데 필요한 과정에, 그러나 인간 행위에 형식을 부여하는 새로운 방법들 속에 나타나는 '합리화'의 더욱 일반적인 과정에 관심을 두고 있다. 자본주의 사회에서 노동력의 작용과 사생활의 도덕성은 교환에 기초를 둔 경제가 의존하는 합리적 계산 방법과 일치되어야만 한다. 베버가 말하듯이 자본주의는 사회의 모든 양상이 '수학과 정확하고 합리적인 실험에 기초한 자연과학들'(24)과 일치할 것을 요구한다.

베버는 어떻게 프로테스탄티즘이, 그리고 특히 예정설의 칼뱅주의의 개념이 자본주의 경제의 성장을 고무하고 정당성을 부여해 주는 관념 체계를 제공했는지 보여 준다. 칼뱅에 따르면 각각의 인간 영혼의 구원 또는 저주는 이미 세계가 창조되기 전에 결정되었다. 사람이 자신의 생애에 행하는 그 어떤 것도 하느님의 눈에는 그 사람의 위상에 전혀 영향을 끼칠 수 없다. 기독교 사회에서 이 교리의 영향은 자신의 영원한 안식처의 본질에 대해 자연스럽게 호기심을 갖고 있는 신앙인들에게 엄청난 근심거리를 주었다. 이러한 관심은 하느님의 은혜의 증거를 자신의 삶에서 찾음으로써 진정될 수 있었고, 이 증거는 물질적 번영에 의해 눈에 띄게 제공되는 것처럼 보였다. 그래서 베버에 따르면 지상의 삶에서 가능한 한 많이 부를 축적하려는 칼뱅주의 신앙인들에게 강한 심리적 명령이었고, 이것이 '프로테스탄트 노동 윤리'의 원천이다.

베버가 주목하듯이 자본주의의 이 '정신'이 빈번하게 실제 자본주의 활동을 어렴풋이 이해하기 전에 존재한다. 분명히 그는 특정한 경제 제도가 그에 상응하는 이데올로기를 낳는다는 유물론적 전제를 거부한다. 그러나 그가 강조하듯이 "물론 일방적인 유물론적 해석 대신에 똑같이 문화와 역사의 일방적인 정신적 인과 관계의 해석을 하려는 것은 나의 목적이 아니다."(183) 루카치와 아도르노처럼 베버는 이데올로기와 경제의 영역에서 유사한 발전을 관찰하지만, 그는 하나를 다른 것으로 환원하는 것을 거부한다. 그러나 베버의 책의 진정한 도전 정신은, 계몽주의의 합리성이 본래 역사적 또는 지리적으로 먼 사회가 따랐던 사유들보다 더 진실되거나 더 나은 사유 방법이 아니라는 언외의 의미이다. 이러한 종류의 상대주의는 1904년의 유럽에서 상당히 충격적이었다. 이것은 고상한 사유 체계가 가장 저급한 충동을 정당화시키는 데 사용될 수 있다는 것을 지적한 것이다. 또한 어떤 사유 체계가 다른 사유 체계보다 우월하다고 판단할 수 있는가라는 문제를 제기했다. 프로테스탄티즘이 시작했고 계몽주의에 의해 완수된 위대한 전쟁——유럽의 지식인의 사유에서 비합리적인 미신의 제거——이 단지 기본적으로 사소한 경제적 동기를 위한 가면이었다면, 그때 어떻게 파리와 베를린의 교수들이 콩고 또는 다코타 지역의 원주민보다 우월하다고 느낄 수 있었겠는가? 달리 말하면 무엇이 유럽인들에게 세계의 나머지 다른 곳들을 지배할 권리를 주었는가? 지그문트 프로이트의 《토템과 터부》(1913)는 계몽된 이성의 헌신적인 옹호뿐 아니라 이 질문에 대한 흥미로운 해답을 제공한다. 알튀세처럼 프로이트도 유물론이 비판하는 믿음 못지않게 교조적이고 환원적인 유물론이라는 이름의 관념론을 공격한다. 초기 저작인 《성 이론에 대한 3가지 기고》(1905)에서 프로이트는 어린이의 성적 발달에서 관찰한 물신적 대체와 관련하여 "그러한 대체는 야만인들이 믿기에 그들의 신들이 구체화된 물신들에 비유되는데, 어느 정도 정당하다"[20]고 말하고 있다. 그는 인간 사회가 개인의 성장과 비슷한 방식으로 성장한다고 생각하고, 그래서 '원시인들'은 본질적으로 어린이 같다고 본다. 이러한 믿음으로 그는 《토템과 터부》에서 원시인들이 특별한 대상에 초자연적인 힘을 부여하는 이유에 대해 '야만인' 자신의 설명을 무시한다. '원시인들'은 이러한 대상들에 악마가 거주한다고 말한다. 프로이트는 포이어바흐를 배경으로 이러한 설명을 거부한다.

악령들이 실제로 존재한다면 사정이 달라질 수 있을 것이다. 그러나 우리는 악령이 신들과 마찬가지로 인간 정신의 산물임을 알고 있다. 악령들은 어떤 것에 의하여, 어떤 것으로부터 만들어진 것이다.[21]

그래서 프로이트는 '야만인들'은 그들의 관념에 대해 적절한 설명을 할 수 없으며, 계몽된 과학자로서 프로이트 자신이 야만인들보다도 더 잘 그들의 믿음을 이해하고 있다는 가정에서 시작한다. 아도르노와 호르크하이머에 따르면 프로이트는 계몽된 이성이 항상 미신을 드러낸다는 것과 같은 양식으로 터부 대상의 물신 숭배를 설명한다. 즉 그것을 '신인동형동성론, 주관의 본질에 투사'[22]하는 것으로 정체를 드러냄으로써 말이다. 프로이트는 '야만인들'이 두려워하는 것은 그들이 소외된 대상에 투사하는 두려움 그 자체──'객관화된 두려움'(33)──라고 말한다. 야만인들은 인간의 관념에서 우상을 만들어 내는 미신 풍조의 또 다른 예를 제공한다. 프로이트는 주관적 과정의 이러한 물신 숭배를 객관적 세계로 옮겨 놓는 것을 '투사(projection)'라고 부르는데, 이것은 '야만'과 문명화된 '신경증' 둘 다의 명백한 특성이다.

내부 지각들의 외부 투사는 원시적 기제, 예를 들어 그것에 우리의 감각 지각이 종속하며, 그래서 정상적으로 우리의 외부 세계가 취한 형태를 결정하는 데 상당한 역할을 한다……. 감정과 사고 과정에 대한 내부 지각들은 감각 지각들과 똑같이 외부로 투사될 수 있다. 내부 지각들은 비록 내부 세계의 몫으로 남는 것이 옳다 해도 외부 세계를 구성하는 데 활용된다.(81)

이데올로기에서 대개 그러하듯이 이 물신 숭배는 주체와 객체의 관계를 잘못 해석한다. '야만'과 '신경증'의 정신들은 극단적인 관념론이라는 특징을 지니고 있다. 즉 관념만이 물질적 사건들을 결정할 수 있다는 비합리적인 믿음에 의해서 말이다. '원시'인은 자신의 적의 인형을, 이것이 실제 인간을 해칠 것이라는 생각에서 학대한다. '신경증이 있는' 유럽인은 불행을 물리치기 위해서 어떤 기계적인 의식을 행해야만 된다고 느낀다. 프로이트에 따르면 그 둘은 모두 '관념적 연결을 실제적 연결로' 잘못 알고 있다.(104)

사물들이 그 사물들의 관념들보다 덜 중요하다. 관념에서 이루어지는 것은 무엇이든지 그에 해당하는 사물에도 일어난다. 사물들의 관념들 사이에 성립하는 관계들은 사물들 그 자체에도 성립한다고 전제된다.(106)

관념들이 물질 세계 속에 현존한다는 믿음은 영들을 살아 있는 사물들로 이해하는 원시 '애니미즘'의 특징이다. 프로이트는 "원시인들은 인간 개개인에 유사한 영들이 살고 있다고 믿는다"고, 그리고 자신은 이 생각을 조롱한다고 도발적으로 덧붙인다. 그가 잘 알고 있었듯이, 프로이트 당대 사회의 많은 사람들이 여전히 그러한 '영들' 또는 '영혼들'을 믿었다. 그러나 프로이트는 '애니미즘'에서 시작해 '종교'를 거쳐 '과학'(110)까지 이르는 인간 사회의 진보를 믿는다. 이것은 과학적 의식이 그 자체를 또 다른 대상으로서 분석할 수 있을 때까지, 물질 세계로부터 관념들의 점차적인 이탈을 뜻한다.

원시인이 자신의 마음의 구조적 조건을 외부 세계로 전치시켰다. 그리고 우리는 그 과정을 거꾸로 하려 할 것이고, 애니미즘이 사물의 본질에 대해 가르쳐 주는 것을 인간의 마음에 역으로 적용하려 할 것이다.(114)

호르크하이머와 아도르노가 프로이트의 책에 관해 언급하듯이, "애니미즘은 사물을 정령화했고 반대로 산업주의는 인간의 영혼을 물화했다."[23] 그래서 우리는 비록 그것들이 반대 방향으로 나아가지만, '야만인의' 미신과 프로이트의 과학적 방법 둘 다 주체/객체 이분법의 비논리적인 붕괴를 주장하고 있음을 알 수 있다. 야만인들은 그들의 관념이 물질 세계에 영향을 끼칠 수 있다고 믿는 반면, 프로이트는 물질적 경험이 우리의 관념을 창출한다고 생각한다. 그래서 프로이트의 과학은 그가 홀대하는 '야만인들'의 믿음만큼이나 비변증법적이고 형이상학적이다. 이러한 담론 둘 다 환원적이다. 둘 다 관념/물질 이원체의 한쪽 측면에만 우선권을 주고 있으므로 둘 다 사유의 이데올로기적 양식들이라고 서술할 수 있다.

믿음의 위기: 구조주의와 그 이후

《십자가 위의 악마》(1982)에서 케냐의 소설가 응구기 와 시옹고는 자본주의 이데올로기를 유쾌하게 패러디하고 있다. 그것은 신식민지 세계의 어리벙벙한 주민들이 인식하는 것이다. 이 책은 경제적 제국주의에 대한 '합리적' 비판과 그것을 악마의 형이상학적 힘과 연결짓는 '미신적' 서브텍스트를 합쳐 놓고 있다. 또한 응구기는 리얼리즘과 환상을 혼합하여 그로 하여금 제국주의의 전통적인 합리화의 형식과 어조를 획득한다. 실제 의미를 드러내기 위해 그 내용을 바꾸면서. 그래서 '현대 도둑과 강도 조직'을 대표하여 '지옥의 왕 사탄'이 연 '악마의 향연'에서, 그 의식의 주인은 일어나서 말한다.

　　선진 세계에서 온 우리는 현대의 도둑과 강도에 대해 오랜 세월 동안 경험해 왔다. 나는 또한 여러분에게 우리가 세계의 사람들로부터 강탈해 온 모든 돈을 담고 있는 집과 상점과 창고의 소유자임을 상기시키고자 한다. 여러분 스스로 우리의 양복도 지폐로 만들어져 있음을 알 수 있다. 오늘날 돈은 모든 산업과 상업의 지배자이다. 돈은 지상에서 도둑질과 강도질하는 모든 무리의 대장군이다. 돈이 최고다. 돈은 세상을 지배한다……. 우리는 자유를, 자신의 능력에 따라 강도질하고 훔치는 것을 허용하는 자유를 믿는다. 그것이 바로 소위 개인적 발의이고 개인 기업이다. 그리고 그것이 바로 우리가 항상 우리는 자유 세계, 즉 타인으로부터 훔치는 것을 막는 장치가 전혀 없는 세계에 속해 있다고 말하는 이유이다.[24]

서양 문명의 부가 세계의 나머지보다 세계를 본질적으로 더욱 발전시켰다는 이 가정은 점차 20세기 전반에 걸쳐 모호하고 이기적인 것처럼 보이게 되었고, 이것은 이성의 관계를 사유의 비합리적 양식으로 재평가하려는 일련의 시도 속에 반영되었다. (18세기 이래로 자명한 이치가 된) 인간 역사는 '원시' 상태에서 '문명화된' 상태로 진보한 특징을 갖고 있고, 유럽이 세계의 다른 지역들보다 그 길을 훨씬 더 나아갔다는 생각은 도전받기 시작했다. 서양의 자부에 대한 하나의 확신에 찬 이론적 비난이 '구조주의'로 알려진 분석 방법을 낳았다. 이 학문의 분야는 스위스 언어학자인 페르디낭 드 소쉬르가 시작했는데, 그의 강의 노트를 사후에 모은 것이 《일반언어학 강의》(1916)이다. 언어학에 대한 정의를 개괄적으로 설명하면서 소쉬르는 인간 언어들을 특색 있게 구분하는 것을 명백하게 거부한다.

언어학은 첫째로 인간 언어의 모든 명시를 그 자료로 삼는다. 원시인, 문명 국가, 초기 시대, 고전 시대, 데카당스의 시대가 모두 포함된다.[25]

소쉬르의 방법은 '문명화된' 언어들이 가장 세련되었다든지, 또는 복잡한 관념의 표현에 가장 적합하다는 전제를 하지 않는다. 그는 공시언어학과 통시언어학을 분리해야 한다고 주장한다. 시간을 통한 언어의 '공시적 발달' 연구가 어느 특정한 때에 언어의 '공시적' 구조 분석과 아주 다른 영역이라고 주장하면서 말이다. 그러나 이 두 가지 방법들은 "똑같이 중요하지 않다. 공시적 관점이 통시적 관점보다 우월하다는 것은 분명하다. 왜냐하면 언어 사용자들의 공동체에 그것이 유일한 현실이기 때문이다." (89)

통시적 접근이 드러내는 것은, 단어들이 재현하는 대상들과 본질적인 일치를 통해서가 아니라 언어학적 구조 내에서 그것들의 위치에 따라 의미를 획득한다는 사실이다. 그래서 소쉬르는 재현은 자율적이며, 실제로 기호들이, 다시 그것들이 지시하는 대상들을 낳는다고 제시한다. 그는 '기호의 자의적인 본질'(68)이 모든 사회에 속한다는 것을 발견했다.

사회가 받아들인 어떤 표현 수단도 원칙적으로 동일한 것에서 나온 집단적 습관 또는 전통에 기인한다. 예를 들어 공손함의 기호는 종종 어떤 자연스런 풍부한 표현을 지닌다 할지라도(땅바닥에 아홉 번 엎드려 절하는 것이 중국에서 황제에게 인사하는 방법이다), 그래도 규칙으로 정해져 있다. 기호를 필요한 것으로 만드는 것은, 기호의 본질적인 가치가 아니라, 이 규칙이다. (같은 쪽)

소쉬르의 언어학은 그 다음에 의미가 기호들의 구조화된 체계에서 자의적으로 만들어진다고 지적한다. 이것은 굉장히 급진적인 의미를 지니는 생각이다. 어떤 주어진 사회에서 어떤 기호가 지니는 의미가 정말로 자의적인 인습의 문제라면, 어떤 특별한 사회가 자신의 관념이 어떤 다른 사회의 관념보다 아무리 표면적으로 원시적일지라도 본래부터 더 진실하다고 주장하기가 어렵다. 더욱이 소쉬르는 그의 언어학을 상당히 폭넓은 학문 분야를 위한 모델로 제시한다.

언어는 관념을 표현하는 기호 체계이며, 여기서 글쓰기, 수화법 알파벳, 상징적 의식, 공손함의 형태, 군사 신호 등과 유사하다. 그것이 그러한 체계들의 가장 중요한 것이다. 그러므로 기호의 역할을 사회 생활의 한 부분으로 연구하는 학문을 생각하는 것이 가능하다. 그것이 사회심리학의 부분을, 그리고 일반심리학의 부분을 이룬다. 그것을 기호학이라 부를 것이다……. 그것은 기호의 본질과 기호를 지배하는 법칙을 연구하는 것이다.(15)

그래서 소쉬르는 사회적인 삶의 모든 양상들이 언어처럼 그것들이 의미가 있을 정도까지 구조화된다고 주장한다. 언어적 의미가 자의적이라고 믿기에 모든 사회적 행위는 단지 인습적인 것이 된다. 이 피할 수 없는 결론은 구조주의 인류학자 클로드 레비 스트로스의 말로 표현하면 "인간은 항상 똑같이 잘 생각해 왔다"는 것과, 다른 사회의 사유 체계를 우리보다 더 '원시적'이라고 폄하할 이유가 없다는 것이다. 《야생의 사고》(1962)에서 레비 스트로스는 소쉬르의 분석 방법을 프로이트가 《토템과 터부》에서 연구했던 '마술적' 체계에 적용한다. 예상대로 그는 매우 다른 결론을 내린다. 그는 이성보다 더 '원시적인' 사유 양식을 마술이라고 부르기를 거부한다.

이것들은 인간 정신의 발달 단계의 차이에서 오는 것이 아니라, 오히려 과학적 연구로 자연에 접근할 때 일어나는 두 전략적 차원의 차이에서 온다. 하나는 지각이나 상상력의 차원에서 시선을 집중시키는 것이고, 다른 하나는 그것으로부터 벗어나는 데 목적을 두고 있는 것이다.[26]

합리적 과학의 특징은 그것이 주체와 객체 사이, 그리고 사물과 정신 사이의 분열을 생기게 하면서 연구된 대상과 그 자체를 분리한다는 것이다. 프로이트처럼 레비 스트로스는 '원시' 사회들이 이러한 이분법들로 작용되지 않고, 관념을 그들의 대상에 내재한 것으로 인식한다는 것에 주목했다. 그러나 프로이트와 다르게 레비 스트로스는 이것을 미신적 오류로 간주하지 않는다. 오히려 그는 그 속에서 계몽주의가 헤겔에 이르기까지 성취하지 못한 통찰력을 인식한다.

인간에 관한 것(심지어 살아 있는 것)이라면 어느 하나도 배제됨을 용납하지 않는 야생의 사고에 대한 이러한 강경한 거부에서 변증법적 이성의 참된 원리를 발견할 수 있다.(245)

'원시' 사회들은 서양 철학의 중심 문제를 이루고 있는 주체와 객체의 숙명적인 분리에 굴복하지 않는다. 물론 마르크스에게는 이 분리 그 자체가 망상이며, 정령주의 세계관 못지않게 미신적 세계관인 물신주의의 한 양식임을 입증하는 것이다. 자본주의가 주체를 객관화하는 곳에서 애니미즘은 객체를 주관화한다고 말할 수 있겠다. 그 결과는 표면상 구별되는 사유 양식들 사이의 이상한 집합이며, 그래서 정령주의의 믿음을 시장자본주의가 낳은 이데올로기적 효과를 이해하는 데 이용할 수 있다. 《남아메리카의 악마와 상품물신주의》(1980)에서 마이클 타우시그는 잠식해 오는 자본주의에 대한 남아메리카 농부들의 반응을 조사하고, 이미 존재하는 그들의 사유 체계 내에서 그 생활의 변화를 쉽게 이해할 수 있음을 발견한다. 새롭게 프롤레타리아가 된 농부들이 일하는 장소와 그들의 노동력의 산물을, 그들의 '미신적' 종교의 악령 또는 '악마들'과 연합한 자산이 포위한다. 타우시그가 증명하듯이 이것은 완벽하게 이해할 만한 전치이다.

만일 우리가 생활 체계의 부분들을 '사물화하고,' 부분들이 부분을 이루는 문맥을 무시하고, 그리고 나서 사물이 움직이는 것을 관찰한다면⋯⋯ 마치 살아 있듯이⋯⋯ 사물화는 물신화가 된다⋯⋯. 볼리비아의 주석 광산에 있는 악마는 물신화의 변형을 포착할 수 있는 정절에 대해 주문으로 얽매는 선언을 한다. 그것을 포착할 이교주의에 그것을 종속시키면서 말이다.[27]

구조주의 언어학과 인류학은 이데올로기의 구성적 역할을 연구할 가능성을 열어 놓았다. 모든 사회는 그 주민들에 대한 관념 체계를 구성함으로써 그들의 삶에 의미를 재현하고 부여한다. 이러한 체계들은 선택적인 여분의 것이 아니라 사람들이 생활했던 현실을 이룬다. 그래서 선진 자본국가에서 우리가 우리의 환경에 의미를 부여하는 이데올로기적 재현들은 '자연적인' 것이 아니라 아리스토텔레스적인 인간이 만든 '제2의 천성'의 심급들이다. 그러나 이 제2의 본성이 '첫번째' 본성인 체하는 것이 이데올로기의 특성이며, 그래서 인류에 의해 구축된 것은 물신 숭배처럼 영원하고 변하지 않는 것으로 여겨진다.

기호들의 구조적 분석에 대한 위험은 언어학적 또는 기호학적 약호들의 다양한 요소들 사이의 형식적 관계에 초점을 맞춤으로써, 외적 현실에 의해 이러한 의미 체계들에 행해진 영향력을 배제하거나 또는 하찮은 것으로 만들 것이라는 것이다. 후기 구조주의 이론은 종종 재현의 자율적·구성적인 역할을 당연하게 여기거나, 또는 심지어 음울한 참조로부터 우스운 해방으로 재현을 찬양한다. 이러한 경향에 대한 유익한 경고는 소쉬르에 대한 가장 초기의 반응 중 하나인 V. N. 볼로시노프의 《마르크스주의와 언어철학》(1929)에서 울려 나왔다. 볼로시노프는 언어의 구조가 본래 인간 마음에 새겨져 있다는 소쉬르의 가정을 공격하고, 이 생각이 데카르트의 합리주의의 유산임을 지적한다.

> 언어의 인습, 즉 독단이라는 관념은 전체로서 합리주의에 전형적인 관념이다……. 수학적인 사고 방식을 지닌 합리주의자들의 관심을 끄는 것은 기호가 반영하는 실제 사실 또는 기호의 창시자인 개인과 기호의 관계가 아니라 이미 수용되고 권위가 확립된 폐쇄적인 체제 내에 있는 기호와 기호의 관계이다. 달리 말하면 그들은 기호에 내용을 부여하는 의미와는 완전히 별개로, 대수에서처럼 기호 체계 자체의 내적 논리에만 관심이 있다.[28]

소쉬르와 그의 추종자들은 개인의 주체적 기원이나 또는 기호들의 객관적 지시 대상을 설명할 수 없다. 데카르트처럼 소쉬르는 물질 세계가 인간 정신의 어떤 보편적인 특성에 의해 구축된다고 시사한다. 볼로시노프의 견해로 보면 이것은 관념들·기호들 그리고 사물들의 상호 의존성을 무시하는 것이다. 의미화에 대한 그 자신의 묘사는 주체와 객체의 교차점에 그것의 위치를 잡는다. 그것은 물질적 사물로 읽히는 주관적 의미에 있다.

> 어떤 물체도 이미지로 인식될 수 있을 것이다……. 특별한 물체들이 만드는 어느 예술적–상징적 이미지도 이미 이데올로기적 산물이다. 물체는 기호로 변환된다. 물적 실체의 한 부분이 되기를 멈추지 않으면서 그러한

물체는 어느 정도 또 다른 실체를 반영하고 굴절시킨다.(9)

이 '다른 실체'를 볼로시노프는 '이데올로기적 영역'(10)인 '기호들의 영역'이라 부른다. '이데올로기'는 재현의 영역에 존재한다. 그것은 여분의 주관적 의미이며, 관찰자에 의해 물질 세계에 더해진다. 물질적 대상에 상징적 의미를 부여하는 이러한 행위는 가치 형성에 대한 지멜의 묘사와 유사하다. 즉 그것은 객관적 세계에서 주관적 과정의 명시를 포함한다. 그래서 재현은 객관적이지도 주관적이지도 않다. 그것은 이분법의 양끝이 만나는 제3의 표현이다. 그것은 볼로시노프로 하여금 재현과 이데올로기를 동일시하게 하는데, 이데올로기는 물질적 실천 속에서 구체화되어야만 하는, 그러나 알튀세와 반대로 주관적 차원을 유지하는 것이다. 그래서 볼로시노프는 관념론과 유물론의 대립시키는 본질주의적 경향을 똑같이 비판한다. 이러한 접근들에서 그는 "개별적 의식은…… 전체이거나 전무이다"라고 한다.

관념론서는 개별 의식이 전체가 되었다. 즉 개별 의식의 위치는 존재 저너머 어딘가에 있고, 개별 의식이 존재를 결정한다……. 반대로 심리적 실증주의에서 의식은 아무것도 아니다. 의식은 단지 어떤 기적에 의해 의미 있고 통일된 이데올로기적 창조성을 초래하는 우연한 정신생리학적 반응들의 총화일 뿐이다……. 그러나 의식으로서 이데올로기적인 것은 초인·유인(類人)·짐승인류에 기원을 둔 용어로는 설명할 수가 없다. 존재에서 이데올로기적인 것의 진정한 위치는 인간이 창조한 기호들이라는 특별한 사회적 자료 속에 있다.(12)

이데올로기적 의미를 구축하는 이 과정에 대한 분석은 소쉬르가 예언했듯이 기호학이라고 알려지게 된다.

이러한 엄격한 '기호들의 과학'을 적용하려는 가장 최근의, 그리고 가장 성공적인 시도 중 하나를 롤랑 바르트가 《신화학》(1957)에서 착수했다. 제목이 암시하듯 이 책은 동시대 프랑스 사회의 인류학이며, 바르트는 동시에 프랑스 사회가 고대 또는 '원시'인들이 갖고 있던 신화들 못지않게 광범한, 구성적인 또는 미신적인 현대 '신화들'의 체계를 지니고 있다고 믿는다. 그는 어떤 사회적 현상들이 자의적이면서 보편적으로 이해되는 방식에, 그리고 그가 말하듯 '부르주아' 계급의 이익에 봉사하는 의미를 지니는 방식들에 관심을 갖는다. 예를 들면

> 나는 이발소에 있다. 이발사가 나에게 《파리 마치》 한 권을 내민다. 책표지에 프랑스 군복을 입은 한 흑인 젊은이가 눈을 들어 삼색기에 잡힌 주름을 바라보며 거수경례를 하고 있다. 바로 이것이 이 그림의 의미이다. 그러나 순진하건 아니건, 나는 그것이 무엇을 의미하는지 아주 잘 알고 있다. 즉 프랑스는 위대한 제국이라는 것, 모든 프랑스의 아들들은 피부색의 구별 없이 프랑스 국기 아래에서 충심으로 복무한다는 것, 그리고 식민주의를 비난하는 사람들에게는 소위 압제자들에게 복무하는 이 흑인이 보여 주는 열정보다 더 훌륭한 대답이 없다는 것이다.[29]

그래서 꽤나 복잡한 정치적이고 역사적인 논지를 꾸밈없는 이미지들의 현명한 사용으로 확립한다. 바르트에 따르면 우연한 연상적 현상들을 마치 그것들이 자연적이고, 그래서 필연적인 것처럼 보이게 하는 것이 그러한 '신화'의 기능이다. 물론 단지 이러한 그림만을 지적함으로써 식민지주의의 기치들에 대한 논쟁에서 승리하기는 매우 힘들 것이다. 그것이 요점은 아니다. 그러한 재현들은 추론된 증거나 반박에 제재를 받지 않기로 되어 있다. 이것이 바로 바르트가 재현들이 신화의 차원에서 작용한다고 말하는 이유이다. 우리 사회에서 이러한 종류의 재현들은 합리적인 설득보다 여론을 형성하는 데 더 효과적이다. 예를 들어 오늘날의 정치 캠페인의 방법들을 생각해 보라. 계몽주의의 신화적 요소들은 마침내 이성의 가

면을 벗어던졌고, 자랑스럽게 세상의 주목을 받고 있다.

이러한 이데올로기적 교화 방법에 정말로 새로운 것은 없다. 마르크스는 《루이 보나파르트의 브뤼메르 18일》에서 재현의 유사한 사용을 논한다. 그러나 기술적 기구들의 발달, 대중 매체의 범위, 그리고 시장 기법과 광고 기법에 대한 점증된 연구가 전보다 오늘날 더 확고한 토대 위에 재현에 대한 이러한 신화적 사용을 확립했음은 당연하다. 재현은 상품 형태가 사물들의 진정한 본질을 모호하게 할 정도로 현실과 구별이 안 된다. '포스트모던 조건'을 규정하는 한 가지 방법은 상품의 최종적 승리를 초래하는 마음의 상태로 교환 가치의 궁극적 승리이며, 그래서 실재에 대한 재현의 고상함이다. 마지막 장에서 어떤 종류의 감각이 그러한 보편적인 의식을 허위라고 묘사하게 하는지를 검토할 필요가 있을 것이다. 혹은 또 다른 방식으로 우리는 '이데올로기의 종말'에 이르렀는지를 질문할 것이다.

6

포스트모더니즘

살아 있는 사람들은 이데올로기의 파편들이 되고 있다.
테오도르 아도르노[1]

더 이상 이데올로기는 없고, 시뮬라크라들만 있다.

장 보드리야르[2]

선구자 니체

프리드리히 니체는 오늘날의 포스트모던 조건을 특징짓는 관념들에 대한 19세기의 주요한 원천이다. 특히 포스트모던 세계의 윤리적이고 인식론적인 상대주의, 즉 진실과 거짓을 구별짓는 가능성에 대한 그 회의주의는 니체의 급진적인 허무주의적 사유에서 그 원형을 찾는다. 《도덕계통학》(1887)에서 니체는 유대-기독교 도덕의 기원과 합리적인 그리스 철학의 기원에 대해 사색함으로써 '계몽된' 서양 세계가 가장 깊이 고수하고 있는 신앙심을 전복시키기 시작한다. 니체에 따르면 문명의 이 양대 지주는 궁극적으로 단일한 토대에 놓여 있다.

그리스 사상은 인간이 '좋은' 인간과 '나쁜' 인간으로 나누어져 있다는 명제로 시작되어 오랫동안 사수되고 있으며, 이 용어들은 도덕적인 만큼 사회적이고 정치적이며 경제적인 것이다……. 이 이분법은 단순한 이유로 절대적이면서 배타적이다. 즉 귀족들의 사회관으로 시작했고, 그들 자신과 '타자들' 사이의 깊은 틈에 대한 그들의 생각을 반영하고 있다.[3]

인상적인 냉소주의로 니체는 서양 철학 전체의 전통을 계급 권력-구조의 이기적인 정당성에서 찾을 수 있다고 선언한다. 제1장에서 아리스토텔레스가 어떻게 타인들에 의한 어떤 사람들의 지배 욕구를 관념과 질료 사이의 계급 관계에서 연역하는지 보았다. 여기서 니체는 좋고 나쁨의 이원 대립의 원래 목적이 사회를 그리스의 특권 집단, 즉 귀족들과 배제된 '타인들'·여성들·노예들 그리고 야만인들로 나누는 것을 정당화하고 영속하려는 것임을 주장한다. 이분법은 이러한 상황을 합리화한다. 그것을 자연스럽고 합리적으로 보이게 하면서. 그리고 또 그것은 합리적 사유의 바로 그 토대를 형성한다. 그 사유는 그러한 이원 대립을 단정하고 그것들을 종합하여 분석함으로써 진행된다. 그래서 서양 철학 전체는 원래 하나의 이데올로기이다. 그 철학이 특정한 인간 집단의 이익에 봉사하기 위해 지정된 책략이라면 말이다.

예상할 수 있듯이 고귀한 지배자 집단에서 배제된 사람들은 종종 자신들의 지위에 불만을 품었다. 니체가 말하듯이 피압제자들은 '한(ressentiment)'의 감정을 경험했다. 이 프랑스어는 영어로 번역하면 '원한(resentment)'이 되지만, 그것은 증오와 복수심의 더 큰 함축을 담고 있다. 니체에 따르면 이 욕망이 신학적 유대교에 표현되어 있다.

바로 유대인이 무섭도록 철저하게 귀족적 가치-등식(좋은=고귀한=강력한=아름다운=행복한=신의 사랑을 받는)을 감히 뒤엎었고, 가장 깊은 증오(무기력의 증오)의 이로 이 뒤엎음을 물고 늘어졌던 것이다. 그들은 말하기를 "가련한 자만이 선한 자이고; 가난한 자, 무기력한 자, 비천한 자만이 선한 자이며; 고통받는 자, 빼앗긴 자, 병든 자, 추악한 자만이 경건한 자이고,

신이 축복하는 자이며, 축복은 오직 그들에게만 있다. 그리고 권력 있고 고귀한 자는 반대로 영원히 사악한 자, 잔인한 자, 탐욕스러운 자, 음험한 자, 신의 존재를 부인한 자이다. 그리고 너희들은 영원히 축복받지 못하는 자, 저주받은 자, 벼락맞을 자이다"라고.(34)

물론 니체가 '유대인들'에 기인한다고 생각하는 이 메시지는 산상 설교에서 그리스도가 전하고 있으며, 기독교는 니체의 분노의 진정한 목표이다. 니체는 지상의 불쌍한 사람들이 형세를 역전시킬 수 있고, 그들 자신의 경험적 특질——겸손·가난·온순함·고통——을 보편적으로 긍정적인 가치인 체했을 때, 역사상 최대의 신용 사기가 발생했다고 주장한다. 이러한 유대-기독교 도덕의 보급의 확대와 더불어 좋음/나쁨의 이분법은 선과 악의 대립으로 바뀌고, 후자는 압제자들의 특징인 자만심·권력·억압과 사치를 나타낸다.

많은 사람들이 이 '가치들의 재평가'가 인간 역사의 가장 위대한 업적을 이룬다고 주장해 왔다. 그러나 니체는 서양의 도덕이 그 기원을 복수와 파괴라는 원시적 충동에 있다는 자신의 발견에 격분하고, 이것을 그의 문명의 완전한 위선의 증거로 삼는다. 그 토대를 차버리고서 그는 그 구성물의 완전한 몰락을 기뻐한다. 그 파괴의 잔해 중에 개인적 자아, 또는 '주체'와 같은 망상이 있다. 그 주체는 니체가 객체가 있는 곳에는 주체가 있음이 틀림없다는 것을 가정하는 이성의 계급적 이원 구조와 결합된 문법적인 1인칭 단수의 효과를 갖게 한다.

힘의 양은 충동·의지·영향의 양과 같은 것이다——오히려 정확하게 이러한 충동 작용, 의지 작용, 영향 작용일 뿐이며, 단지 모든 영향, 영향을 야기하는 무엇에 의해서, 즉 '주체'에 의해서 조건지어지는 것으로 인식하고 오해하는 언어의 유혹 때문에(그리고 언어 속에서 화석화된 이성의 근본적인 오류들 때문에) 달리 보일 수 있다……. 활동·영향·생성의 배후에 '존

재'는 없다. '활동자'는 단지 행위에 덧붙여진 허구일 뿐이다. 행위는 전부이다.(45)

자율적인 자아에 대한 믿음은 니체가 경멸하는 서양 '형이상학'의 기본적인 특징 중 하나이다. 그는 극단적인 회의주의 때문에 그러한 깊이의 은유들의 정체를 폭로한다. 그 은유들은 인간 역사와 인간의 삶이 어떤 깊은 근원적인 의미 또는 최종적인 의미를 갖는다는 것을 당연하게 여긴다. 예를 들어 이데올로기가 물적 토대의 반영이라는 시사, 또는 물질적 세계가 관념적 형태의 명시라는 생각이 니체에게는 저주인 것이다. 그는 계급 제도가 세상에 부여하는 것을 억압 행위, 즉 권력에 대한 의지의 명시라고 본다.

예를 들어 니체는 채무자가 빚을 갚아야 한다는 채권자의 요구에 대한 기억과 죄의식 같은 주관적 특질의 기원을 추적한다. 독일 어원학에 대한 독특한 지식을 바탕으로 그는 "중요한 도덕적 개념인 schuld(죄)는 그 기원이 바로 물질적 개념인 schulden(빚이 있다)"(62-3)라고 주장한다. 죄와 벌의 모든 법적 이론들, 즉 "비록 범죄자의 고통을 통해서일지라도 모든 손해는 그것의 등가물을 갖고 있고 실제로 보상받을 수 있다"(63)라는 생각은 '채권자와 채무자 사이의 계약상의 관계'(같은 쪽)에 근거한다. 그 관계는 '법적 주체들'이라는 생각만큼이나 오래된 것이며, 차례대로 사고 팔고 바꾸고 거래하고 무역하는 기본적인 형식들을 떠올리게 한다.

니체는 많은 점에서 마르크스와 다르지만 그들은 교환에 기초한 경제가 주체에 객관적인 영역과의 망상적 등가물을 부과함으로써 주체의 거짓 형태를 구축한다는 믿음을 공유한다. 니체는 과거에는 어떠했는지 돌이켜 본다.

채권자는 채무자의 육체에다 모든 종류의 모욕과 고문을 가할 수 있었다. 예를 들면 부채의 액수에 상당하는 것을 채무자의 육체에서 살로 잘라

낼 수 있었던 것이다——그리고 옛날부터 어디서든지 이러한 견지에서 무섭고도 자세하게 사지 및 신체의 각 부분의 하나하나에 대한 정확한 가격 사정이, 합법적인 가격 사정이 이루어졌다.(64)

셰익스피어의 《베니스의 상인》에서 샤일록은 그가 법적으로 권리를 부여받은 안토니오의 살점과 그가 진 부채가 똑같다고 생각한다. 셰익스피어가 샤일록을 모든 종류의 객관화와 연결짓는 것은 주목할 만하다. 유대인으로서 그는 《구약성서》의 '육체의' 분배와 연결되어 있다. 그는 그의 믿음을 신의 구제보다는 정의와 인간의 법에 둔다. 그의 탐욕이 이 세계의 물질적 사물과 그를 묶는다. 그는 《베니스의 상인》의 기독교인들이 그를 '늙은 썩은 고기'라고 언급할 때처럼 죽음과 육체라는 용어로 끊임없이 등장한다. 그러나 니체는 샤일록이 적어도 금융의 객관적인 결과에 대해서는 정직하다고 지적할 것이다. 그는 기독교의 위선적인 진부함 뒤에 그의 구체화된 주제넘음을 숨기려 애쓰지 않는다.

알튀세처럼 니체는 개별적 주체가 절대적인 주체 속의 믿음을 통해 그 고결함을 유지할 수 있다고 주장한다. 이 독창적·발생적인 실재가 '로고스,' 즉 모든 의미와 진리의 궁극적인 원천이다. 그래서 니체는 우리가 여전히 "기독교 신앙에, 그리고 또 플라톤의 신앙이기도 한 하느님은 진리이고, 진리는 신성하다"(152)라는 것에 의해 기만당하고 있다고 말한다. 그가 보기에 이 신앙은 우리를 더 이상 괴롭히지 않는다. 그가 열렬히 사색하는 것은 "하느님 자신이 우리의 '가장 긴 거짓말'로 판명된다면 어쩌지"라는 것이다. 이 질문에 답하고 그가 계급과 압제의 원인으로 보는 '진실에의 의지'를 비판하고, 결국에는 진실이 좋은 것이 되지 않을 것이라는 혁명적인 가능성을 제기하는 것이 니체 철학의 임무이다.

바라보는 방식에 따라 니체가 이데올로기의 개념을 없앴다거나, 혹은 서양의 모든 철학을 포괄하도록 이데올로기를 확장한 것으로 볼 수 있다. 허위 의식은 진실의 몇 가지 기준과 비교해야만 확인할 수 있다. 그러나 니체에 따르면 궁극적 진리에 대한 믿음은 실상 '가장 긴 거짓말'이다. 플라톤 이래로 모든 철학은 로고스 중심적이었다. 즉 원천과 의미의 절대적인 원천과 보증인에 대한 환상을 중심으로 삼고 있다. 니체가 비천하고 이기적인 이익을 위한 위장으로서, 그리하여 지배와 압제를 용이하게 하는 것으로서 이 환상의 가면을 벗겼다고 믿기 때문에 허위가 아닌 의식은 없고, '이데올로기'의 개념이 의미 없고 쓸모없어진 것처럼 보인다.

미셸 푸코: 사라진 신

미셸 푸코의 저작은 니체의 역사를 포스트구조주의 언어학과 혼합한다. 즉 철학적 '포스트모더니즘'을 규정하게 된 결합 말이다. 《말과 사물》(1966)에서 푸코는 1660년부터 1800년까지의 '고전' 단계와, 19세기에 시작해서 푸코의 종말론적 선언에 따르면 그가 글을 쓸 때쯤 종말에 다가간 '근대' 시기를 인문과학의 역사에서 주요한 두 시기로 본다. 그의 논지는 각각의 그 시기 동안에 생물학·언어학 그리고 경제학과 같은 학문 분야들이 공통의 '잘 규정된 규칙성'을 공유했고, '지식의 확실한 양식의 법칙들'[4]을 잘 따랐다는 것이다. 푸코가 관심 있는 것이 바로 이 '양식'이고, 이러한 사실 때문에 순진한 독자는 그가 본질적으로 구조주의 프로젝트에 참여하고 있는 것으로 여길 수 있다. 이러한 특징화에 대해 푸코가 신경질적으로 열렬하게 부인하는 것(xiv)은 그것이 몇 가지 진실을 담고 있음을 알려 준다. 그러나 소쉬르와 레비 스트로스 같은 1세대 구조주의자들이 형이상학적 양식 속에 물질적 명백함을 밑에 깔고 있는 '심층' 구조들을 인식했음에 반하여, 푸코는 이러한 추상적 '양식의 규칙들'의 특별하고 구체적인 결과들에 관심이 있다. 그는 주체도 없고, 행위자도 없고, '행동이 모든 것'이라는 니체의 경구를 자신의 방법론적 토대로 삼는다.

'이데올로기'의 개념에 대한 그러한 접근의 기회가 없다는 것은 아주 명백하다. 푸코는 절대-유물론자이다. 그는 어떤 '이상적' 영역의 존재를 인정하기를 거부한다. 이러한 점에서 푸코가 앞서 논의했던 환원적 유물론자인 알튀세의 제자라는 점이 중요하다. 그러나 알튀세는 이데올로기의 개념을 본질적으로 관념론과 동일시하면서 허위 의식으로 여긴다. 푸코로서는 어떤 절대적인 의미로 '진실한' '허위의' 또는 심지어 '의식'과 같은 용어들을 사용하는 것이 더 이상 가능하지 않다. '진실 효과'를 낳는 '담화들'이 있어 왔지만, 인류에 의해 그것들이 만들어져 왔다는 바로 그 사실은 니체만큼이나 푸코에게도 객관적으로 진실을 말하는 어떤 특성이 그 담화들에는 없다는 것이다. 유사하게 우리가 독립된 의식을 지닌 개별 주체라는 의미를 낳는 기능을 지닌 제도와 관습——가족·학교·교회——이 있지만, 이 결과는 영원하지도 않고 피할 수 없는 것도 아니다.

실재하는 것은 사방에서 우리들에게 매일 몰려드는 혼란스러울 정도로 많은 경험적 자료들을 이해하게 해주는 규칙들과 분류 양식이다. 이것이 푸코가 그의 문화가 다음과 같은 사실에 맞서기를 바라는 것이다.

자연 발생적인 질서의 수준 아래에 자체적으로 질서를 유지할 수 있고, 어떤 언표되지 않은 질서에 속하는 사물들이 존재한다는 분명한 사실. 간단히 말해 질서는 존재한다는 사실.(xx)

우리로 하여금 세상을 이해하게 해주는 것이 어떤 주어진 역사적 순간에 지식을 위한 이 궁극적 '질서' '가능성의 조건들'(xxii)이다. 이것은 분명히 칸트적 입장이다. 그리고 고전과 근대 인문과학의 '역사적 선험성'을 발견하는 데 관심 있다고 말할 때, 푸코는 이것을 인정한다. 그러나 칸트와 달리 푸코는 역사적 관점을 강조한다. 칸트가 일반적인 경험을 가능하게 하는 조건들을 확인하기를 원했던 곳에서 푸코는 지식의 특별한, 역사적으로 특수한 형태들의 양식을 허용하는 것에 관심이 있다. 그는 '질서의 존재 양식들을 명백하게 하는' 과정을 연구하기를 원한다. 그러나 푸코의 '질서'가 세상에 완전히 현존할 수 없는 것임에도 불구하고 초월적이고 결정적인 실재라는 결론을 피하기는 어려울 것이다. 실상 우리에게 명백하게 드러나지 않으면서 우리의 행동을 지배하는 것은 '사라진 신'의 20세기의 변형인 떠나간 신이다.

《말과 질서》에서 푸코의 방식의 철학적 의미는 매우 흥미로운 것이어서, 오히려 실제의 역사적 담화들에 대한 그의 논쟁적인 독법을 흐리게 한다. 푸코는 두번째로 중요한 저서인 《지식의 고고학》(1969)을 방법론적 문제들을 도출하는 데 바침으로써 이 점을 인정하는 것처럼 보인다. 그가 선언한 목적은 플라톤 이래 서양 철학을 지배해 온 목적론적·총체적·주체 중심의 접근법을 피하는 것이다. 그는 역사가 일관된 주체에 의해 실연된 서술이라는 개념에 반기를 든다.

역사적 분석을 연속의 담화로 만드는 것과 인간 의식을 모든 역사적 발전과 모든 행동의 시원적인 주체로 만드는 것은 사유의 동일한 체계의 두 가지 면이다.[5]

푸코에 따르면 끊임없는 사건들의 변화를 일관된 서술로 만들고자 애쓸 때, 우리는 우리 자신의 주체성의 표면상으로 통합된 분명한 의식적 형태를 서술 속에 억지로 끼워넣는다. 그러나 사실 주체는 통합되지도 완전히 의식적이지도 않다. 주체는 오로지 주체를 발생시키는 객관적 문맥에서 인위적으로 제거될 때만 나타날 수 있다. 이것이 관념론의 원천, 이상적 질서를 물질적 실체에 부당하게 강요하는 철학이다. 무엇보다도 푸코는 반대한다.

우리로 하여금 한 시기의 동시적 또는 계속적인 현상들 사이에 의미의 공유, 상징적 연결, 유사성과 반영의 상호 작용을 확립하게 해주는, 혹은 통일성과 설명의 원리로서 집단 의식의 우월성을 드러나게 해주는 '정신'의

개념을.(22)

여기서 공격하는 것은 역사 과정을 안내하고 주조하는 물질적 차원과의 발전적 관계를 이루는 이상적 영역에 대한 헤겔적 관념이다. 그러나 푸코는 역사의 일관된 서술의 부재에서 사건들이 순전히 되는 대로이며, 그리고 막연하다는 것을 시사하지 않는다. 반대로 '담화'에 대한 그의 견해는 엄격하게 결정론적이다. 담화를 확인하면서 그는 "우리는 왜 그것이 과거의 것이 아닌 다른 것이 될 수 없는지, 어떤 관점에서 그것이 어떤 다른 것을 배제하는지, 어떻게 그것은…… 어떤 다른 것이 차지할 수 없는 장소를 취하는지를 보여야만 한다."(28) 그가 반대하는 것은 담화가 어떤 '정신적' 또는 '이상적' 영향에 의해 형성된다는 견해이다. 다른 한편으로 푸코는 자신의 작업이 물질 세계에 우리가 자연 발생적으로 접근할 수 있다고 가정하는 생경한 경험주의로부터 거리를 두는 것에 관심이 있다. 그가 말하듯이 그는 "담화에 앞선 '사물들'의 불가사의한 보물 대신에 담화에서만 나오는 대상의 정기적인 양식을 쓰고자"(47) 한다.

그래서 헤겔과 마르크스 같은 변증법의 사상가들처럼 푸코도 관념론과 유물론 사이의 양극단을 넘어서고자 하는 것처럼 보인다. 그러나 푸코는 변증법을 니체의 용어로 실체의 완강한 흐릿함에 인간 논리를 독재적으로 강요한 것으로 묘사하면서 변증법을 거부한다. 알튀세의 경우에서 보았듯이 관념/질료의 대립을 없애려는 어떠한 비변증법적 시도도──질료는 실상 관념이라고(버클리처럼) 또는 관념들은 실상 물질적이라고(흄처럼) 선언하면서──이분법의 한쪽 끝을 다른 한쪽 끝으로 환원시킬 위험이 있다. 푸코는 때때로 자신의 '담화' 영역이 이 둘의 양자택일의 중간 지점에 있다고 시사한다.

우리는 담화 이전의 상태──아직 아무것도 말해지지 않은 상태, 사물들이 단지 희미한 빛 속에서 어렴풋이 나타나기 시작하는 상태──로 돌아가지 않을 것이다. 우리는 담화가 창조하고 뒤에 남겨 놓은 형태들을 발견하기 위해서 담화를 초월하지 않을 것이다. 우리는 담화 그 자체의 수준에 머물 것이고, 머물려 애쓸 것이다.(48)

그러나 푸코가 '담화'라는 용어의 정확한 정의를 내리자마자 이 균형은 무너지기 시작한다. 그래서 그는 "우리는 담화를, 일단의 진술들이 똑같은 논증적 양태에 속하는 한 일단의 진술들이라고 부를 것이다"(117)라고 선언한다. 그러나 우리가 '진술'이 무엇인지 물을 때, 우리는 다음과 같은 말을 듣는다.

진술은 물질적 존재를 지녀야 한다. 어떤 목소리가 진술을 정확하게 발음을 내지 않는다면, 어떤 표면이 진술의 기호들을 지니지 않는다면, 진술이 어떤 감각 인식 요소로 구현되지 않는다면, 누가 진술에 대해 말할 수 있는가…… 누가 진술을 이상적인 침묵의 모습이라고 말할 수 있는가? 진술은 항상 어떤 물질적인 매개물을 통해 이루어진다.(100)

'우리를 위해' 존재하기 위해서 '진술'은 물질적 형태를 띠어야 한다. '담화'는 그러한 '진술들'의 규칙적 패턴 또는 '양태'이다. 그때 어느 점을 보아도 '담화'는 그 자체가 물질적이다. 그리고 이미 푸코는 담화를 이상과 질료 사이를 매개하는 요인으로 자리를 잡았다. 그래서 제3의 용어를 찾으려는 시도는 실패했음을 알 수 있다. 알튀세·프로이트, 그리고 그들을 넘어서 프랑스 계몽주의 철학자들처럼 푸코는 관념/질료의 이분법을, 그 용어 중 하나를 다른 하나로 함몰시킴으로써 넘어설 수 있다. 그리고 그는 유물론적 결정론과 유사한 입장에 이른다.

후기 저작에서 푸코는 '담화'보다는 '권력'에 더 관심을 갖는다. 담화처럼 권력은 이미 항상 물질적이고, 《감시와 처벌》(1975) 같은 텍스트에서 권력은 주체 그 자체를 만드는 역할을 갖는다. 주체는 궁극적으로 물질적일 뿐 아니라(그래서 실상 객체) 지배력에 대한 종속 과정에서 만들어진다. 허위 의식이라는 '이데올로기'의 개념은 그러므로 두 가지 이유로 해서 반드시 장황하다. 첫째, 그것은 물질적이지도 않고, 그래서 실제적이지도 않은 '의식'을 말한다. 둘째, 그것은 사유하는 주체 그 자체가 단지 권력의 객관적 산물이라면 의미를 전혀 갖지 못하는 개념인 허위의 가능성을 가정한다. 권력의 지배 아래에서 슬퍼할 만한 것은 아무것도 없다. (거짓 가정에 의존하는 것처럼 보일 수는 없다.) 왜냐하면 권력을 인식하는 개인들을 만들어 내는 것이 바로 권력이기 때문이다.

그래서 '권력'은 푸코에게 유사-신의 힘인 것처럼 보인다. 그러나 그는 흐르는 곳에서부터 예를 들어 하느님 · 왕 · 부르주아지로부터 단일한, 중심이 되는 원천을 발견하게 되는 권력에 대한 '로고스 중심의' 서술을 피하려고 애쓴다. 《성의 역사》의 제1권에서 푸코는 권력에 대해 다음과 같이 설명하고 있다.

권력의 가능 조건을 중심점의 최초 존재에서, 즉 제2의 전해 내려오는 형태들이 파생하는 주권의 유일한 원천에서 찾으려 해서는 안 된다. 세력 관계들의 불균등에 의해 계속해서 권력의 상태들을 낳는 것은 세력 관계들의 이동하는 기질이다. 그러나 세력 관계들은 국지적이고 불안정하다. 권력의 편재(遍在)는 무적의 통일성 아래에 모든 것을 통합하는 특권이 있기 때문에 있는 것이 아니라, 한순간에서 다음 순간까지 모든 지점에서 혹은 오히려 한 지점에서 다른 지점까지 모든 관계에서 만들어진다. 권력은 모든 곳에 있다. 권력이 모든 것을 포용하기 때문이 아니라 어디에서나 생겨나기 때문이다.[6]

그러면 모든 인간 주체를 창조하는 이 편재하는 '권력'은 무엇인가? 간단한 대답은 그것이 단순히 종교적인 창조주의 또 다른 대리인이라는 것이리라. 사라진 신은 그 자신의 창조 과정에서 그 자신을 더 잘 성육화하기 위해서 천국을 버렸다. 이 점에 대한 몇 가지 증거가 《감시와 처벌》에 있는데, 거기에서 푸코는 현대 세계의 전형적인 제도가 감옥임을 시사한다. 그는 특히 간수들이 한번에 모든 감방을 볼 수 있는 중앙 통제탑인 '원형교도소'에 대한 제러미 벤담의 구상을 언급한다. 이 암시는 오늘날의 개인들이 이 감시 체제를 주관화하고 있다는 것이고, 그래서 심판하는 하느님의 외면적인 비난에 굴복하는 대신에 우리는 이제 사멸한 종교적 도덕의 찌꺼기인 자기 수양을 실천한다. 피츠제럴드는 《위대한 개츠비》에서 유사하게 지적한다. 그 작품에서 그는 떠나 버린 하느님에 대한 상징으로 광고 게시판에서 나온 시선을 사용하는데, 주인공들의 비도덕적인 삶들에 대한 침묵의 저주가 하느님의 사라짐 이후에도 지속된다는 것이다. 그러나 푸코의 '권력'이 주관화된 하느님이라는 것이 사실이라면, 우리는 심각한 문제에 놓여 있다. 왜냐하면 그것이 악명 높게 잔인하고 악의에 찬 힘이기 때문이다.[7] 이것은 그럴 수밖에 없는데, 왜냐하면 그가 물질 세계에 대한 범위를 제한할 것을 주장하기 때문이다. 물질 세계의 명백한 불의들이 설명되거나 이해되는 이상적 차원의 가능성을 거부하면서 《권력과 지식》에서 그는 선언한다.

나는 이데올로기의 차원에서 권력의 영향을 유도해 내려는 그러한 사람 중의 한 명이 아니다. 정말로 나는 누군가가 이데올로기의 문제를 제기하기 전에, 몸의 문제와 그에 대한 권력의 영향에 대해 먼저 공부하는 것이 더욱 유물론적인지 궁금하다.[8]

의심할 바 없이 비록 푸코가 이것을 이 과정을 따르는 명백한 이유로 삼고 있다는 사실이, 그의 유물론이 궁극적으로 교조적이고 형이상학적이라는 것을 지시하고 있기는 하지만 더욱 유물론적이다. 그 결과 '이데올로기'라는 항목으로 이전 철학이 논의했던 갈등과 문제들은 단순하게 내재화된다. '개인은 권력의 결과'(98)라는 주장은 권력은 개인 내에서 분석되어야 함을 의미한다. 그래서 푸코는 "우리 모두는 머릿속에 파시즘을 갖고 있다"(99)는 표면상으로 '관념론적인' 선언을 하게 된다. 한 인터뷰하는 사람이 푸코에게 폭넓은 사회 갈등에 대해 "당신의 관점에서 서로 반대하는 주체들은 궁극적으로 누구인가?"(208)라고 질문했을 때 그는 깜짝 놀랄 대답을 한다.

이것은 단지 가정이지만 모두와 모두의 싸움이라고 말하겠다. 하나는 프롤레타리아, 다른 하나는 부르주아지라는 투쟁의 즉각적으로 정해진 주체들은 없다. 누가 누구와 싸우는가? 우리는 모두 서로 싸운다. '그리고 우리의 각각의 내부에 무엇인가와 싸우는 무엇인가가 항상 있다.' (같은 쪽, 강조 첨가)

우리는 죄와 정당함이라는 우주적 권력간의 싸움터로서 주체에 대한 전통적인 종교적 개념과 그렇게 멀리 떨어져 있는가? 우리는 앞서 프랑크푸르트학파가 개인의 의식 속에서 작용하는 싸움으로 '계급 투쟁' 을 이해하기 위해서 어떻게 상품물신주의에 대한 루카치의 분석을 응용했는지 보았다. 푸코가 인정하듯이 그는 "지적 '발견들' 을 할 수 없는 나이가 되었을 때"[9]에야 아도르노·호르크하이머 그리고 마르쿠제의 작업을 알게 되었다. 체면을 벗어던진 푸코는 자신의 작업이 프랑크푸르트학파의 작업과 유사하다고 주장하면서 프랑크푸르트학파에 경의를 표한다.

이제는 분명히 내가 프랑크푸르트학파에 정통했다면, 그때 내가 알고 있었다면, 나는 멍청한 말을 수없이 하지 않았을 것이고 나 자신의 소박한 길을 애써 추구하는 동안에, 이때 프랑크푸르트학파가 대로를 열어 놓았는데, 내가 걸어온 수많은 우회로를 피했을 것이다. 그것은 아마도 바로 그 유사성으로 설명하는 사유의 두 가지 매우 유사한 형태가 전혀 통하지 않는 이상한 경우이다.[10]

확실히 프랑크푸르트학파와 푸코주의의 전통 사이에는 어떤 유사성들이 있다. 압제의 도구로서 이성 비판과 '우리 머릿속의 파시즘'이라는 결과론적 의미가 가장 분명하게 유사한 것이다. 그러나 또한 중요한 차이들도 있다. 첫째, 프랑크푸르트학파는 공격적인 변증법적 사상가들로 남아있다. 아도르노가 푸코처럼 관념을 물질로 환원하는 것을 상상하기가 어렵다. 둘째, 그들의 사유는 루카치의 구체화 개념에 기초를 두고 있으며, 그것은 차례대로 《자본론》의 첫 장에 있는 마르크스의 상품 분석에 그 토대를 두고 있다. 대조적으로 푸코의 저작은 상품물신주의에 대한 분석이 부족하며, 그리하여 그는 궁극적으로 자신이 개탄해야 한다고 주장하는 일종의 의사-종교적 형이상학이라고 내몰린다.

드보르, 그리고 보드리야르

루카치 식의 상품 분석에 반대하는 푸코의 이의 제기[11]가 1960년대에 프랑스의 지식 사회에서 유행했다. 이것은 푸코가 단순히 기록한 것을 이해하는 한 방식을 제공한다. 관념의 영역과 물질의 영역 사이의 전통적인 분리가 혼란스럽고, 대체된다는 사실 말이다. 《스펙터클의 사회》에서 기 드보르는 '스펙터클'의 형태로 '이데올로기의 물질화'[12]를 선언하는데, 그것은 '특히 빼어난 이데올로기'(215)이다. 우리는 《자본론》에서 마르크스가 어떻게 상품 교환에서 한 대상이 그와 교환될 다른 대상의 이미지, 재현의 인식을 포함하고 있다고 주장하는지 보아 왔다. 이 이미지가 첫번째 대상의 실체 속에서 객관적으로 존재한다고 믿어질 때, 우리는 상품 물신주의의 단계에 이른 것이다. 이 객관화된 재현은 그때 비밀스럽게 소외된 인간 행위를 재현하는 보편적인 상품인 돈의 형태로 일반화된다. 루카치에게서 이 상품물신주의는 '사물화'의 이데올로기적 현상을 발생시킨다. 이 사물화는 실체 없는 삶과 영적 힘을 대상들 탓으로 돌리는 동시에 사람들을 마치 사물인 양 보는 곳에 존재한다. 관념과 물질의 관계는 왜곡되었으며, 이 왜곡은 재현의 환상적 자율성에 대한 근본적인 믿음에서 연유할 수 있다.

드보르의 주장은 루카치의 《역사와 계급 의식》이 나온 50년 뒤에 재현은 사실상 자율적인 것이 되었다. 그래서 1967년에 상품 물신화의 범위와 힘을 하나의 환상으로 치부하는 것은 더 이상 합당하지 않다. 드보르에 따르면 그 결과는 '실체'로서 사유되었던 것에 대한 재현의 완벽한 지배 —— '스펙터클' ——이다.

이것은 상품물신주의의 원리, 유형의 사물뿐 아니라 무형의 사물에 의한 사회의 지배이며, 그것은 스펙터클 속에서 완전한 성취를 이룬다. 거기서 유형의 세계는 그 위에 존재하는 동시에 가장 우수한 유형으로 인식되는 이미지들의 선택에 의해 대체된다.(36)

20세기 후반의 소비 사회에서 교환 가치(순전히 상징적 형태)는 사용 가치(물질적 현상)보다 더욱 실재적인, 더욱 객관적인 것이 되었다. 물건들은 실제적인 유용성 때문이라기보다는 그 물건들을 팔아서 돈을 벌 목적으로 착상되고 디자인되고 생산된다. 거대한 자원이 소비자들의 의식을 조정하는 데에, 그리고 소비자들이 상품들을 인지함으로써 접하게 되는 욕망을 자극하는 데에 바쳐지고 있다. 우리가 보아 온 대로 물건을 상품으로 보는 것은 우리가 그것을 사용될 것으로 보는 것과는 매우 다르게 인식하는 것이다. 우리 사회에서 소비자들은 옷·차 또는 심지어 음식까지도 사용 가치만으로 구매하지 않는다. 오히려 소비자들은 그 물건들 속에서 상징적 의미들을 보는데, 그것들이 소비 패턴을 결정한다. 차례대로 이 패턴들은 주식·채권 그리고 환전의 움직임들을 지시하고, 이 움직임들은 전세계의 모든 사람들의 물질적 삶에 지대한 영향력을 끼친다. 그래서 상징적 영역, 재현의 영역은 문자 그대로 물질 세계에서 진행되어 가고 있는 것을 결정한다.

물론 인간은 항상 자신들을 둘러싸고 있는 사물들에 '여분의' 상징적 의미를 부여해 왔다. 그러나 오늘날의 세계 경제에서 시장의 상품 교환의 완전한 지배는 전례가 없는 것이다.

의식에 대한 상품화의 영향에 관해 마르크스주의적이고 루카치적인 설명을 하자면, 이것은 진지한 관심을 유발하는 것이다. 드보르는 상품화가 한 사회 내에서 지배적인 정도에 따라 환상적 의미, 거짓 외관이 실제 세계 혹은 사물 그 자체에 강요됨을 주목한다. 그 결과는 관념들, 물질, 그리고 재현 사이의 관계들의 엄청난 왜곡이다. 마르크스주의자로서 드보르는 자본이 객관화된 노동을 재현한다고 믿는다. 더욱이 "스펙터클은 그것이 이미지가 되는 축적의 정도까지 자본이다."(34) 사물 그 자체는 그것의 외관의 형태에 의해 모호해진다. 그러나 이러한 경우에 사물 그 자체는 우리 자신이다. 인간 노동, 인간 행위, 그러므로 인간의 삶 그 자체이다. 이것은 외관의 동시적으로 객관화된 상징적 형태, 즉 자본에 의해 숨겨지고 지배받는다.

상품 문화에서 우리는 인간 주체가 객관화될 수 있을 것이라고 기대할 수 있다. 더욱이 "실제 세계가 단순한 이미지들로 변할 때, 단순한 이미지들은 실제 존재들과 최면 상태의 행위의 효과적인 동기들이 된다."(18) 물신화된 상품 그 자체들은 행동력에 속한다. 그래서 드보르의 '스펙터클의 사회'는 체계적으로 주체를 객관화하고 객체를 주관화한다. 분명히 이것은 의식이 가능하게 허위가 되는 것처럼 허위가 되려 한다. 그러나 드보르의 요점은 정확하게 상품화의 승리가 허위 의식이라는 견해를 쓸모없게 만든다는 것이다. 그가 말하듯이 우리는 직면한다. "이데올로기의 물질화를. 사회는 과거의 이데올로기가 된다."(217) 드보르가 그의 독자들로 하여금 직면하기를 원한 끔찍한 진실은 논증에 의해 잘못되고 해로운 사유 방식이 그럼에도 불구하고 실제의 물질 상황에 대한 객관적으로 정확한 설명이라는 것이나.

그래서 드보르는 니체 그리고 푸코와 똑같은 결론에 이른다. 인간의 '주체,' 재현은 자율적인 것이 되었다는 것, 역사는 궁극적인 목적 또는 의미가 없다는 것, 진실과 거짓 또는 외관과 실체를 구별하는 방법은 없다는 것 등에 대해 이야기하는 것이 더 이상 합당하지 않다. 그러나 드보르는 다른 길로 이 입장에 도달한다. 역사적 변화의 뿌리가 경제에서 연유할 수 있다는 마르크스주의적 가정에서 출발하였으므로, 그는 포스트모던 사회에서 경제 활동의 지배적인 형태—상품 교환과 관련하여 '포스트모던 상황'을 연구하게 된다. 그러한 활동을 체계적인 오류와 약탈에 토대를 둔 것으로 보기 때문에, 그는 소비 사회를 지옥의 타락한 상황으로 볼 수밖에 없다. 그 상황에서 인간은 그들 자신의 활동의 산물들을 물신화하고, 시장의 형태에서 삶을 지배하는 절대적인 권력을 그 산물들에 부여한다.

이러한 특성 부여에 반대하여, 포스트모던 세계가 우리를 계몽주의 이성의 억압적 영향에서 벗어나게 해주었다고 주장할 수 있다. 니체를 따르면 이원 논리, 깊이의 은유들, 절대적 주체, 그리고 목적론적 역사는 사실 계급 질서의 기구이며 압제의 도구라고 주장할 수 있다. 이것은 어느 정도 푸코·데리다·리오타르 그리고 현재 장 보드리야르가 옹호하는 입장이다. 특히 보드리야르의 경력이 흥미로운데, 왜냐하면 그는 드보르의 동료로서 그리고 의식에 대한 상품화의 영향을 슬퍼하면서 상황주의 운동 [Situationist movement; 상품의 물신 숭배와 스펙터클 사회가 조장하는 수동성에 대한 설득력 있는 비판을 하는 것]을 시작했기 때문이다. 그러나 1970년대 중반 이래로 보드리야르는 그의 태도를 바꾸었고, 그는 현재 포스트모던 사회에 더욱 유리한 관점을 갖고 있는 것처럼 보인다.

《기호의 정치경제학 비판을 위하여》(1972)에서 보드리야르는 상품화가 의미화에 영향을 주는 방식에 대한 드보르의 통렬하나 무뚝뚝한 분석을 정교화하고 있다. 그렇게 하기 위해 그는 앞장에서 우리가 논의한 소쉬르의 기호 이론을 부분적으로 수정한다. 소쉬르는 언어학적 기호가 두 가지 요소, 즉 기호의 물질적 형태인 '기표'와 기표에 의해 야기되는 개념인

'기의'로 구성되어 있다고 주장했다. 보드리야르의 주장은 "기표와 기의의 추상적인 방정식에서 상품과 정치 경제의 논리가 기호의 핵심"[13]이라는 것이다. 상품화와 의미화 둘 다 교환되는 대상들 사이에나, 또는 기호의 내적 요소들 사이에서 추상적 등가성을 인식하는 데 달려 있다. 소비 사회에서 이 추상적 등가성은 그것의 앞선, 초라한, 합법화하는 역할로부터 떨어져서 그 유산을 주장하는 쪽으로 나아간다. 기의는 기표를 붕괴시킨다. 개념은 그것의 재현 속에서 사라진다. 드보르를 따르면서, 보드리야르는 이 과정을 허위 의식의 물질화·구체화로서 묘사한다. "이데올로기는 교환 가치의 결과로서 부유하는 상상적인 것이 아니다. 그것은 교환 가치 그 자체의 작용이다."(169)

보드리야르는 그 자신의 작업을 "마르크스가 상품 형태의 탄생을 밝혀낼 수 있었던 것과 같은 방식으로 기호 형태의 탄생을 해독하는"(112) 것으로 본다. 그는 마르크스주의자들이 재현의 자율성을 설명하지 않고 있다고 특별히 언급한다.

> 오늘날 마르크스주의의 분석은 이데올로기의 분야에 관하여 마르크스가 물질 생산을 마주 보기 이전(과 이후)의 부르주아 경제학자와 같은 입장에 있음을 알고 있다. 가치의 진정한 원천과 생산의 진정한 과정은 건너뛰었다. 이데올로기가 초월성을 기호 생산의 이러한 사회적 노동을 소홀히 한 데서 얻는다. 기호와 문화는 상품의 물신주의와 동일하고, 동시적 신비인 '물신주의'에 휩싸여 나타난다.(115)

이 단계에서 보드리야르는 재현의 자율성을 허위 의식의 결과로 묘사하고 있다. 기호들은 교환 가치가 사용 가치를 이겼기 때문에 그 지시물들과 분리되었다. 이 현상은 소비 사회에서 명확하다. 소비 대상에 대한 정의는 전적으로 대상들 자체와 독립되어 있고, '배타적인 의미화의 논리의 기능'(67)이다. 이것이 그렇다면 관념과 물질 사이의 대립은 더 이상 유효하지 않다.

> 마르크스는 물질 생산의 객관성이 그 물질성에 존재하는 것이 아니라 그
> 형태에 존재함을 증명하였다……. 똑같은 분석적 환원법이 이데올로기에
> 적용되어야만 한다. 그것의 객관성은 그 '관념성,' 즉 사유 내용의 실제적
> 형이상학에 존재하는 것이 아니라 그 형태에 존재한다.(144)

보드리야르에게 '이데올로기'는 물질과 관념의 인위적인 본질주의적 이분법을 초월한다. "심리 구조와 사회 구조의 수준에서 이데올로기적 작용의 동시성"(100)이 있고, "그 작용은 객체로 주체를, 주체로 객체를 정의하는 데에 이른다."(71) 그래서 자본주의 경제의 초기 형태에서 "구체적 작업이…… 노동력으로 추상적이 되듯이"(83) 소비 사회에서 "욕망은 욕망을 만족시키는 수단들(생산품들, 이미지들, 기호-대상 등)과 동종이 되게 하기 위해서, 그리하여 소비성을 증대시키기 위해서 추상적이 되고 세분화된다."(같은 쪽) '소비성'이라는 후자의 개념은 소비 자본의 조직적 원리로서 '생산성'을 대체한다. 노동력이 인간 행위를 추상화하듯이 소비성은 인간 정신을 추상화한다. 한 사람을 소비자로 만들기 위해서는 그 사람의 인격을 간섭하고, 그의 내부에 있는 새로운 필요와 욕망을 만들어서 주입할 필요가 있다. 그리고 이러한 영혼의 조정이 오늘날의 경제 기능에 필요한 것처럼 육체의 단련과 조직은 산업 시대의 자본주의에 필요하다.

포스트모던 주체의 필요와 열망이 인위적으로 시장 경제의 이익에 공헌하도록 만들어졌다는 점에서, 주체가 어떤 의미 있는 독립적 존재가 되는 것을 중지했다고 말할 수 있겠다. 보드리야르는 "개인은 이데올로기적 구조이다……. 개인은 단지 경제적 용어로 사유된 주체일 뿐이다"(133)라고 주저 없이 선언한다. 오늘날의 상상의 개인은 단지 소비성의 기능에 필요한 알리바이일 뿐이다. 보드리야르는 이것이 소비 사회의 주체에게 진실한 것임을 증명할 수 있지만, 그는 그의 논쟁의 범위를 확대하여 고유한 인

간 주체는 결코 있어 본 적이 없음을 시사한다. 그렇다면 왜 소비 사회에서 실제로 잘못된 것이 있는가 하는 의문이 생긴다. 개인이 결코 존재한 적이 없다면 주체가 객관화될 때 잃는 것이 없다. 진실로 객체들이 항상 주체들에 대해 큰소리친다면 상품성이 환상적인 물신화의 권력을 준다고 주장해 보아야 의미가 없다. '의식'이라는 개념이 허위라면 '허위 의식'이라는 것이 어떻게 존재할 수 있는가? 보드리야르 자신의 연구 과정에 대한 요약은 다음과 같다. "우리는 물신주의에 대한 수용된 관념들에 간섭하면서 시작해서 단지 이데올로기에 대한 모든 이론이 불확실해질 것이라는 것만을 알게 된다."(90)

《생산의 거울》에서 보드리야르는 이러한 포스트모던 환경에 비추어서 마르크스를 다시 읽는다. 보드리야르는 마르크스가 '정치경제학 비판'에서 그가 비판한 자본주의 체제에 대해 기본적인 가정들을 많이 했음을 알게 된다. 예를 들어 마르크스는 노동 과정에서 소외된 인간 본질을, 교환 과정에서 모호해진 대상에게 고유한 사용 가치처럼 가정한다. 초기 자본주의에 유효했던 본질주의적 개념들은 소비 시대에는 적용될 수 없다. 소비 시대에 재현은 자율적이고 비지시적인 것이 되었다.

> 기표의 일반 조작과 기호의 초이데올로기——오늘날 구조언어학, 기호학, 정보 이론과 인공두뇌학의 새로운 지도 원리들이 인정한 어디서든지——는 체제의 이론적 토대로서 훌륭한 옛 정치 경제를 대체하고 있다……. 여기에 산업 혁명과 그 중요성에 있어서 동등한 자본 체제의 혁명이 있는 것이다.[14]

보드리야르는 마르크스가 교환 가치와 구별되는 본질적 유용 가치를 지니고 있는 것처럼 소쉬르의 언어학이 기호 밖에 자리잡은 구체적인 지시 대상을 지니고 있기 때문에 이데올로기적이라고 주장한다. 그는 "사실 노동력의 유용 가치는 생산품의 유용 가치 또는 기의와 지시 대상의 자율성과 마찬가지로 존재하지 않는다"(30)고 말한다. 교환 가치는 기표가 특별한 기의를 반드시 언급하는 환상을 생산하듯이, 자신의 목적에 이용하기 위해서 사용 가치의 환상을 생산한다. 이러한 '구체적' 현상들은 단지 환각의 '현실' 속에서 교환과 의미화의 체계들의 바탕이 되는 '이데올로기적 외형질'이다.

보드리야르는 여기서 '이데올로기'를 지시성으로 규정한다. 기호들이 그들 자신을 넘어서는 것을 지적한다는 믿음, 표면 밑에 깊이가 있다는 믿음 말이다. 그는 《시뮬라시옹》에 나오는 암시적인 글에서, 우리가 제1장에서 논의했던 종교적 이미지들에 대한 투쟁을 환기시킨다. 그가 언급하듯이 우상 숭배는 특별히 적절한 형태로 의미화의 본질의 문제를 제기한다.

신성이 아이콘 속에 스스로를 드러낼 때, 시뮬라크라 속에서 증식될 때, 신성은 어찌 되는가? 보이는 신학으로 상들 속에 단순히 구체화된 채 최고의 권위로 남아 있는가? 혹은 하느님의 순수하고 이해할 수 있는 이데아를 대신한 아이콘들의 보이는 기계인 매력의 화려함과 힘만을 펼치는 시뮬라크라로 증발되는가? 이것은 정확하게 우상파괴주의자들이 두려워했던 것이며, 그들의 밀레니엄 투쟁은 오늘날에도 여전히 우리와 계속되고 있다. 상들을 파괴하려는 그들의 분노는 정확히 그들이 시뮬라크라의 이 전능성을, 그들이 지닌 인간의 의식에서 하느님을 지우는 이 재주를, 그들이 제시하는 압도적인 파괴적 진실을 느꼈기 때문에 생겨난다. 즉 궁극적으로 어떤 하느님도 없었고, 단지 시뮬라크라만이 존재하며, 정말로 하느님 자신도 단지 그 자신의 시뮬라크룸이었다는 것이다. 상들만이 하느님의 플라토닉 이데아를 가장했다고 그들이 믿을 수 있었다면, 그것들을 파괴할 이유는 없었을 것이다. 인간은 왜곡된 진실이라는 관념으로 살 수 있다. 그러나 그들의 형이상학적 절망은 실상 그것들이 상들이 아니라…… 실제로 그것들 자신의 매력을 영원히 빛내는 완전한 시뮬라크라라는 생각에서 나왔다.[15]

보드리야르는 분명히 포스트모던 시기가 우리에게 유사한 믿음의 위기를 제공하고 있음을 의도적으로 시사한다. 지시 대상도 없고, 절대적 또는 개별적 주체도 없을 뿐 아니라 상품 문화의 완전한 승리는 상품을 비판하기 위해 만들어진 도구들인 노동력과 유용 가치와 같은 개념들도 구식이고 '이데올로기적' 임을 의미한다. 그러나 이것이 반드시 더 이상 진실과 거짓을 구별하는 방법이 없다는 것을 의미하지는 않는다. 오히려 진짜 의식은 어떤 외적인 실체와의 더 밀접한 일치 때문에 허위 의식과 더 이상 구별될 수 없음을 의미한다. 《기호의 정치경제학 비판을 위하여》에서 보드리야르는 소비자의 정신을 '노예의 도덕성' (62)이라고 불렀다. 《생산의 거울》에서 푸코처럼 주체가 그 자신을 노예화하는 것은 분명하다. "주인-노예라는 한 쌍은 소외된 구조로서 기능을 멈추지 않고 같은 개인에게서 내재화된다."(104) 아마도 우리는 여기서 희망의 빛을 분별할 수 있다. 소비 사회가 그 주체들을 객체들로 환원할지라도 분명히 개인 내부에는 상품화의 완벽한 설득력에 대항할 수 있게 하는 어떤 잔류 자원이 남아 있다. 후기 저작에서 보드리야르는 이 과정을 따르는 것을 선택하지 않고 그 대신 초월적 주체의 혼란을 자랑스러워한다. 그러나 그의 초기 분석의 함축적 의미를 다른 사람들이 탐구해 왔는데, 그 중에서 가장 유명한 사람이 슬로베니아 철학자인 슬라보이 지젝이다.

허위로 살기: 지젝과 실제 물신주의

포스트모던 세계에서 우리의 경험을 관념·물질·재현의 '차원들' 로 구분하는 것이 더 이상 유용하지 않은 것은 분명해 보인다. 이것은 관념에 다양한 영역이 있다고 보는 이데올로기 개념도 포기되어야 함을 의미한다. 에른스토 라클로와 샹탈 무훼가 《헤게모니와 사회주의 전략》(1985)에서 주목하고 있듯 "재현이 투명한 것이라고 주장할 수 없게 되었다. 여기서 실제로 의심스러운 것은 기부/상부 구조 모델 그 자체이다."[16] 재현은 더 이상 관념의 영역과 물질적 영역 사이를 조정하지 못하며, 어떤 다른 경험의 수준을 언급하지도 않는다. 더욱이 라클로와 무훼는 이러한 영역들 사이에 의미 있는 구별이 전혀 없다고 가정하면서 재현의 체제들뿐 아니라 물질적 실천을 나타내기 위해서 푸코의 '담화' 개념을 이용한다. 푸코의 '머릿속의 파시즘' 처럼 이것은 "입장들의 파편이 사회적 동인들 그 자체 내에 존재하기"(84)에 압제에 대한 투쟁이 모든 수준에서 발생해야 한다는 의미이다. 포스트모던 세계에서 개인적인 것이 정치적인 것이고, 세계사의 더 넓은 무대보다는 개별적 주체가 정치적 실천의 적절한 중심이다.

포스트모던 이론이 종종 소홀히 하는 문제는 왜 물질/관념/재현 모델이 붕괴되는가라는 것이다. 재현의 범주가 기본이다라는 데에는 일반적으로 동의한다. 재현밖에는 아무것도 없다. 초기의 보드리야르에게 이러한 재현의 승리는 "금융 자본의 가치 있는 국제적인 자율성…… 유동하는 자본의 통제할 수 없는 역할"[17]을 직접 추적해 볼 수 있는 일종의 왜곡이다. 돈은 석회화한 재현이고, 그것은 "사람이 '찬미하는' 돈 속에 있는 기호의 총체적 인위성"[18]이다. 그것은 돈-형태, 추상적 등가성의 원리로 객관화된 재현을 예증한다. 그래서 선례가 없는 금융 자본의 지배가 재현을 물질적 실천, 그리고 또 인간 주체들의 마음까지 확대한다.

개인 심리에 대한 이러한 상품 물신화의 영향이 지젝의 제일의 관심사이다. 이러한 영향을 해롭고 왜곡시키는 것으로 봄으로써 지젝은 그것을 묘사하기 위해 이데올로기 개념을 부활시킨다. 그러나 이데올로기가 순전히 관념들로 구성된다는 견해로 회귀한 것은 아니다. 드보르처럼 지젝도 실제 삶 그 자체가 이데올로기화한다고 생각한다. 이데올로기는 허위가 아니다. 왜냐하면 이데올로기는 물질적 현실과 조응하지 않기 때문이다. 이데올로기는 모든 물질적 현실과 너무나 잘 조응한다. 문제는 물질적 현실 그 자체에 있다. 물질적 현실은 객관화된 환상이라는 괴기한 형태를 지녀왔고, 이 환상은 우리의 의식 속에서 복제된다. 지젝이 《소극적으로 지체하기》에서 밝히고 있듯이, 이데올로기는 헤겔의 총체성을 포함하는 현상으로만 이해할 수 있다.

헤겔에게 전도된 '뒤죽박죽의 세계'란 실제의 경험적 세계를 벗어난 지각을 넘어서는 관념들의 왕국을 예상하는 것이 아니라, 이러한 지각을 넘어서는 관념들 그 자체가 다시 지각할 수 있는 형태를 취하는 수단에 의해 전도되는 일종의 이중적 전도이다. 그래서 바로 그 지각할 수 있는 세계는 배수로 늘어난다……. 그는 또 다른 세계를, 토대 그 자체의 토대가 되는 훨씬 '더 심오한' 초월적 토대를 내세우지 않았다. 그는 단지 토대가 된 내용에 대한 그 관계의 총체성에 그 토대를 세운다.[19]

그래서 '이데올로기'는 우리의 관념에만 영향을 끼치는 그 무엇이 아니다. 그것은 물질적 현실을 포함하는 우리의 총체성에 발생하는 그 무엇이다. 그것은 현실에 대한 오해로 인식되는 것이 아니라 현실 그 자체가 취하는 형태 속의 왜곡으로 인식된다. 지젝은 《이데올로기의 숭고한 목적》(1989)에서 다음과 같이 말한다.

이데올로기는 단순히 '허위 의식,' 현실의 환상적 재현이 아니다. 오히려 그것은 이미 '이데올로기적'으로 인식되는 현실 그 자체이다. '이데올로기적'이라는 것은 사회적 현실이며, 그것의 존재는 사회적 현실의 본질에 대해 그 참여자들이 전혀 모른다는 것을 의미한다……. '이데올로기적'이라는 것은 사회적 존재의 '허위 의식'이 아니라 '허위 의식'에 의해 지원받는 한 사회적 존재이다.[20]

우리는 여기서 지젝의 '허위 의식'에 대한 견해와 환상 개념을 구별해야만 한다. 현실과 정확하게 조응하는 이데올로기에 대한 환상 같은 것은 없다. 그러나 그 실체 속에서 우리는 마치 환상이 진짜인 것처럼 체계적으로 행동한다. 여기서 언급된 환상은 시장 경제에서 표현되는 재현의 자율성이다. 돈이 인간 행위의 확정량의 유일한 재현임을 우리는 알지만, 그럼에도 불구하고 우리는 우리의 모든 경제의 근거를, 우리의 일상 생활의 물질적 행위를, 돈이 사물-그-자체라는 가정에 우리가 허위로 알고 있는 그 가정에 두고 있다. 지젝은 이렇게 말한다.

개인들이 돈을 사용할 때, 그들은 돈에 마술적인 것이 전혀 없음을——돈은 그 물질성으로 단지 사회적 관계들의 표현일 뿐이라는 것을 잘 알고 있다. 일상의 자연적인 이데올로기는 돈을 그것을 소유한 개인에게 사회적 산물의 일정 부분에 대한 권리를 부여하는 단순한 기호로 환원한다. 그래서 일상에서 개인들은 사물들간의 관계 뒤에 인간들간의 관계가 있음을 잘 알고 있다. 문제는 사회적 활동에 임하면서 개인들이 마치 돈이 그 물질적 실체로서 부의 구현인 것처럼 행동한다는 것이다. 그들은 이론이 아니라 실천 면에서 물신주의자들이다.[21]

그래서 재현의 자율성은 객관적으로 진실이다. 그러나 재현의 자율성이 존재론적으로 허위이기에 재현은 윤리적으로 비난할 만하다. 지젝은 깊이의 은유들이 이치에 맞지 않는다거나, 우리가 결코 의미를 '넘어설' 수 없다거나, 주체가 재현의 효과라고 하는 포스트모던의 선언들에 맞서 전혀 싸우지 않는다. 그러나 그는 이러한 상황이 금융을 토대로 한 경제와 병행한다는 것을 지적하고, 개별적 주체에 대한 경제의 영향이 정말로 무시무시하다는 것을 지적한다. 사실 지젝은 상품 경제가 주체를 파괴한다고 말할 정도이다. 이것이 신푸코주의자들과 지젝이 분기되는 가장 명확한 지점이다. 그러나 지젝은 상품 경제가 주체를 파괴한다는 것을 상품화와 연결시키지 않는다. 오히려 그는 그것을 아주 긍정적인 발전으로 본다. 이 입장을 포스트모던 이론은 전폭적으로 지지한다. 《소극적으로 지체하기》

에서 지젝은 이러한 종류의 이론에 반기를 든다.

어떤 종류의 파괴적인 잠재력을 지니기는커녕 포스트모던 이론이 환호했던 분산된 다수의 짜맞춘 주체(즐거움 등등의 특별한 일관성 없는 양식들에 편향된 주체)는 단지 후기 자본주의에 부합하는 주관성의 형태를 가리킨다. 자본이 모든 고정된 사회적 정체성을 훼손하는 '퇴보'의 궁극적 힘이라는 마르크스주의의 통찰력을 부활시키고, 이데올로기적 입장들의 전통적인 고정성(특별한 권위, 고정된 성 역할 등)이 일상 생활의 방자한 상품화의 장애물이 되는 시대로 '후기 자본주의'를 인식할 때가 온 것 같다.(216)

일단 객관화된 주체, 재현의 자율성, 목적론의 불가능성, 그리고 지시 대상의 사라짐과 같은 포스트모던 현상들이 상품 물신화의 결과임을 인정하면, 포스트모던 이데올로기는 결정적으로 시시해 보이기 시작한다. 상품 물신화에 살아 있는 노동에 대한 죽은 노동의 승리가 포함되어 있음을 상기할 때, 포스트모던 세계는 실질적으로 끔찍해 보이기 시작한다. 이전 시대에 고리대금업과 금융이 주었던 도덕적 경악뿐 아니라 대상의 물신주의에 맞부딪치면서 느낀 형이상학적 공포를 기억한다면, 포스트모더니즘을 순수한 악의 승리로 간주하는 추상적 재현의 승리를 이전 시대 사람들이 알았을 것이라고 결론을 내리지 않을 수 없다. 왜 우리에게는 그 길이 보이지 않는가?

후기 아도르노

지젝은 이데올로기가 물질적 현실이라는 푸코 식의 포스트모더니즘에 동의한다. 이러한 주장은 알튀세가 관념들은 알기 전에 물질적 형태로 표현된다는 논리적 주장에서 관념들은 불질적인 것이라는 비논리적이고 모순된 주장, 즉 '담화'에 대한 푸코의 영향력 있는 설명을 말해 주는 가정으로 이동한 데서 찾아볼 수 있다. 그러나 이러한 상황에 대한 지젝의 관점과 틀에 박힌 포스트모더니즘이 그려내는 방식 사이에는 두 가지 본질적인 차이가 있다. 첫째, 지젝은 이데올로기의 물질화를 완전한 파국으로 본다. 그것은 우리가 문자 그대로 허위로 살고 있다는 의미이다. 그러나 우리가 허위로 살고 있기에 허위는 실재한다. 포스트모던 상황은 현실 그 자체가 허위인 상황이다. 허위일 뿐 아니라 가장 심오한 의미에서 비인간적이고 파괴적이며 악이다. 둘째, 지젝은 이데올로기가 총체성에 대한 변증법적 분석을 통해 물질적이라는 견해에 도달한다. 그는 알튀세 식의 환원으로 관념을 무너뜨려 물질이 되게 하지 않는다. 대신에 그는 물질적·재현적 그리고 관념적 차원에서 동시에 작용하는 물신화의 과정을, 이 차원들 중에 어느것도 이 과정을 '결정하'지 않는 것으로 묘사한다. 이것은 확실히 그렇다. 왜냐하면 그는 물신화를 차원들 사이의 관계의 왜곡으로 규정하기 때문이다. 물질 세계는 관념과 재현 그 자체가 물질적이라고 가정하는 방식으로 조직되어 있다. 물론 논리적으로 관념과 재현은 물질적이지 않다. 그러나 지젝이 직면한 끔찍한 전망은 이러한 실천적 조직 양식이 자기 성취적인 것으로 판명된다는 것이다. 그것은 실제로 관념과 재현을 물질로 환원한다. 그리고 관념과 재현이 이론상 명백히 물질이 아니라는 사실에도 불구하고 이것은 발생할 수 있고 발생한다.

이론이 이론 자체에 진실하다면 이론은 엄격하면서도 일관되게 실재에, 사실에 반대되어야 한다. 그러한 이론을 정교하게 하는 가장 유망한 시도는 테오도르 아도르노가 후기 걸작인 《부정 변증법》(1966)에서 착수하였다. 머리말에서 아도르노가 말하고 있듯 "변증법은 잘못된 상태의 사물들의 존재론이다."(11) 즉 변증법은 허위로서 실재 연구이다. 이 책에서 자주 등장하는 중심적인 이미지는 막스 베버가 《프로테스탄티즘의 윤리와 자본주의의 정신》의 마지막 부분에서 만들어 냈다. 자본주의적 형태가 경제적 관행으로 막 자리를 잡아가던 17세기에 대해 베버는 다음과 같이 말한다.

외적인 재화에 대한 배려는 '언제든지 벗어던질 수 있는 얇은 소매 없는 외투와 같은 성자'의 어깨 위에 놓여 있어야만 한다. 그러나 이 외투는 강철 새장이 될 운명이었다.(베버, 181)

위의 비유가 의미하듯이 상품물신주의는 포괄적이었다. 상품화의 형식 구조가 우리의 희망과 꿈들을, 우리의 철학 체계를, 우리의 의미화의 양식을, 우리의 경제적 실행을 결정한다. '차원'이 다른 차원들을 결정하는 것은 혹시 있다 할지라도 중요하지 않다. 문제는 형식 문제이며, 그것은 모든 차원에 동시에 그리고 같은 정도로 영향을 끼친다. 아도르노는 다음과 같이 말한다.

이데올로기가 더 이상 변론 또는 보완으로서 사물들에 덧붙여지지 않는 곳에서——이데올로기가 존재하는 것은 무엇이든 그것의 외관상 불가피성과 정당성이 되는 곳에서——상부 구조와 하부 구조의 명백한 인과 관계로 작업하는 비판은 핵심을 벗어난다.(268)

《부정 변증법》은 베버의 새장을 여는 것까지는 아닐지라도 적어도 우리로 하여금 그 존재를 알게 하려는 하나의 시도이다. 머리말에서 아도르노는 보드리야르가 지지한 것으로 우리가 이해하고 있듯——사용 가치는 단지 교환 가치가 산출한 이데올로기적 결과라는 견해를 받아들이지 않음을 분명히 하고 있다. 말하자면 새장은 비어 있지 않다. 그 안에 갇혀 있는 실재하는 것이 있다. 마르크스의 개념에서 교환 가치는 허위의 정체성의 원리이다. 그것은 상이한 사용 가치를 교환의 목적에 따라 동일한 것으로 만든다. 보드리야르는 이러한 사용 가치들이 교환 행위에서 회고적으로 만들어진 환상들이라고 말하곤 했다. 아도르노는 그러한 생각에서 생겨나는 공포에 움찔해서 "유토피아의 신성한 부분은 동일성 속에 포섭될 수 없는 것이다——마르크스의 용어로 '사용 가치'는——삶이 지속하는 한 어쨌든 필요한 것이다"(11)라고 선언할 정도까지 나아간다. 물론 삶이 지속되어야 하는 것이 반드시 필요한 것은 아니다. 사실 아도르노는 삶에 대한 장기적인 전망에서 보면 분명히 비관적이며, 그의 비관주의는 교환 가치의 부정할 수 없는 보급과 권력에 연유한다. 그러나 사용-가치가 교환-가치보다 더 진실하다는 그의 믿음 때문에 아도르노는 현재의 시장의 지배를 불가피한 것으로 보지는 않는다. 푸코나 리오타르의 포스트모더니즘을 미성숙한 것이라고 비판하는 글에서 그는 다음과 같이 지적한다.

결정론은 마치 비인간화, 즉 총체적으로 전개된 노동력의 상품적 성격이 순수하면서도 단순한 인간 본성인 양 작용한다. 상품적 성격에 한계가 있다는 사실, 즉 교환-가치가 아닌 사용-가치가 있는 노동력에 대해 아무런 생각도 하지 않는다. 자유 의지를 무조건 부인하는 것은, 훌륭히 성장한 자본주의 속에서 인간을 인간의 노동력의 정상적인 상품 형태로 환원하는 것을 의미한다.(264)

그러나 아도르노는 자본주의 체제에서 사람들이 정말로 객관화된다는 것에 동의할 것이다. 그의 목적은 이 사실을 기록하는 것이다. 동시에 그것이 잘못되었다는 것을 보여 주면서 달리 존재했었을 수도 있고, 달리 존재할 것임을 기록하는 것이다. 이것이 바로 이데올로기의 역설이다. "과정으로서 물물교환은 진정한 객관성을 지니고 있으면서 동시에 객관적으로 진실되지 못하다……. 이것이 바로 반드시 허위 의식을 만들어야만 하는 이유이다. 시장의 우상들"(190) 말이다. 이러한 베이컨 식의 '우상들' 가운데에 주체 그 자체가 있다.

인간에 대한 교환-가치의 보편적인 지배——아 프리오리가 주체들을 주체들이 되지 못하게 만들고 주체성 그 자체를 단순한 객체로 격하시키는 지배——는 주체의 주도권을 확립한다고 주장하는 보편적 원리를 허위로 만

든다. 선험적인 주체의 잉여는 고도로 축소된 경험적 주체의 결여이다.(178)

　여기서 중요한 것은 아도르노의 사상 전체의 복잡성을 공정하게 평가하는 일이다. 그는 인류가 원래 주체이자 객체라고 주장한다. 그러나 자본주의 체제에서 인류는 단순한 객체가 된다. 말하자면 인류의 주관성은 인류로부터 우러나오는 것이다. 그리고 그 주관성은 초월적 주체라는 환상적 형태 속에서 그 자체를 재구성한다. 우리 사회에서 이 초월적 주체는 '인간'이다. 즉 그것은 인간 본성의 영원하고도 환원될 수 없을 신격화이다. 그들의 실질적 주관성의 상실을 보상하려는 듯이 개별적 '주체들'(실상 더 이상 주체들이 아니라 객체들인) 각자가 환상적인 초월적 주체와 동일한 기반을 지닌 주관성의 환영이라는 외관과 이데올로기적인 '외관'을 획득한다. 개별적 차원에서 마침내 우리는 객관성을 주관성의 형태를 취하는 완전히 객관화된 주체들이 되었다. 예를 들어 포스트모던 개인이 소비재, 패션 보고서, '생활 양식' 선택, 실제 혹은 가공의 명성의 혼합물로부터──달리 말하면 '문화 산업'에 의해 그들에게 시행된 객관적 현상으로부터 자신의 '인격'을 구성하는 것은 당연하다. 그리고 여전히 이러한 주관성의 완전한 상실이 우리 사회에서 '개인'에 대한, 각각의 '사람'에 대한 철저한 강조와 결합되어 있다. 아도르노가 예리하게 보았듯이 이것은 낡아빠진 이데올로기적 책략이다. "상당히 주체는 하나의 이데올로기, 사회의 객관적 기능의 상황을 위한 병풍이며, 사회에서 주체의 고통을 위한 완화제가 되었다."(66-7)

　그러므로 두 가지 주체가 있다. 교환 가치에 의해 억압받는 '실질적' 주체와 '실재'하지는 않지만 교환 가치의 산물인 '객관적' 주체가 있다. 이 두 가지 주체 사이의 관계가 적대적이라는 사실을 제외한다면 이 점은 별로 중요하지 않을 것이다. 우리는 '주체의 적(敵)인 주체'(10)와 직면해 있다. '객관적' 주체는 공포 영화의 좀비와 같이 '실질적' 주체를 먹이로 삼고 파괴한다. 이러한 전개를 메리 셸리의 《프랑켄슈타인》(1818)이라는 예전의 비유에서 볼 수 있다. 프랑켄슈타인 박사가 자신이 만든 괴물과 맞부딪쳤을 때, 그 피조물은 그에게 "당신이 나를 그대보다 더 강하게 만들었다"[22]는 것을 상기시키고, 박사가 그 괴물을 제거할 수 있는 유일한 방법은 문자 그대로 괴물의 존재 앞에서 눈을 꼭 감는 것임을 제시한다. 박사는 이렇게 외친다.

> "썩 물러가라! 너의 흉측한 모습을 내게서 없애 버려라." "그래 내가 나의 창조자인 당신을 없애 주지"라고 말하면서 그의 증오에 찬 손을 내 눈앞에 펼쳤고, 나는 격렬하게 그 손을 밀쳐냈다. "내가 당신이 소름 끼칠 정도로 싫어하는 광경을 당신에게서 없애 주지."(210)

리들리 스콧의 영화 《블레이드 러너》는 이 과정의 극단화를 제시하는데, 이 영화에서 사악한 티렐 코퍼레이션(Tyrrel Corporation)은 자신이 인조인간이라는 사실을 모르는 인간의 '복제품'을 만들어 내는 데 성공한다. 최근의 대중 문화에서 삶 속의 죽음, 살아 있는 사자(死者)라는 어디에나 존재하는 주제가 많이 나타나고 있어서 사람들을 매우 불안하게 하고 있다. 《1984년》(1949)에서 조지 오웰은 무엇이든지 의심하거나 수상하게 여기지 않는 좀비라는 모티프를 전체주의 정치와 연결시킨다. 이 책의 주인공인 윈스턴 스미스는 그의 연인의 낙관주의를 이해할 수 없다.

> "우리는 죽은 사람들이다"라고 그가 말했다. "우리는 아직 죽지 않았어요"라고 줄리아가 생기 없이 말했다. "육체적으로는 아니지만…… 별 차이가 없어. 인류가 인간으로 머무는 한 삶과 죽음은 같은 것이야."[23]

《부정 변증법》에서 아도르노는 마르크스가 자본주의를 죽은 노동이 살아 있는 노동을 지배하는 것이라고 묘사한 것을 끔찍한 결론으로 삼는다. 이 입장의 결론은 너무나 놀라워서 왜 많은 사상가들——그 중에 알튀세와 푸코가 있다——이 거기에서 물러나, 주체는 사실 처음부터 객체였다는 견해를 피난처로 삼는지 이해하기는 쉽다. 아도르노는 이러한 선택을 생각해 보고 매섭게 반대한다.

그러나 주체가 한때 차지했던 빈 왕좌를 객체에게 넘겨 주는 것이 비판적 사유의 목적은 아니다. 그 왕좌를 차지하면 객체는 우상에 지나지 않을 것이다. 비판적 사유의 목적은 위계 질서를 없애는 것이다.(181)

그러나 포스트모던 자본주의가 이미 주체와 객체의 계급을 폐기했음을 기억해야만 한다. 아도르노에 따르면 이것은 아주 근본적으로 잘못된 방식으로 이루어졌다. 양극단의 한쪽을 다른 한쪽으로 무너뜨림으로써, 그리고 주체를 객체로 환원시킴으로써 말이다. '이데올로기'가 현재 취하고 있는 형태를 구성하는 것이 바로 이 정당치 않은 환원이다.

사회와 더불어 이데올로기도 진보해 왔기에 이데올로기는 더 이상 사회적으로 필수적인 유사성이 되지 않으며, 그래서 비록 깨지기 쉽더라도 독립 형태가 되는 것이 아니다. 이데올로기가 변하는 것은 일종의 접착제이다. 즉 주체와 객체의 거짓 동일성 말이다.(348)

이어서 이데올로기에 비판적인 이론이 그러한 동일성을 지지하려는 유혹에 저항해야 한다.

이데올로기 비판 작업은 주체와 객체의 몫과 역동성을 판단하는 것이다. 그것은 개념물신주의의 허위의 객관성을 사회적 주체로 환원시킴으로써 그것을 부인하고, 허위의 주관성, 즉 존재하는 모든 것은 마음에 있다고 하는 때때로 보이지 않을 정도로 은폐된 주장을 속임수, 기생적 비실재로 보여줌으로써, 그리고 마음에 대한 그것의 내재적 적대성을 증명함으로써 부정

하는 것이다.(197-8)

다시 한 번 우리는 '주체의 적인 주체'를 본다. 아도르노는 분명히 포스트모던 주체를 자기-파괴의 불가사의한 충동에 의해 살아난 것으로 인식한다. 그는 형이상학적 용어에 매우 많이 의존해 이러한 경향을 '주술'로 언급한다. 이 주술에서 "인간은 인간을 부정하는 것이 된다."(344)

인간을 '부정하는' 이 힘은 무엇인가? 아도르노는 '주술'이 '근본적인 악'(346)이고, "인간의 경험에서 주술은 상품의 물신적 특징과 같으며"(같은 쪽) "주술에서 사물화된 의식이 전체적이 되었다"(같은 쪽)고 말한다. 이 '주술'은 분명히 객관화를 포함한다. 그것은 인간에게 응용된 객관화이다. 우리가 일반적으로 이것에 붙인 이름이 '죽음'이다. 죽음은 극단적인 허위의(그러나 실재의) 객관화이다. 이교도의 우상과 다름없는 상품물신주의는 그 결과로 죽음을 준다.

주체들이 삶을 적게 누릴수록 죽음은 더 갑작스럽고 더 끔찍하다. 죽음이 주체들을 말 그대로 사물로 바꾸어 놓는 데에서 주체들은 그들의 영속적 죽음, 즉 그들에게도 책임 있는 인간 관계의 형식인 사물화를 깨닫게 된다. 죽음에 대해 아무런 힘도 못쓰는 과정과 시신에 대한 우스꽝스러운 화장(化粧) 절차, 즉 문명을 통해 죽음을 통합하는 것은 그 사회적 요인에 대한 반응을 형성하는 것이며, 상품 사회가 아직 열어 놓은 채로 두었던 마지막 구멍들을 메우려는 교환 사회의 서투른 노력이다.(370)

상품을 물신화하거나 우상을 숭배하는 것은 죽은 노동, 죽은 삶을 마치 살아 있는 양 다루는 것이다. 그것은 죽음과 삶 사이의 관계를 곡해하는 것이다. 이것이 단순히 이데올로기적 오류라면 중요치 않을 것이다. 그러나 아도르노가 간파했듯이 이 이데올로기는 실제적인 결과를 드러낸다. 무엇보다도 상품 형태가 낳는 도구적 이성은 핵의 괴멸에서 정점을 이루는, 혹은 지구를 생태적으로 살 수 없는 곳으로 만드는 모든 기호를 보여준다. 이것이 우리가 우리 자신의 이성을 '제2의 본성'(67)으로 만들면서 물신화할 때 생겨나는 것이다. 적어도 이러한 파국은 아직 실제로 일어나지 않았다. 그러나 아도르노는 우리가 이미 인간 행위를 객관화하는 결과를 나치의 대학살에서 이미 목격했다고 믿는다.

리스본의 지진은 볼테르를 라이프니츠의 변신론으로부터 헤어나게 하기에 충분했다. 그리고 첫번째 자연의 눈에 보이는 재앙은 두번째, 즉 사회적 재난과 비교해 보면 사소한 것이었다. 이 사회적 재난은 인간의 악으로부터 실제의 지옥을 만들어 낼 때 상상을 초월한다……. 보편적인 개인적 이익을 법칙으로 삼는 세계에서 개인은 무관심해진 이 자아만을 지니고 있기 때문에, 예로부터 친숙한 경향을 실행하는 것은 동시에 가장 끔찍한 일이다. 강제수용소 주변의 전류가 흐르는 철조망 울타리 밖으로 빠져 나오는 것과 마찬가지로 이것에서 벗어날 수는 없다. 고문당하는 자가 비명을 지를 권리가 있듯이 끊임없는 고통은 표현할 권리가 있다. 따라서 아우슈비츠 이후에는 시를 쓸 수 없으리라고 말하는 것은 잘못이었을 것이다. 그러나 아우슈비츠 이후에도 살아갈 수 있겠는가 하는, 특히 우연히 도망을 치고 합법적으로 살해될 뻔했던 자가 살아갈 수 있겠는가 하는 문화적인 물음을 제기하는 것은 잘못이 아니다. 그가 단순히 생존하기 위해서는 부르주아 주관성의 기본 원리인 냉담함이 필요하다. 그것이 없었다면 아우슈비츠는 존재하지 않았을 것이다. 이것은 살아남은 자가 근본적으로 유죄임을 의미한다. 이를 보상하기 위해 그는 더 이상 살아 있지 않으며, 1944년에 독가스로 살해되었고, 그때 이후로는 그의 전 실존은 상상적인 것으로 20년 전에 살해된 어떤 자의 미친 소망의 유출이라는 몽상을 하며 괴로워할 것이다.(361-3)

위의 구절에서 언급된 '공유된' 자는 물론 아도르노 그 자신이다. '저자의 죽음'을 혼란스럽게 왜곡한다는 견해에서, 그는 자신이 쓰고 있는 말들이 죽은 자의 꿈에 지나지 않을 것이라고 생각한다. 그리고 그의 철학이 이것을 지원한다는 의미가 있다. 《부정 변증법》의 궁극적인 전언은 '우리는 사자(死者)'라는 것이다. 우리의 경제 체제는 이것을 가정하며, 우리의 의식은 이것을 반영하고, 우리의 물질적 행위는 이것을 실천한다. 아도르노의 결론은 사형수 감방에 철창이 내려졌다는 것이다.

결 론

1995년 2월 13일, 미국의 주요 은행의 '신흥 시장 집단' 담당 부서에 내부 보고서가 배포되었다. 그것은 남부 멕시코 농부들의 반란이 금융 시장에 끼치는 결과에 대한 것으로 부분적으로 발췌하면 다음과 같다.

우리의 견해로는 치아파스가 멕시코의 정치적 안정에 근본적인 위협을 가하진 않지만, 많은 투자 공동체는 위협을 가하고 있다고 인식하고 있다. 멕시코 정부는 자국 영토와 보안을 효과적으로 통제하고 있음을 증명하기 위해 사파티스타들(Zapatistas; 원주민 게릴라들이라는 의미)을 제거할 필요가 있을 것이다.

이렇게 객관화된 인간 행위 또는 자본은 실제의 인간 주체들과 적대적이고 모순적인 관계를 이룬다. 멕시코 정부는 봉기를 분쇄하라고 강요받고 있는데, 그 봉기가 위협을 제기하기 때문이 아니라 위협을 제기한다는 인식 때문이다. 이러한 인식은 '투자 공동체'에 기인한다. '투자 공동체'를 구성하는 것은 누구인가? 이 '공동체'는 개별 인간 집단과 동일시될 수 있는가? 혹은 '투자 공동체'는 단지 국제 자본의 비개인적이고 추상적인 비인간적 세력의 듣기 좋은 의인화인가?

《자본론》에서 마르크스는 돈의 경제에서 "경제의 무대에 등장하는 인물들은 단지 경제적 관계의 의인화이다"(179)라고 했다. 얼마 동안은 '자본'과 '노동'의 힘들이 어떤 사회적 계급 속에 구체화되는 것으로 보였다.

그러나 반드시 그런 것은 아니다. 자본/노동의 근본적인 대립형은 헤겔의 《현상학》의 주인과 노예의 변증법에서 찾아볼 수 있다.(111-9) 헤겔은 이 양극단이 서로를 규정하며, 그래서 외면적으로 주인의 '독립적' 정체성은 실제로 노예의 객관화된 정체성에 의존한다는 것을 밝히고 있다. 마르크 스에게서 자본의 명백하게 독립적인 작용은 객관화된 인간 노동의 무시 무시한 반영으로서 정체를 드러낸다. 전자는 '자본주의자들' 이라는 기생 계급에 구현되며, 후자는 임금을 위해 자신들을 파는 '프롤레타리아들' 이 라는 계급에 구현된다. 그러나 이러한 정의에 의하면 서양 사회의 모든 구 성원은 이제 프롤레타리아이다. 더욱이 이러한 프롤레타리아들 중에 많 은 사람들이 자본을 소유하고 있다. '투자 공동체' 는 증권과 주식뿐 아니 라 연금 기금과 개인의 은행계좌도 포함한다. 그러면 누가 포스트모던 자 본가인가? 보드리야르가 주장하듯이 오늘날 "주인-노예라는 한 쌍은 동 일한 개인 속에 내재화한다"[1]는 것이 가능한가?

　자본주의의 역사는 생산에 대한 교환의 지배 과정, 즉 현실에 대한 재 현의 헤게모니를 유발하고 주체를 객체로 붕괴시키는 과정을 포함한다. 오늘날 물건의 생산은 물건의 재현의 교환보다 이익이 훨씬 못하다. 공장 을 짓는 것보다 컴퓨터 화면에 수치를 옮김으로써 엄청난 재산이 만들어 진다. 서양은 소비 사회가 되었고, 이것은 전체 주민에게서 대량 소비가 유도되어야만 한다는 것을 의미한다. 이것은 광고와 마케팅에 의한 욕망 의 자극을 통해서, 또한 대규모의 소비자 신용의 확대를 통해서 이루어진 다. '신용' 이라는 말은 '믿는 것' 을 의미하며, 소규모의 신용은 채무자의 '인격' 에 대한 채권자의 믿음에 좌우된다. 마르크스가 말했듯이 이것은 이미 개인의 실제 인격에 대해 이루어지는 추상화이다. 그러나 오늘날 신 용은 완전히 성품과 별개의 것이 되었다. 최초의 연방 보험 기금이 은행 예금을 보장하기 위해 만들어졌을 때, 이러한 입장에 대한 저항이 일어났 다. 한 미국 상원의원은 이 생각이 신용의 필요성을 없앨 것이고, 그래서 '개인을 실재하지 않는 존재로 만들 것' [2]이라고 불평했다.

돈이 주관적 행위의 재현이라면 신용——돈을 지불하겠다는 약속——은 재현에 대해 이루어지는 추상화이다. 1980년대에 세계 경제는 돈보다는 신용으로 오랫동안 기능했다. 그 10년 동안 신용은 어디에나 있었고 (연방 보험 덕분에) 위험도 없었다. 그래서 신용받기 혹은 '신용-가치'라는 단순한 기대는 한 사람이 기업 전체를 살 수 있을 정도로 충분했다. 정크채[신용도가 낮아 위험도가 크나 수익률이 높은 채권]와 제3세계 부채의 전형적인 실례에서 부채를 갚을 능력, 그리고 '인격'의 문제는 실제로 신용을 얻는 능력과는 관계가 없게 되었다.

그러므로 '인격' '확신' '신뢰'와 같은 주관적 요소들이 어떻게 점차적으로 실재의 인간에게 본래부터 적용되던 것과 동떨어지게 되었는지 알수 있다. 이러한 주관적 특질들은 추상적인 것이 되고 소외되었으며, 그럼으로써 실제 인간 주체들의 일에 대한 결정력을 이룬다. 멕시코 정부가치아파스에 군대를 파견한 것은 '투자 공동체'의 '확신'에 도움이 되는 것이다. 이 '확신'은 무엇에 의존하는가? 인식에 의존한다. 인식은 주관적 현상이다. 그러나 이러한 인식을 경험하는 주체는 전적으로 객관화된주체이다. '투자 공동체'는 실제로 전자 화면에 있는 수치에 불과할 뿐이다. '투자 공동체'는 사실 순수한 재현이다. 그것은 '신뢰'와 '확신'과 같은 객관적 형태로 주관적 행위, 주관적 결정, 주관적 경험을 재현한다. 재현의 자율성은 주체를 객체로 전환한다. 그래서 그것은 이데올로기의 신격화이다. 그러나 이데올로기는 주체 내에서만 생길 수 있다. 주체만이 그 자아를 객관화한다. 원칙적으로 주체는 이 과정을 역전시킬 수 없는가? 만일 역전시킬 수 있다면 어떻게 해야 하는가?

원 주

머리말: 이데올로기와 포스트모던

1) Martin Amis, 《돈 Money》, Penguin Books, London, 1984, p.31.

2) Frederic Jameson은 《포스트모더니즘 혹은 후기 자본주의의 문화적 논리 Postmodernism, or, the Cultural Logic of Late Capitalism》(Duke University Press, Durham, 1991)에서 이 문제에 대한 가장 확실한 대답을 제시하고 있다. 이어지는 설명은 제임슨의 포스트모더니즘에 관한 묘사에서 영감을 얻은 것이다.

3) Richard Rorty, 〈포스트모던 부르주아 자유주의 Postmodernist Bourgeois Liberalism〉, in 《포스트모더니즘 읽기 Postmodernism: A Reader》, ed. Thomas Docherty, Columbia University Press, New York, 1993, p.325.

4) 포스트모던 철학의 특징인 언어의 구성적 역할과 전반적인 의미 작용의 역할은 페르디낭 드 소쉬르가 《일반언어학 강의 Course on General Linguistics》(Roy Harris 역, Open Court, La Salle, Illinois, 1986)에서 처음으로 개괄하였다.

5) 그래서 장 프랑수아 리오타르는 《포스트모던 해설, 1982-1985년의 서신 The Postmodern Explained: Correspondence 1982-1985》(Julian Pefanis and Morgan Thomas 편, Don Barry, Bernadette Maher, Julian Pefanis, Virginia Spate, Morgan Thomas 역, University of Minnesota Press, Minneapolis, 1993, p.16)에서 "답은 바로 이것, 즉 총체성에 관한 전쟁이다"라고 했다.

6) Andrew Ross(ed.), 《보편성의 포기인가? 포스트모더니즘의 정치학 Universal Abandon? The Politics of Postmodernism》, University of Minnesota Press, Minneapolis, 1988, XIV-XV.

7) Paul A. Bové, 〈차이의 불가피성: 과학적 다원주의와 비판적 지성 The Ineluctability of Difference: Scientific Pluralism and the Critical Intelligence〉, in Jonathan Arac(ed.), 《포스트모더니즘과 정치학 Postmodernism and Politics》, University of Minnesota Press, Minneapolis, 1986, p.17.

8) Julian Lewis Watkins, 《명광고 100편, 누가 썼고 무엇을 했는가 The 100 Greatest Advertisements, Who Wrote Them and What They Did》, Dover Publications, New York, 1959, p.37, 34, 40.

9) William Leach, 《욕망의 땅, 상품, 권력, 그리고 신미국 문화의 등장 Land of Desire, Merchants, Power, and the Rise of a New American Culture》, Pantheon Books, New York, 1993, p.385.

10) Max Weber, 《프로테스탄트 윤리학과 자본주의 정신 *The Protestant Ethic and the Spirit of Capitalism*》, Talcott Parsons 역, Unwin Hyman, London, 1930, p.56. 아래는 이 판본을 참조하였다.

1. 기 원

1) Platon, 《공화국 *The Republic*》, G. M. A. Grube 역, Hackett Publishing Co., Indianapolis, 1974, 515b–516a.

2) Aristoteles, 《정치학 *Politica*》, Carnes Lord 역, University of Chicago Press, Chicago, 1984, 1254al, 36–42, 40. 이하는 이 판본을 참조하였다.

3) Aristoteles, 《마그나 모랄리아 *Magna Moralia*》, book I, 1186al, 4–17, in 《아리스토 텔레스 전집 *The Complete Works of Aristoteles*》, 제2권(the Revised Oxford Translation), Jonathan Barnes 편, Princeton University Press, Princeton, 1984, p.187. 이하는 모두 이 판본을 참조하였다.

4) 《니코마코스 윤리학 *Nicomachean Ethics*》, book II, 1103b, 2–6.

5) 〈교회의 투사 The Church Militant〉(c. 1633), II. 111–20, in 《조지 허버트의 영시 *The English Poems of George Herbert*》, ed. C. A. Patrides, J. M. Dent & Sons, London, 1986.

6) Fulk Greville, 〈군주론 A Treatise of Monarchy〉, in 《유물 *The Remains*》, G. A. Wilkes 편, Oxford University Press, Oxford, 1965. 이하는 이 판본을 참조하였다.

7) J. G. A. Pocock, 《마키아벨리 시대, 피렌체의 정치적 사유와 대서양의 공화주의 전통 *The Machiavellian Moment, Florentine Political Thought and the Atlantic Republican Tradition*》, Princeton, University Press, Princeton, 1975 와 Hans Baron, 《초기 이탈리아 르네상스의 위기: 고전주의 및 전제 군주 시대의 공민적 휴머니즘과 공화주의적 자유 *The Crisis of the Early Italian Renaissance: Civic Humanism and Republican Liberty in an Age of Classicism and Tyranny*》, Princeton University Press, Princeton, 1966 참조.

8) Girolamo Savonarola, 〈피렌체 시의 정치 체제 및 정부론 Treatise on the Constitution and Government of the City of Florence〉, in 《휴머니즘과 자유: 15세기 피렌체의 자유에 관한 글모음 *Humanism and Liberty: Writings on Freedom from Fifteenth-century Florence*》, Renee Nea Watkins(번역 및 편집), University of South Carolina Press, Columbia, S. C., 1978, p.237.

9) Niccolo Machiavelli, 《군주론 *The Prince*》, in 《저작 *Works*》, 제2권, Anthony J. Pancini 역, Greenvale press, Greenvale, N. Y., 1969, p.247.

10) Martin Luther, 《저작 *Works*》, 제1권, Jaroslav Pelikan and Helmut T. Lehmann 편, Fortress Press, Philadelphia, 1959, p.28. 이하 이 판본을 참조하였다.

11) John Bunyan, 《천로역정 The Pilgrim's Progress》, Oxford University Press, Oxford, 1984, p.19-20.

12) Francis Bacon, 《신기관 Novum Organon》, R. Ellis and James Spedding 역, George Routledge & Sons Ltd., London, 1959, p.70. 이하는 이 판본을 참조하였다.

2. 경험주의

1) John Milton, 〈우상파괴자 Eikonoklastes〉(1649), in 《산문 전집 Complete Prose Works》, 제3권, Yale University Press, New Haven, 1962, p.601. 이하 이 판본을 참조하였다.

2) John Milton, 《영시 전집 Complete English Poems》, 제12권, Gordon Campbell 편, Everyman, Lymington, Hants., 1990, pp.90-5.

3) Milton, 《이혼에 관한 마르틴 부처의 판결 The Judgement of Martin Bucer Concerning Divorce》(1644), 제2권, p.439.

4) 〈시편〉 115편, 1·4절.

5) Lowell W. Coolidge가 밀턴의 《산문 전집 Complete Prose Works》, 제2권, 222 n.1 에서 인용한 것이다.

6) 밀턴은 어린 여성과 결혼을 했으나 곧 그녀에게 버림받았는데, 그는 그녀의 성격과 정치적인 성향이 자신과 맞지 않았다는 것을 깨달았다.

7) Thomas Hobbes, 《리바이어던 Leviathan》, C. B. MacPherson 편, Penguin Books, London, 1985, pp.85-6. 이하 이 판본을 참조하였다.

8) 이러한 논리 전개는 결국 목적론에서 인식론으로의 전환을 이루게 된다는 점에 주목할 것.

9) Milton, 〈교육론 Of Education〉, in 《산문 전집 Complete Prose Works》, 제2권, pp.366-7.

10) Graham Greene, 《로체스터 경의 원숭이 Lord Rochester's Monkey》, Penguin Books, London, 1974, p.165.

11) D. B. MacPherson, 《개인 소유주의의 정치적 이론, 홉스부터 로크까지 The Political Theory of Possessive Individualism, Hobbes to Locke》, Oxford University Press, Oxford, 1969에서 이 점을 밝히고 있다.

12) John Locke, 《인간 오성론 An Essay Concerning Human Understanding》, William Tegg, London, 1867, p.59. 이하 이 판본을 참조하였다.

13) E. B. de Condillac, 《지식의 기원론 Essay on the Origin of Knowledge》, in 《18세기 철학 Eighteenth-Century Philosophy》, Lewis White Beck편, Free Press, New York, 1966, p.170.

14) C. -A. Helvétius, 《정신론 Essays on the Mind》(1758), Burt Franklin, New York, 1970, p.177.

15) P. -H. D. Holbach, 《자연의 체계 The System of Nature》, H. D. Robinson편, Burt Franklin, New York, 1970, p.11. 이하 이 판본을 참조하였다.

16) Friedrich Nietzsche, 《인간적인, 너무나 인간적인 Human, All-Too-Human》, 제2부, Paul V. Cohn 역, in 《전집 The Complete Works》, 제 7권, T. N. Foulis, London, 1911, p.184.

17) Jean-Jacques Rousseau, 《인간 불평등 기원론 Discourse on the Origin of Inequality》, Donald A. Cress 역, Hackett Publishing Co., Indianapolis, 1992, p.13. 이하 이 판본을 참조하였다.

18) William Wordsworth, 《산문 선집 Selected Prose》, John O. Hayden 편, Penguin Books, London, 1988, p.282.

19) John Keats, 《존 키츠 서신 1795-1821 The Letters of John Keats 1795-1821》, 제 1권, Hyder Edward Rollins 편, Harvard University Press, Cambridge, Mass., 1958, p.185.

20) Simon Schama, 《시민 Citizens》, Alfred A. Knopf, New York, 1989, pp.778-9를 볼 것.

21) Schama, p.574.

22) Edmund Burke, 《프랑스 혁명론 Reflections on the Revolution in France》, William B. Rodd 편, Holt, Rinehart & Winston, New York, 1965, p.211. 이하 이 판본 참조.

23) 셰익스피어의 모든 작품은 《리버사이드 셰익스피어 The Riverside Shakespeare》(G. Blakemore Evans편, Houghton Mifflin Co., Boston, 1974)에서 인용.

24) Emmet Kennedy, 《데스튀트 드 트라시와 '이데올로기'의 기원 Destutt de Tracy and the Origins of 'Ideology'》, American Philosophical Society, Philadelphia, 1978, p.19.

25) 〈참사원에 보내는 답변〉, 1812년 12월 20일자, Kennedy의 책 p.215에서 재인용.

26) 앞의 책, p.45.

27) 앞의 책, p.189.

28) 앞의 책, p.145.

29) Hans Barth, 《진리와 이데올로기 Truth and Ideology》, Frederic Lilge 역, University of California Press, Berkeley, 1976, p.4. 이런 점에서 데스튀트의 '이데올로기'는 언어학적 모델을 준거로 하여 다른 사유 양식들의 기원을 설명하고자 하는 20세기 구조주의를 예견하고 있다.

30) Maine de Biran, Kennedy의 책, p.100에서 재인용.

3. 관념론

1) Johann Wolfgang von Goethe, 《파우스트 *Faust*》, Peter Salin 역, Bantam Books, New York, 1985.

2) Johann Wolfgang von Goethe, 《젊은 베르테르의 슬픔 *The Sufferings of Young Werther*》, Bayard Quincy Morgan 역, Frederick Ungar Publishing Co., New York, 1957, p.21.

3) 《데카르트의 철학 저술들 *The Philosophical Works of Descartes*》, 제1권, Elizabeth S. Haldane and G.R.T. Ross 역, Cambridge University Press, Cambridge, 1911, p.10에서. 이하 이 판본을 참조함.

4) 《방법 서설 *Discourse on the Method*》, p.101.

5) Bertrand Russell, 《서양 철학사 *History of Western Philosophy*》, Simon & Schuster, New York, 1945, p.648 재인용.

6) Christopher Norris, 《포스트모더니즘 무엇이 문제인가 *What's Wrong with Post-modernism*》, Johns Hopkins University Press, Baltimore, 1990 참조.

7) Immanuel Kant, 《순수 이성 비판 *Critique of Pure Reason*》, J. M. D. Meiklejohn 역, J. M. Dent & Sons, London, 1934, p.1.

8) S. T. Coleridge, 《문학 전기 *Biographia Literaria*》, 제1권, J. Shawcross 편, Oxford University Press, Oxford, 1969, p.202.

9) William Wordsworth, 《시집 *Poems*》, Stephen Gill 편, Oxford University Press, Oxford, 1984, p.298.

10) S. T. Coleridge, 《시전집 *Complete Poetical Works*》, Ernest Hartley Coleridge 편, Clarendon Press, Oxford, 1912, p.365.

11) Immanuel Kant, 《판단력 비판 *Critique of Judgement*》, Werner S. Pluhar 역, Hackett Publishing Co., Indianapolis, 1987, pp.14-15. 이하 이 판본을 참조함.

12) 'Vorstellung'이라는 명사는 전통적으로 '재현(representation)'으로 번역되고 있다. Pluhar은 이 견해에 대해 반대를 표하고 있는데, 왜냐하면 재현이라는 말이 칸트의 인식론을 재현적인 것으로 오도하기 때문이다.

13) 칸트의 포스트모던적 독법에 대한 신랄한 비판에 대해서는 Christopher Norris, 《포스트모더니즘에 관한 진실 *The Truth about Postmodernism*》(Blackwell, Oxford, 1993)을 참조할 것.

14) G. W. F. Hegel, 《정신현상학 *Phenomenology of Spirit*》, A. V. Miller 역, Clarendon Press, Oxford, 1977, p.2.

15) W. B. Yeats, 《시집 *The Poems*》, Richard J. Finneran 편, Macmillan, New York,

1989, p.259.

16) David Strauss, 《예수의 삶 *The Life of Jesus*》, George Eliot 역, in 《청년 헤겔주의 자들 *The Young Hegelians*》, Lawrence S. Stepelevich, Cambridge University Press, Cambridge, 1983, p.25. 이하 이 판본을 참조하였다.

17) 《청년 헤겔주의자들 *The Young Hegelians*》, p.211, 227.

18) H. Glockner, 재인용, Sidney Hook, 《헤겔에서 마르크스로 *From Hegel to Marx*》, University of Michigan Press, Ann Arbor, 1962, p.220 n.1.

19) Ludwig Feuerbach, 《그리스도교의 본질 *The Essence of Christianity*》, George Eliot 역, Harper & Brothers Publishers, New York, 1957, xxxii, 이하 이 판본에서 참조.

4. 마르크스주의

1) Thomas Carlyle, 《의상철학 *Sartor Resartus*》(1830) in 《노턴 영문학 명시선 *The Norton Anthology of English Literature*》, 제2권, Norton, New York, 1993, p.935 재인용.

2) Karl Marx, 《독일 이데올로기 *The German Ideology*》, in Karl Marx and Friedrich, 《전집 *Collected Works*》, 제5권, International Publishers, New York, 1975, pp.36-7. 특별히 표시된 경우가 아니면 이하는 마르크스와 엥겔스의 이 판본을 참조.

3) Baron Alfred Tennyson, 《시집 *The Poems*》, Christopher Ricks 편, Longmans, Harlow, 1969, p.697.

4) 여기에서 브뤼메르 18일에 대한 설명은 Jeffrey Mehlman의 《혁명과 반복 *Revolution and Repetition*》(University of California Press, Berkeley, 1979), Terry Eagleton의 《발터 벤야민 혹은 혁명적 비평을 향하여 *Walter Benjamin, or, Towards a Revolutionary Criticism*》(Verso, London, 1981), Christopher Norris의 《포스트모더니즘에 관한 진실 *The Truth about Postmodernism*》(Blackwell, Oxford, 1993)을 참조하였다.

5) 마르크스는 프티부르주아지에 대한 일반적인 용어를 지칭하기 위해서 이 영어 단어를 사용한다.

6) Karl Marx, 《자본론 *Capital*》, 제1권, Ben Fowkes 역, Penguin Books, London, 1976, pp.125-177 참조. 이하 《자본론》의 이 판본을 참조.

7) Thomas Traherne, 《세기들 *Centuries*》, Morehouse Publishing, Wilton, CT, 1985, pp.114-15.

8) 《정치경제학 수고 *Economic and Philosophical Manuscripts*》(III, 323-4)에서 마르크스가 인용한 형태 그대로 재인용. 《독일 이데올로기》(V, 230-1)와 《자본론》(p.229, n.42)에서는 간략하게 인용되어 있다.

9) Jean-Paul Sartre, 《구토 *Nausea*》, Lloyd Alexander 역, New Directions Publishing Co., New York, 1957, p.10.

10) Georg Simmel, 《돈의 철학 *The Philosophy of Money*》, Tom Bottomore and David Frisby 역, Routledge(Kaethe Mengelberg의 재번역), London, 1978, p.68. 이하 이 판본에서 참조.

11) Friedrich Engels, 《카를 마르크스와 프리드리히 엥겔스의 서신 *The Correspondence of Karl Marx and Friedrich Engels*》, International Publishers, New York, 1942, pp.475-6.

12) George Plekhanov, 《일원론적 역사관의 발전에 관하여 *The Materialist Conception of History*》, International Publishers, New York, 1940, p.19. 이하 이 판본을 참조.

13) V. I. Lenin, 《유물론과 경험 비판론 *Materialism and Empiriocriticism*》, International Publishers, New York, 1972, pp.125-6.

14) Georg Lukács, 《역사와 계급 의식 *History and Class-consciousness*》, Rodney Livingstone 역, MIT Press, Cambridge, Mass., 1971, p.170. 이하 이 판본 참조.

15) Antonio Gramsci, 《옥중 서신 *Selections from the Prison Notebooks*》, Quintin Hoare and Geoffrey Nowell-Smith(편역), International Publishers, New York, 1971, p.365, n. 54. (Marx, 《정치경제학 비판 서문 *A Contribution to the Critique of Political Economy*》에서 인용) 이하 그람시에 대한 것은 이 판본을 참조함.

5. 포스트 마르크스주의

1) Walter Benjamin, 《미학과 정치학 *Aesthetics and Politics*》, Ronald Taylor 편, Harry John 역, New Left Books, London, 1977, p.97 재인용.

2) Louis Althusser, 〈이데올로기와 이데올로기 국가 기구 Ideology and Ideological State Apparatuses〉, in 《레닌과 철학, 그밖의 글들 *Lenin and Philosophy and Other Essays*》, Ben Brewster 역, Monthly Review Press, New York, 1971, p.145.

3) Louis Althusser, 《마르크스를 위하여 *For Marx*》, Ben Brewster 역, Pantheon Books, New York, 1969, p.34. 이하 이 판본을 참조.

4) 《노턴 영문학 명시선》, 제1권, p.519.

5) Pierre Macherey, 《문학 생산 이론 *A Theory of Literary Production*》, Geoffrey Wall 역, Routledge, London, 1978, p.44. 이하 이 판본 참조.

6) Pierre Macherey and Etienne Balibar, 〈이데올로기적 형식으로서 문학에 대하여: 몇 가지 마르크스주의 명제들 On Literature as an Ideological Form: Some Marxist Propositions〉, Praxis 5(1981), pp.43-58, p.46. 이하 이 판본 참조.

7) T. S. Eliot, 《시전집 *Collected Poems*》, Harcourt, Brace & World, New York, 1970, p.83.

8) Ernst Bloch, 〈표현주의 논의 Discussing Expressionism〉(1938), Rodney Livingstone 역, in 《미학과 정치학 *Aesthetics and Politics*》, Ronald Taylor 편, New Left Books,

London, 1977, p.22.

9) Georg Lukács, 〈균형잡힌 리얼리즘 Realism in the Balance〉(1938), Rodney Livingstone 역, in 《미학과 정치학 Aesthetics and Politics》, p.34.

10) Theodor Adorno, 〈협박에 의한 화해 Reconciliation under Duress〉(1961), Rodney Livingstone 역, in 《미학과 정치학》, p.160.

11) Theodor Adorno, 〈발터 벤야민에게 보내는 편지〉(1935), Harry Zohn 역, in 《미학과 정치학》, p.111.

12) Max Horkheimer, 〈진리의 문제에 관하여 On the Problem of Truth〉, in 《프랑크푸르트학파 입문 The Essential Frankfurt School Reader》, Andrew Arato and Eike Gebhardt 편, Urizen Books, New York, 1978, p.433. 이하 이 판본을 참조.

13) Max Horkheimer, 〈이성의 종말 The End of Reason〉, in 《프랑크푸르트학파 입문》, p.31.

14) Theodor Adorno, 〈음악의 물신적 특성과 청취의 퇴보 On the Fetish Character in Music and the Regression of Listening〉, in 《프랑크푸르트학파 입문》, p.290.

15) Theodor Adorno and Marx Horkheimer, 《계몽의 변증법 Dialectic of Enlightenment》, John Cumming 역, Herder & Herder, New York, 1972, p.126. 이하 이 판본을 참조.

16) 《프랑크푸르트학파 입문》, p.45.

17) 《계몽의 변증법》, xv.

18) Herbert Marcuse, 《일차원적 인간: 선진 산업 사회의 이데올로기 연구 One-Dimensional Man: Studies in the Ideology of Advanced Industrial Society》, Beacon Press, Boston, 1964, p.12.

19) Max Weber, 《프로테스탄티즘의 윤리와 자본주의의 정신 The Protestant Ethic and the Spirit of Capitalism》, Talcott Parsons 역, Unwin Hyman, London, 1930, p.17. 이하 이 판본 참조.

20) Sigmund Freud, 《성 이론에 대한 세 편의 에세이 Three Essays on the Theory of Sexuality》, James Strachey 역, Basic Books Inc., New York, 1962, p.19.

21) Sigmund Freud, 《토템과 터부: 야만인과 신경증 환자의 정신적 삶의 몇 가지 일치점 Totem and Taboo: Some Points of Agreement between the Mental Lives of Savages and Neurotics》, James Strachey, W. W. Norton, London, 1950, p.32. 이하 이 판본 참조.

22) 《계몽의 변증법》, p.6.

23) 《계몽의 변증법》, p.28.

24) Ngugi Wa Thiong'O, 《십자가 위의 악마 Devil on the Cross》, Heinemann International, Oxford, 1982, pp.172-3.

25) Ferdinand de Saussure, 《일반언어학 강의 Coures in General Linguistics》, p.6. 이

하 이 판본을 참조.

26) Claude Lévi-Strauss, 《야생의 사고 La Pensée Sauvage》, University of Chicago Press, Chicago, 1966, p.15. 이하 이 판본을 참조.

27) Michael Taussig, 《남아메리카의 악마와 상품물신주의 The Devil and Commodity Fetishism in South America》, University of North Carolina Press, Chapel Hill, 1980, p.36, 181.

28) V. N. Volosinov, 《마르크스주의와 언어철학 Marxism and the Philosophy of Language》(Ladislav Matejka and I. R. Titunik 역, Harvard University Press, Cambridge, Mass., 1973)의 역자 서문에서 인용. 이하 이 판본 참조.

29) Roland Barthes, 《신화학 Mythologies》, Annette Lavers 역, Hill & Wang, New York, 1994, p.116.

6. 포스트모더니즘

1) Theodor Adorno, 《부정 변증법 Negative Dialectics》, E. B. Ashton, Routledge, London, 1990, pp.267-8. 이하 아도르노에 대한 것은 이 판본을 참조.

2) Jean Baudrillard, 《상징적 교환과 죽음 Symbolic Exchange and Death》, Iain Hamilton Grant 역, Sage Publications, London, 1993, p.2.

3) Friedrich Nietzsche, 《도덕계통학 Genealogie der Moral》, Walter Kaufmann and R. J. Hollingdale 역, Vintage Books, New York, 1969, pp.27-8. 이하 이 판본을 참조.

4) Michael Foucault, 《사물의 질서: 인문과학의 고고학 Une Archéologie des sciences humaines》, A. M. Sheridan Smith 역, Pantheon Books, New York, 1972, p.12. 이하 이 판본을 참조.

5) Michael Foucault, 《지식의 고고학 L'Archéologie du savoir》, A. M. Sheridan Smith 역, Pantheon Books, New York, 1972, p.12. 이하 이 판본을 참조.

6) Michael Foucault, 《성의 역사 Histoire de la sexualité》, Robert Hurley 역, Vintage Books, New York, 1990, p.93.

7) 《감시와 처벌 Surveiller et punir: Naissance de la prison》의 앞부분을 읽으면서 고통스러워 한 사람이라면 누구나 알 수 있듯이.

8) Michel Foucault, 《권력과 지식 Power/Knowledge: Selected Interviews and Other Writings 1972-1977》, Colin Gordon 편역, Leo Marchall, John Mepham and Kate Soper 역, Pantheon Books, New York, 1980, p.58. 이하 이 판본 참조.

9) Michel Foucault, 《마르크스에 대하여: 두치오 트롬바도리와의 대담 Remarks on Marx: Conversations with Duccio Trombadori》, R. James Goldstein and James Casaito 역, Semiotext(e), New York, 1991, p.120.

10) Michel Foucault, 《정치학, 철학, 문화: 1974-1984년의 인터뷰 및 그밖의 글들 *Politics, Philosophy, Culture: Interviews and Other Writings 1974-1984*》, Lawrence D. Kritzman 편, Alan Sheridan 외 역, Routledge, New York, 1988, p.26.

11) 앞의 책, p.26을 볼 것.

12) Guy Debord, 《스펙터클의 사회 *Society of the Spectacle*》, Black & Red, Detroit, 1967, no. 217. 드보르는 이와 같은 출판인의 권리와 같은 그런 부르주아의 잘난 체하기를 비웃는다.

13) Jean Baudrillard, 《기호의 정치경제학 비판을 위하여 *For a Critique of the Political Economy of the Sign*》, Charles Levin 역, Telos press, St Louis, 1981, p.146. 이하 이 판본에서 참조.

14) Jean Baudrillard, 《생산의 거울 *The Mirror of Production*》, Marx Poster 역, Telos Press, St Louis, 1975, p.122. 이하 이 판본에서 참조.

15) Jean Baudrillard, 《시뮬라시옹 *Simulations*》, Paul Foss 역, Paul Patton and Philip Beitchman, Semiotext(e), New York, 1983, pp.8-9.

16) Ernesto Laclau and Chantal Mouffe, 《헤게모니와 사회주의 전략: 근본적인 민주주의 정치학을 향하여 *Hegemony and Socialist Strategy: Towards a Radical Democratic Politics*》, Verso, London, 1985, p.58. 이하 이 판본 참조.

17) 《생산의 거울》, p.129, n.9.

18) 《기호의 정치경제학 비판을 위하여》, p.93.

19) Slavoj Zizek, 《소극적으로 지체하기: 칸트, 헤겔 그리고 이데올로기 비판 *Tarrying with the Negative: Kant, Hegel, and the Critique of Ideology*》, Duke University Press, Durham, 1993, pp.138-9. 이하 이 판본을 참조함.

20) Slavoj Zizek, 《이데올로기의 숭고한 목적 *The Sublime Object of Ideology*》, Verso, New York, 1989, p.21.

21) 《이데올로기의 숭고한 목적》, p.31.

22) Mary Shelley, 《프랑켄슈타인 혹은 근대의 프로메테우스 *Frankenstein, or the Modern Prometheus*》, G. & W. B. Whittaker, London, 1823, p.206. 이하 이 판본에서 참조.

23) George Orwell, 《1984년 *Nineteen Eighty-four*》, Harcourt, Brace & Co., New York, 1949, p.137.

결 론

1) 《생산의 거울》, p.104.

2) James Grant, 《마음이라는 돈 *Money of the Mind*》, Farrar Straus Giroux, New York, 1992, p.138.

더 읽어볼 것

Barth, Hans(1976) *Truth and Ideology*, trans. Frederic Lilge; University of California Press; Berkeley. (An original and opinionated over-view, relating Marxist thought to the nihilistic tradition of Nietzsche.)

Eagleton, Terry(1990) *The Ideology of the Aesthetic*; Basil Blackwell Ltd.; Oxford. (Deals with the relations between ideology, pleasure and idealist philosophy.)

—— (1991) *Ideology: on Introduction*; Verso; London. (The definitive introduction to the subject. Takes a Marxist. historical approach, and simultaneously puts forward the author's own thesis.)

—— (1994) *Ideology*; Longman Group UK; Harlow, Essex. (A selection of readings by authors ranging from Marx to Clifford Geertz. Offers a wide variety of definitions.)

Ingersoll, David E. and Matthews, Richard K.(1986) *The Philosophic Roots of Modern Ideology: Liberalism, Communism, Fascism*; Prentice-Hall Inc.; Englewood Cliffs, N. J.(Traces the evolution of various forms of ideology, as well as considering the phenomenon as a whole.)

Larrain, Jorge(1979) *The Concept of Ideology*; Hutchinson & Co.; London. (Penetrating and undogmatic historical account of ideology's various permutations.)

Mannheim, Karl(1936) *Ideology and Utopia*, trans. Louis Wirth and Edward Shils; Harcourt, Brace & Co.; New York. (Brilliant early attempt to theorize ideology across various periods. Defines it against the rival force of 'utopia.')

McLellan, David(1986) *Ideology*; University of Minnesota Press; Minneapolis. (Brief, schematic but extremely lucid outline of the topic, which addresses the issue of its continuing relevance.)

Thompson, John B.(1990) *Ideology and Modern Culture: Critical Social Theory in the Age of Mass Communication*; Stanford University Press; Stanford. (Masterly analysis of the role of the mass media in the definition and transmission of ideology.)

참고 문헌

Adorno, Theodor(1990) *Negative Dialectics*, trans. E. B. Ashton; Routledge; London.

Adorno, Theodor and Horkheimer, Max(1972) *Dialectic of Enligftenment*, trans. John Cumming; Herder & Herder; New York.

Althusser, Louis(1969) *For Marx*, trans. Ben Brewster; Pantheon Books; New York.

—— (1971) *Lenin and Philosolhy and Other Essays*, trans. Ben Brewster; Monthly Review Press; New York.

Amis, Martin(1984) *Money*; Penguin Books; London.

Appleby, Joyce Oldham(1978) *Economic Thought and Ideology in Seventeenth-century England*; Princeton University Press; Princeton.

Arac, Jonathan(ed.)(1986) *Postmodernism and Politics*; University of Minnesota Press; Minnesota.

Arato, Andrew and Gebhardt, Eike(eds)(1978) *The Essential Frankfurt School Reader*; Urizen Books; New York.

Aristotle(1984) *Complete Works*, ed. Jonathan Barnes; Princeton University Press; Princeton.

—— (1984) *Politics*, trans. Carnes Lord; University of Chicago Press; Chicago.

Bacon, Francis(1959) *Novum Organon*, trans. R. Ellis and James Spedding; George Routledge & Sons Led; London.

Baron, Hans(1966) *The Crisis of the Early Italian Renaissance*; Princeton University Press; Princeton.

Barthes, Roland(1994) *Mythologies*, trans. Annette Lavers; Hill & Wang; New York.

Baudrillard, Jean(1975) *The Mirror of Production*, trans. Mark Poster; Telos Press; St Louis.

—— (1981) *For a Critique of the Political Economy of the Sign*, trans. Charles Levin; Telos Press; St Louis.

—— (1983) *Simulations*, trans. Paul Foss, Paul Patton and Philip Beitchman; Semiotext(e); New York.

—— (1993) *Symbolic Exchange and Death*, trans. Iain Hamilton Grant; Sage Publications; London.

Beck, Lewis White(ed.)(1966) *Eighteenth-century Philosophy*; Free Press; New York.

Bunyan, John(1984) *The Pilgrim's Progress*; Oxford University Press; Oxford.

Burke, Edmund(1965) *Reflections on the Revolution in France*, ed. William B. Todd; Holt, Rinehart & Winston; New York.

Carlyle, Thomas(1956) *Sartor Resartus: on Heros and Hero-worship*; Dutton; New York.

Coleridge, S. T.(1912) *Complete Poetical Works*, ed. Ernest Hartley Coleridge; Clarendon Press; Oxford.

—— (1969) *Biographia Literaria*, ed. J. Shawcross; Oxford University Press; Oxford.

Debord, Guy(1967) *Society of the Spectacle*; Black & Red; Detroit.

Descartes, René(1911) *Philosophical Works*, trans. Elizabeth S. Haldane and G. R. T. Ross; Cambridge University Press; Cambridge.

Destutt de Tracy(1826-7) *Elemens d'Ideologie*; A. Wahlen; Brussels.

Docherty, Thomas(ed.) *Postmodernism, A Reader*; Columbia University Press; New York.

Eagleton, Terry(1981) *Walter Benjamin, or, Towards a Revolutionary Criticism*; Verso; London.

Eliot, T. S.(1970) *Collected Poems*; Harcourt, Brace & World; New York.

Feuerbach, Ludwig(1957) *The Essence of Christianity*, trans. George Eliot; Harper & Brothers Publishers; New York.

Fitzgerald, F. Scott(1991) *The Great Gatsby*; Cambridge University Press; New York.

Foucault, Michel(1970) *The Order of Things: An Archaeology of the Human Sciences*, trans. Alan Sheridan-Smith; Pantheon Books; New York.

—— (1972) *The Archaeology of Knowledge*, trans. A. M. Sheridan Smith; Pantheon Books; New York.

—— (1977) *Discipline and Punish: the Birth of the Prison*, trans. Alan Sheridan; Pantheon Books; New York.

—— (1980) *Power/Knowledge: Selected Interviews and other Writings 1972-7*, ed. Colin Gordon, trans. Colin Gordon, Leo Marshall, John Mepham and Kate Soper; Pantheon Books; New York.

—— (1988) *Politics, Philosophy, Culture: Interviews and Other Writings, 1974-84*, ed. Lawrence D. Kritzman, trans. Alan Sheridan et al.; Routledge; New York.

—— (1990) *The History of Sexuality*, vol. 1, trans. Robert Hurley; Vintage Books; New York.

—— (1991) *Remarks on Marx: Conversations with Duccio Trombadori*, trans. R. Jame Goldstein and James Cascaito; Semiotext(e); New York.

Freud, Sigmund(1962) *Three Essays on the Theory of Sexuality*, trans. James

Strachey; Basic Books Inc.; New York.

—— (1950) *Totem and Taboo: Some Points of Agreement between the Mental Lives of Savages and Neurotics*, trans. James Strachey; W. W. Norton; London.

Goethe, Johann Wolfgang von(1957) *The Sufferings of Young Werther*, trans. Bayard Quincy Morgan; Frederick Ungar Publishing Co.; New York.

—— (1962) *Faust*, trans. Peter Salm; Bantam Books; New York.

Goux, Jean-Joseph(1990) *Symbolic Economies*, trans. Jennifer Curtiss Gage; Cornell University Press; Ithaca.

Gramsci, Antonio(1971) *Selections from the Prison Notebooks*, ed. and trans. Quintin Hoare and Geoffrey Nowell-Smith; International Publishers; New York.

Grant, James(1992) *Money of the Mind*; Farrar Strauss Giroux; New York.

Greene, Graham(1974) *Lord Rochester's Monkey*; Penguin Books; London.

Greville, Fulke(1965) *The Remains*, ed. G. A. Wilkes; Oxford University Press; Oxford.

Hegel, G. W. F.(1977) *Phenomenology of Spirit*, trans. A. V. Miller; Clarendon Press; Oxford.

Helvetius, Claude(1970) *Essays on the Mind*; Burt Franklin; New York.

Herbert, George(1986) *The English Poems*, ed. C. A. Patrides; J. M. Dent & Sons; London.

Hobbes, Thomas(1985) *Leviathan*, ed. C. B. MacPherson; Penguin Books; London.

Holbach, Baron d'(1970) *The System of Nature*, trans. H. D. Robinson; Burt Franklin; New York.

Hook, Sidney(1962) *From Hegel to Marx*; University of Michigan Press; Ann Arbor.

Jameson, Frederic(1991) *Postmodernism, or, the Cultural Logic of Late Capitalism*; Duke University Press; Durham.

Kant, Immanuel(1934) *Critique of Pure Reason*, trans. J. M. D. Meikelejohn; J. M. Dent & Sons; London.

—— (1987) *Critique of Judgment*, trans. Werner S. Pluhar; Hackett Publishing Co.; Indianapolis.

Keats, John(1958) *The Letters*, ed. Hyder Edward Rollins; Harvard University Press; Cambridge, Mass.

Kennedy, Emmet(1978) *Destutt de Tracy and the Origins of 'Ideology'*; American Philosophical Society; Philadelphia.

Laclau, Ernesto and Mouffe, Chantal(1985) *Hegemony and Socialist Strategy: Towards a Radical Democratic Politics*; Verso; London.

Leach, William(1993) *Land of Desire: Merchants, Power and the Rise of a New American Culture*; Pantheon Books; New York.

Lenin, V. I.(1927) *Materialism and Empirio-Criticism*; International Publishers; New York.

Lévi-Strauss, Claude(1966) *The Savage Mind*; University of Chicago Press; Chicago.

Locke, John(1867) *An Essay Concerning Human Understanding*; William Tegg; London.

Lukács, Georg(1971) *History and Class-consciousness*, trans. Rodney Livingstone; M. I. T. Press; Cambridge, Mass.

Luther, Martin(1959) *Works*, ed. Jaroslav Pelikan and Helmut T. Lehmann; Fortress Press; Philadelphia.

Lyotard, Jean-François(1984) *The Postmodern Condition: A Report on Knowledge*, trans. Geoff Bennington and Brian Massumi; University of Minnesota Press; Minnesota.

—— (1993) *Libidinal Economy*, trans. Iain Hamilton Grant; Indiana University Press; Bloomington.

—— (1993) *The Postmodern Explained: Correspondence 1982-1985*, ed. Julian Pefanis and Morgan Thomas, trans. Don Barry, Bernadette Maher, Julian Pefanis, Virginia Spate and Morgan Thomas; University of Minnesota Press; Minneapolis.

Macherey, Pierre(1978) *A Theory of Literary Production*, trans. Geoffrey Wall; Routledge; London.

Machiavelli, Niccolo(1969) *Works*, trans. Anthony J. Pancini; Greenvale Press; Greenvale, N. Y.

MacPherson, C. B.(1969) *The Political Theory of Possessive Individualism, Hobbes to Locke*; Oxford University Press; Oxford.

Marcuse, Herbert(1964) *One-dimensional Man: Studies in the Ideology of Advanced Industrial Society*; Beacon Press; Boston.

Marx, Karl(1976) *Capital*, vol. 1, trans. Ben Fowkes; Penguin Books; London.

Marx, Karl and Engels, Friedrich(1975) *Collected Works*; International Publishers; New York.

Mehlman, Jeffrey(1979) *Revolution and Repetition*; University of California Press; Berkeley.

Milton, John(1962) *Complete Prose Works*; Yale University Press; New Haven.

—— (1990) *Complete English Poems*; ed. Gordon Campbell; Everyman; Lymington, Hants.

Ngugi Wa Thiong'O(1982) *Devil on the Cross*; Heinemann International; Oxford.

Nietzsche, Friedrich(1911) *Complete Works*, trans. Paul V. Cohn; T. N. Fouls; London.

—— (1969) *On the Geneology of Morals*, trans. Walter Kaufman and R. J. Hollingdale; Vintage Books; New York.

Norris, Christopher(1990) *What's Wrong with Postmodernism*; Johns Hopkins University Press; Baltimore.

—— (1993) *The Truth About Postmodernism*; Blackwell; Oxford.

Orwell, George(1949) *Nineteen Eighty-Four*, Harcourt, Brace & Co.; New York.

Plato(1974) *The Republic*, trans. G. M. A. Grube; Hackett Publishing Co.; Indianapolis.

Plekhanov, George(1940) *The Materialist Conception of History*; International Publishers; New York.

Pocock, J. G. A.(1975) *The Machiavellian Moment: Florentine Political Thought and the Atlantic Republican Tradition*; Princeton University Press; Princeton.

Ross, Andrew(ed.)(1988) *Universal Abandon? The Politics of Postmodernism*; University of Minnesota Press; Minneapolis.

Rousseau, Jean-Jacques(1992) *Discourse on the Origin of Inequality*, trans. Donald R. Cress; Hackett Publishing Co.; Indianapolis.

Russell, Bertrand(1945) *A History of Western Philosophy*; Simon & Schuster; New York.

Saussure, Ferdinand de(1972) *Course in General Linguistics*, trans. Roy Harris; Open Court; La Salle.

Sartre, Jean-Paul(1957) *Nausea*, trans. Lloyd Alexander; New Directions Publishing Co.; New York.

Schama, Simon(1989) *Citizens*; Alfred E. Knopf; New York.

Shakespeare, William(1974) *The Riverside Shakespeare*, ed. G. Blakemore Evans; Houghton Mifflin Co.; Boston.

Shelly, Mary(1823) *Frankenstein, or the Modern Prometheus*; G. & W. B. Whittaker; London.

Simmel, George(1978) *The Philosophy of Money*, trans. Tom Bottomore, David Frisby and Kaethe Mengelberg; Routledge; London.

Stepelevich, Lawrence S.(1983) *The Young Hegelians*; Cambridge University Press; Cambridge.

Taussig, Michael(1980) *The Devil and Commodity Fetishism*; University of North Carolina Press; Chapel Hill.

Taylor, Charles(1975) *Hegel*; Cambridge University Press; Cambridge.

Taylor, Roland(ed.)(1977) *Aesthetics and Politics*; New Left Books; London.

Tennyson, Alfred, Baron(1969) *The Poems*, ed. Christopher Ricks; Longmans; Harlow, Essex.

Traherne, Thomas(1985) *Centuries*; Morehouse Publishing; Wilton, CT.

Volosinov, V. N.(1973) *Marxism and the Philosophy of Language*, trans. Ladislav Matejka and I. R. Titunik; Harvard University Press; Cambridge, Mass.

Watkins, Julian Lewis(1959) *The 100 Greatest Advertisements*; Dover Publishers; New York.

Watkins, Renee Nea(ed,)(1978) *Humanism and Liberty; Writings on Freedom from Fourteenth-century Florence*; University of South Carolina Press; Columbia, S. C.

Weber, Max(1930) *The Protestant Ethic and the Spirit of Capitalism*, trans. Talcott Parsons; Unwin Hyman; London.

Wordsworth, William(1984) *Poems*; ed. Stephen Gill; Oxford University Press; Oxford.

—— (1988) *Selected Prose*, ed. John O. Hayden; Penguin Books; London.

Yeats, W. B.(1989) *The Poems*, ed. Richard J. Finneran; Macmillan; New York.

Zizek, Slovoj(1989) *The Sublime Object of Ideology*; Verso; New York.

—— (1993) *Tarrying with the Negative: Kant, Hegel, and the Critique of Ideology*; Duke University Press; Durham.

역자 후기

　인간은 불완전하다. 그러므로 불안하다. 그 불안을 해소하려는 끊임없는 욕망으로 인간은 정신과 물질의 관계에 대한 이해, 즉 세계 인식의 지평을 넓히면서 세계를 변화시켜 왔다. 물론 아직도 인간의 삶을 규정할 그 어떤 명확한 준거틀도, 불변의 이데올로기도 우리에겐 없다.

　데스튀트 드 트라시가 발명한 용어인 '이데올로기'는 관념의 학문이자 메타-학문, 즉 학문의 학문이다. 줄여 말하면 관념, 의식의 체계라고 할 수 있을 것이다. 이데올로기는 감각을 통해 물질 속에 뿌리를 둔 관념을 추적한다. 이때 정신과 물질을 매개하는 것이 재현인데, 그 재현을 우상화하려는 끊임없는 유혹이 이데올로기의 지울 수 없는 오류이다. 따라서 이데올로기는 마르크스의 시도와 같이 기존의 관념 체계에 대한 투쟁의 무기이면서, 그와 동시에 특수한 역사적 시기를 지배하는 강력하고 유해한 힘들의 이기적 명분에 걸맞게 체계적 오류를 선전하는 사유 체계이기도 하다.

　이제 현재의 우리 모습을 되돌아보자. 우리는 자본주의 시장이 지배하는 사회에 살고 있다. 자본주의 역사는 생산에 대한 교환의 지배 과정, 즉 현실에 대한 재현의 헤게모니를 유발하고 주체를 객체로 붕괴시키는 과정이다. 법정·관료 제도·종교·교육 제도·대중 매체 등의 이데올로기적 제도들은 재현을 매개로 지배 계급의 헤게모니를 지탱해 준다. 자본주의 주식회사는 인간을 만족을 모르는 욕망덩어리나 무한한 욕망에 지배당하는 동물로 선전하고, 욕망의 재생산을 통해 자본을 재창출한다. 이 자본주의 시장에서 우리가 알게 모르게 괴롭힘을 당하고 있는 것은 하나이면서 둘인, 재현으로서의 돈과 자본주의 이데올로기 때문이다. 아리스토텔레스의 말대로 돈이 관념과 물질 사이의 고유한 중재자일 때는 상서로운 것이지만 돈 그 자체가 목적이 될 때, 즉 고리대금업처럼 돈이 돈을 버는 데 사용될 때 돈은 가장 부자연스러운 것이 된다. 이는 마치 불임의 암소가 송아지를 낳는 것과 같다. 재현은 더 이상 재현이 아닌 절대적인 것이 되었다.

　재현이 목적이 된 이 시대에 가장 두드러진 자본주의 이데올로기는 신자유주의이다. 신자유주의는 민주주의와 시장 경제의 세계화를, 평등한 세계 시장을 주창한다. 경제를 사회에서 분리, 독립시켜 국가와 사회로부터 아무런 규제도 없이 자본주의 자체를 확장시키자는 것이다. 그러나 이 시장 경제의 세계화는 미국의 이익을 대변하는 논리에 불과하다. 신자유주의는 세계 경제의 가장 약한 고리를 무차별 공격하여 이익을 얻기 때문이다.

헤겔은 인간의 사유 과정을 꽃봉오리가 생기고, 꽃이 피고 열매가 맺는 과정에 비유한다. 앞의 것은 뒤의 것에 의해 그 의미가 사라진다. 결국 절대 진리는 없는 것이다. 마찬가지로 절대적인 이데올로기도 없다. 다만 인간의 삶에 가장 합당한 이데올로기를 얻기 위해서는, 결과적으로 이데올로기 자체를 버리게 된다 하더라도 열매를 맺어가는 과정 중 어느것 하나도 빠지면 안 될 것이다.

이 책은 이데올로기 개념의 태동과 변천 과정, 근대 세계를 유형화하는 허위의식의 이론들, 사회 이론과 철학에서 이데올로기 개념이 갖는 의미를 설명하고 있다. 이데올로기는 인문사회과학 전반의 핵심이다. 그 기원, 즉 인간과 사회에 대한 관념의 기원으로서 이데올로기의 의미와 역사를 연구하는 것은 그 정당성을 뒷받침해 주는 것이 무엇인가를 찾는 과정이기도 하다. 또한 재현이라는 매개의 고리가 오히려 본질로 추앙받는 이데올로기의 종말 앞에서 새로운 이데올로기는 어디를 향해 가야 하는가를 찾는 과정이기도 하다.

특히 이 책은 아직도 대단히 논쟁적인 이데올로기 개념에 대한 간결하면서도 포괄적인 안내서 역할을 자처하면서도, 단순한 개괄에 그치지 않고 지은이의 일정한 의식적 편향을 담고 있는 것을 장점으로 꼽을 수 있겠다. 번역에 들인 시간이 상당했으나 행간의 의미를 충분히 전달할 수 있을 만큼 생생하지 못한 듯해서 아쉬운 마음이다. 그러나 이 책이 이데올로기에 대한 진지한 접근을 시작하기 위해 먼저 만나야 할 입문서로서 제 역할을 다해 줄 것으로 믿는다.

2003년 2월 고 길 환

동문선

《얀 이야기》 ⓒ 2000 JUN MACHIDA

색 인

고길환
한국외국어대학교 영어과 졸업
동대학원 석사 및 박사
현재 위덕대학교 영어영문학부 교수
역서: 《불교란 무엇인가》 등

문예신서
226

이데올로기

초판발행 : 2003년 3월 10일

지은이 : 데이비드 호크스
옮긴이 : 고길환
총편집 : 韓仁淑
펴낸곳 : 東文選
제10-64호, 78. 12. 16 등록
110-300 서울 종로구 관훈동 74
전화 : 737-2795

편집설계 : 李姃昃

ISBN 89-8038-291-X 94100
ISBN 89-8038-000-3 (문예신서)

東文選 現代新書 3

사유의 패배

알랭 핑켈크로트

주태환 옮김

　문화 속에서 우리는 거북스러움을 느낀다. 왜냐하면 문화란, 사유(思惟)하면서 살아가는 일이기 때문이다. 그리고 오늘날 사유가 아무런 역할도 하지 못하는 제반행위를 흔히 문화적인 것으로 규정해 버리는 조류가 확인되고 있다. 정신의 위대한 창조에 필수적인 동작들, 이 모두가 이렇게 문화적인 것으로 잘못 여겨지고 있다. 무슨 이유로 소비와 광고, 혹은 역사 속에 뿌리박은 모든 자동성이 가져다 주는 달콤함을 탐닉하기보다는 참된 문화를 선택해야 하는 것일까?

　87,88년 프랑스 최고의 베스트셀러로서 프랑스 지성계에 커다란 파문을 일으킨 본서는, 오늘날 프랑스 대중들에게 가장 영향력 있는 철학자 중의 한 사람인 핑켈크로트의 대표작이다. 그는 현재 많은 저작과 방송매체를 통해 사회문제에 관해 적극적인 발언을 펼치고 있다.

　그는 오늘날의 거대한 야망이 문화를 손아귀에 움켜쥐고 있다고 결론짓고, 문화라는 거창한 이름 아래 소아병적 증상과 더불어 비관용적 분위기가 확대되어 왔으며, 이제는 기술시대가 낳은 레저산업이 인간 정신이 이루어 놓은 문화적 유산을 싸구려 유희거리로 전락시키고 있으며, 그리하여 정신이 주도하던 인간 삶은 마침내 집단의 배타적 가치에 광분하는 인간과 흐느적거리는 무골인간, 이 둘 사이의 무시무시하고도 우스꽝스런 만남에 자기 자리를 내주고 있다고 통박하고 있다.

　그는 본서를 통해 정신적 의미가 구체적 역사 속에서 부상하고 함몰하는 과정을 그려내면서, 우리가 어떻게 해서 여기에까지 도달하게 되었는지를 일관된 논리로 비판하고 있다.

東文選 現代新書 81

영원한 황홀

파스칼 브뤼크네르

김웅권 옮김

"당신은 행복해지기 위해 사는가?"

당신은 왜 사는가? 전통적으로 많이 들어온 유명한 답변 중 하나는 "행복해지기 위해서 산다"이다. 이때 '행복'은 우리에게 목표가 되고, 스트레스가 되며, 역설적으로 불행의 원천이 된다. 브뤼크네르는 그러한 '행복의 강박증'으로부터 당신을 치유하기 위해 이 책을 썼다. 프랑스의 전 언론이 기립박수에 가까운 찬사를 보낸 이 책은 사실상 석 달 가까이 베스트셀러 1위를 지켜내면서 프랑스를 '들었다 놓은' 철학 에세이이다.

"어떻게 지내십니까? 잘 지내시죠?"라고 묻는 인사말에도 상대에게 행복을 강제하는 이데올로기가 숨쉬고 있다. 당신은 행복을 숭배하고 있다. 그것은 서구 사회를 침윤하고 있는 집단적 마취제다. 당신은 인정해야 한다. 불행도 분명 삶의 뿌리다. 그 뿌리는 결코 뽑히지 않는다. 이것을 받아들일 때 당신은 '행복의 의무'로부터 해방될 것이고, 행복하지 않아도 부끄럽지 않게 될 것이다.

대신 저자는 자유롭고 개인적인 안락을 제안한다. '행복은 어림치고 접근해서 조용히 잡아야 하는 것'이다. 현대인들의 '저속한 허식'인 행복의 웅덩이로부터 당신 자신을 건져내라. 그때 '빛나지도 계속되지도 않는 것이 지닌 부드러움과 덧없음'이 당신을 따뜻이 안아 줄 것이다. 그곳에 영원한 만족감이 있다.

중세에서 현대까지 동서의 명현석학과 문호들을 풍부하게 인용하는 저자의 깊은 지식샘, 그리고 혀끝에 맛을 느끼게 해줄 듯 명징하게 떠오르는 탁월한 비유 문장들은 이 책을 오래오래 되읽고 싶은 욕심을 갖게 한다. 독자들께 권해 드린다. — 조선일보, 2001. 11. 3.

東文選 文藝新書 175

파스칼적 명상

피에르 부르디외

김웅권 옮김

　어느 정도 성취를 이룬 인간은 인간에 대한 관념을 내놓아야 한다. 《파스칼적 명상》이라는 제목이 암시해 주듯이, 본서는 기독교 옹호론자가 아닌 실존철학자로서의 파스칼의 심원한 사유 영역으로부터 출발해 인간과 세계에 대한 새로운 통찰을 제시하고 있다. 본서의 입장에서 볼 때 파스칼의 사상에서 중요한 것은, 인간 사유의 선험적 토대를 전제하지 않고 인간 정신의 모든 결정물들을 이것들을 낳은 실존적 조건들로 되돌려 놓고 있다는 것이다.

　사실 사유에 대한 가장 근원적인 문제 제기들은 세계와 실제에 대해 거리를 두고 있는 상태에 대한 문제 제기에서 출발한다. 우리는 이러한 방법적 비판을 파스칼 속에서 이루어 낼 수 있다. 왜냐하면 그의 인류학적 고찰은 학구적 시선이 무시할 수밖에 없는 인간 존재의 특징들로 향하고 있기 때문이다. 그리고 또 하나의 이유는 그가 인간학이 스스로의 해방을 이룩하기 위해 수행해야 하는 상징적 슬로건을 제공하기 때문이다. 이 슬로건은 "진정한 철학은 철학을 조롱한다"이다.

　이 책은 실제의 세계와 단절된 고독한 상아탑 속에 갇힌 철학자들이 추상적인 사유를 통해 주조해 낸 전통적 인간상을 송두리째 뒤흔들고 있다. 부르디외는 사회학자로서 기존 철학에 정면으로 도전하면서, 인간 존재의 실존적 접근을 새로운 각도에서 모색함으로써 전혀 다른 존재의 모습을 제시하고 있다. 그것은 사르트르류의 실존적 인간과는 또 다른 인간의 이미지이다. 그것은 관념적 유희로부터 비롯된 당위적이거나 이상적 이미지, 즉 허구가 아니라 삶의 현장 속에 살아 움직이는 실천적 이미지인 것이다.

롤랑 바르트 전집 3

현대의 신화

이화여대 기호학 연구소 옮김

 이 책에서 바르트가 분석하고자 한 것은, 부르주아사회가 자연스럽게 생각하고 자명한 것으로 생각해 버려서 마치 신화처럼 되어 버린 현상들이다. 그것은 1950년대 중반부터 60년대 초까지 프랑스 사회에서 일어나고 있는 현상이지만, 이미 과거의 것이 되어 버린 것이 아니라 오늘날에도 유효한 것이기 때문에 독자들의 많은 관심을 불러일으키고 있다. 저자가 이책에서 보이고 있는 예리한 관찰과 분석, 그리고 거기에 대한 명석한 해석은 독자에게 감탄과 감동을 체험하게 하고 사물을 보는 새로운 눈을 뜨게 한다. 특히 후기 산업사회에 들어와서 반성 없이 이루어지고 있는 것, 가벼운 재미로만 이루어지면서도 대중을 지배하는 모든 것에 대해서 이 책은, 그것들이 그렇게 자연스런 것이 아니라는 것, 자명한 것이 아니라는 것을 알게 한다. 사회의 모든 현상이 숨은 의미를 감추고 있는 기호들이라고 생각하는 이 책은, 우리가 그 기호들의 의미 현상을 알고 있는 한 그 기호들을 그처럼 편안하게 소비하고 있을 수 없다는 것을 우리에게 알게 한다.

 이 책은 바르트 기호학이 완성되기 전에 씌어진 저작이기 때문에 엄밀한 의미에서 바르트 기호학을 대표하는 것은 아니지만, 그러나 그의 타고난 기호학적 감각과 현란한 문체로 이루어져 있어서 그의 기호학이론에 완전히 부합되고 있을 뿐만 아니라, 그의 텍스트 실천이론에도 상당히 관련되어 있어서 바르트 자신의 대표적 저작이라 할 수 있다.

東文選 文藝新書 171

미친 진실

줄리아 크리스테바 〔외〕

서민원 옮김

"병원의 벽을 마주하고 말한다는 것은 항상 죽음과 소외 속에서 말할 수밖에 없는 필연성을 내포하고 있는 것이 아닐까? 그리고 만약 사실이 그렇다면 그 말이야말로 모든 말이 겪어야 할 필연적인 거북함을 그대로 드러내는 말이 아닐까? 그러므로 그 말이란 최초의 발견에 대한 약속이라기보다는 그 진실조차 숨겨져 있거나 부활 사이에서 억눌리는 주체 안에서 도망하는 도깨비불 같은 어떤 것이 아닐까?

사실상 의사와 언어학자는 (그들의) 죽음 충동의 부인과 상반된 양극만을 다루어 왔다. 즉 그 하나는 환자들의 육체 또는 정신을 그것으로부터 해방시키려는 것이고, 다른 하나는 욕망과 그것의 도정들이 펼쳐내는 의미 작용을 배제시킨다는 조건하에서만 끊임없이 의사 소통하는 상상적인 대상, 즉 말을 구축시키는 것이다. 만약 정신분석가와 언어학자가 서로 만난다면 그 만남의 장소는 바로 필연적으로 정신분석이 이루어지는 장소이다. 따라서 이 두 종류 담론의 동일성이 공명하는 것이다. 그리고 이 자리에서 문제가 되는 바는 언어의 주체도 욕망의 주체도 아니다. 중요한 것은 상징적이고 사회적인 언어와 욕망의 분절 속에 새겨진 살해의 메커니즘과 그에 따른 단계들을 폭로하는 정신분석의 영역 안에서 이루어진다.

분석의 섬광이란 드문 순간들이 아니라면 그 어디에서 이 울타리를 넘을 것인가? 기호학자가 긍정론에서 벗어난 채 방황하다가 기호 속에 새겨진 한 주체의 영향을 발견하면서 비로소 표현할 수 있게 된 기묘적절한 표현 속에 있는 것인가? 언어로 모든 종류의 정보를 다루는 한 텍스트 속에서, 또는 번뜩이는 환희로 그 모든 정보와 언어를 넘어서고 거부하는 무를 끌어내는 하나의 텍스트 속에서? 결국 그곳 바로 진실이 스스로를 구조의 불가능으로 인정하고 마는 그 지점에서? 마치 재생산과 반복으로 넘쳐나는 과잉 효과처럼? 결국 여기 제안된 텍스트가 우리를 이끌어 나가는 듯해 보이는 장소는 바로 이와 같은 장면들의 증언인 것이다.

東文選 現代新書 44,45

쾌락의 횡포

장 클로드 기유보

김웅권 옮김

　섹스는 생과 사의 중심에 놓인 최대의 화두 가운데 하나라고 할 수 있다. 성에 관한 엄청난 소란이 오늘날 민주적인 근대성이 침투한 곳이라면 아주 작은 구석까지 식민지처럼 지배하고 있는 것이다. 이제 성은 일상 생활을 '따라다니는 소음'이 되어 버렸다. 우리 시대는 문자 그대로 '그것' 밖에 이야기하지 않는다.

　문화가 발전하고 교육의 학습 과정이 길어지면 길어질수록 결혼 연령은 늦추어지고 자연 발생적 생식 능력과 성욕은 억제하도록 요구받게 되었지 않은가! 역사의 전진은 발정기로부터 해방된 인간을 금기와 상징 체계로부터의 해방으로, 다시 말해 '성의 해방'으로 이동시키며 오히려 반문화적 현상을 드러내고 있다. 저자는 이것이 서양에서 오늘날 일어나고 있는 현상이라고 말한다. 서양에서 60년대말에 폭발한 학생 혁명과 더불어 본격적으로 시작된 '성의 혁명'은 30년의 세월을 지나 이제 한계점에 도달해 위기를 맞고 있다. 성의 해방을 추구해 온 30년 여정이 결국은 자체 모순에 의해 인간을 섹스의 노예로 전락시키며 새로운 모색을 강요하고 있는 것이다. 인간은 '섹스의 횡포'에 굴복하고 말 것인가?

　과거도 미래도 거부하는 현재 중심주의적 섹스의 향연이 낳은 딜레마, 무자비한 거대 자본주의 시장이 성의 상품화를 통해 가속화시키는 그 딜레마를 어떻게 극복할 것인가? 저자는 역사 속에 나타난 다양한 큰 문화들을 고찰하고, 관련된 모든 학문들을 끌어들이면서 폭넓게 성 문제를 조명하고 있다.

東文選 現代新書 94

진정한 모럴은 모럴을 비웃는다

― 책임진다는 것의 의미

알랭 에슈고엔 / 김웅권 옮김

오늘날 우리는 가치들이 혼재하고 중심을 잃은 이른바 '포스트모던'한 시대에 살고 있다. 다양한 가치들은 하나의 '조정적인' 절대 가치에 의해 정리되고 체계화되지 못하고, 무질서하게 병렬적으로 공존한다. 이런 다원적 현상은 풍요로 인식될 수 있으나, 역설적으로 현대인이 당면한 정신적 방황과 해체의 상황을 드러내 주는 하나의 징표라고도 할 수 있다. 자본주의의 승리와 이러한 가치의 혼란은 인간을 비도덕적으로 만들면서 약육강식적 투쟁의 강도만 심화시킬 우려가 있다. 그리하여 사회는 긴장과 갈등으로 치닫는 메마르고 냉혹한 세계가 될 수 있다.

개인의 자유와 권리가 확대되고, 사회적인 구속이나 억압이 줄어들면 줄어들수록 개인이 져야 할 책임의 무게는 그만큼 가중된다. 이 책임이 그의 자유와 권리를 보장해 주는 것이다. 개인의 신장과 비례하여 증가하는 이 책임이 등한시될 때 사회는 퇴보할 수밖에 없다. 기성의 모든 가치나 권위가 무너져도 더불어 사는 사회가 유지되려면, 개인이 자신의 결정과 행위 그리고 결과에 대해 자신과 타자 앞에, 또는 사회 앞에 책임을 지는 풍토가 정착되어야 한다. 그렇기 때문에 안개가 자욱이 낀 이 불투명한 시대에 책임 원리가 새로운 도덕의 원리로 부상되고 있는 것이다. 또한 어떤 다른 도덕적 질서와도 다르게 책임은 모든 이데올로기적·사상적 차이를 넘어서 지배적인 담론의 위치를 차지할 수 있다. 그것은 사회적·경제적 변화와 구속에 직면하여 문제들을 해결하기 위해 나타난 '자유의 발현'이기 때문이다.

東文選 文藝新書 211

토탈 스크린

장 보드리야르
배영달 옮김

　우리 사회의 현상들을 날카로운 혜안으로 분석하는 보드리야르의 《토탈 스크린》은 최근 자신의 고유한 분석 대상이 된 가상(현실)·정보·테크놀러지·텔레비전에서 정치적 문제·폭력·테러리즘·인간 복제에 이르기까지 현대성의 다양한 특성들을 보여준다. 특히 이 책에서 보드리야르는 오늘날 우리를 매혹하는 형태들인 폭력·테러리즘·정보 바이러스와 관련하여 기호와 이미지의 불가피한 흐름, 과도한 커뮤니케이션, 프로그래밍화된 정보를 분석한다. 왜냐하면 현대의 미디어·커뮤니케이션·정보는 이미지의 독성에 의해 증식되며, 바이러스성의 힘을 지니기 때문이다.

　보드리야르는 현대성은 이미지의 독성과 더불어 폭력을 산출해 낸다고 말한다. 이러한 폭력은 정열과 본능에서보다는 스크린에서 생겨난다는 의미에서 가장된 폭력이다. 그리고 그것은 스크린과 미디어 속에 잠재해 있다. 사실 우리는 미디어의 폭력, 가상의 폭력에 저항할 수가 없다. 스크린·미디어·가상(현실)은 폭력의 형태로 도처에서 우리를 위협한다. 그러나 우리는 스크린 속으로, 가상의 이미지 속으로 들어간다. 우리는 기계의 가상 현실에 갇힌 인간이 된다. 이제 우리를 생각하는 것은 가상의 기계이다. 따라서 그는 "정보의 출현과 더불어 역사의 전개가 끝났고, 인공지능의 출현과 동시에 사유가 끝났다"고 말한다. 아마 그의 이러한 사유는 사유의 바른길과 옆길을 통해 새로운 사유의 길을 늘 모색하는 데서 비롯된 것일 터이다. 현대성에 대한 탁월한 통찰력을 보여 주는 보드리야르의 이 책은 우리에게 우리 사회의 현상들을 비판적으로 읽게 해줄 것이다.